Cohen

Die geheime Sprache von Geist, Verstand und Bewußtsein

David Cohen

Die geheime Sprache
von
Geist, Verstand und
Bewußtsein

Aus dem Englischen von Ulrike Müller-Kaspar

KAILASH

KAILASH
Eine Buchreihe herausgegeben von Hajo Banzhaf

Die Originalausgabe erschien unter dem Titel
The Secret Language of the Mind.
A Visual Inquiry into the
Mysteries of Consciousness
bei Duncan Baird Publishers, London, Great Britain.

Die Deutsche Bibliothek – CIP-Einheitsaufnahme
Cohen, David:
Die geheime Sprache von Geist, Verstand und Bewußtsein / David Cohen.
Aus dem Engl.: Ulrike Müller-Kaspar. – München : Hugendubel, 1997
(Kailash)
Einheitssacht.: The secret language of the mind <dt.>
ISBN 3-88034-959-2

© Duncan Baird Publishers 1996
© der Texte David Cohen
© der deutschsprachigen Ausgabe
Duncan Baird Publishers 1997
Alle Rechte vorbehalten

Umschlaggestaltung: Zembsch' Werkstatt, München
Produktionsbetreuung: Print Company Verlagsges. m. b. H.,
Margaretenstr. 87, 1050 Wien
Lektorat: Dr. Brigitte Werner, Wien
Satz: Kaltenbrunner+Dorfinger, Wien
Printed in Singapore by Imago

ISBN 3-88034-959-2

Der menschliche Geist ist die wahre Dimension dieser Welt

Und Wissen ist der Maßstab für den Geist;

So wie der Geist im weitesten Sinne

Mehr Welten faßt als der ganzen Welt bekannt,

So faßt auch das Wissen selbst weit mehr,

Als der gesamte Geist der Menschheit begreift.

A Treaty on Human Learning (1633)

Fulke Greville (1554–1628)

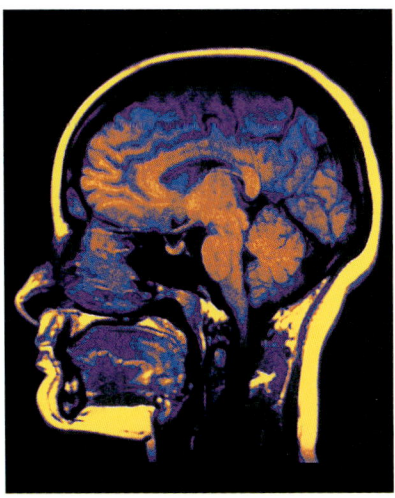

Unergründlicher Geist! Bald Leuchtturm, bald Meer.

Samuel Beckett

Inhalt

Einführung   8

Geist und Materie   **14**
Die Evolution des Geistes   16
Die Anatomie des Gehirns   22
Die Grundsprache des Gehirns   26
Modelle des Geistes   30
Linke Gehirnhälfte, rechte Gehirnhälfte   32
Die Vielfalt des Geistes   34
Welche Art Computer ist das Gehirn?   36
Der körperlose Geist   38
Psychodynamische Gehirnmodelle   40

Sinneseindruck und Wahrnehmung   **44**
Sehen   48
Hören   54
Berühren, Schmerz und Vergnügen   58
Schmecken und Riechen   62
Sensorische Deprivation   64

Bewußtsein   **66**
Sprache   70
Wissenszustände   72
Der Strom des Bewußtseins   74
Selbstbeobachtung   76
Wie Babys Bewußtsein entwickeln   78
Lügen und Rollenspiele   82
Gedächtnis und Vergessen   84
Persönlichkeit   90
Geschlecht   92
Gefühle und Emotionen   94

Täuschungen und Illusionen   **96**
Sinnestäuschungen   98
Die Farbe einer Trompete   104
Amnesie   106
Geistige Ausrutscher   108

Veränderte Bewußtseinszustände 110

Schlaf, Träume und Symbole 114

Tagträume 118

Phantasie und Sex 120

Hypnose 122

Meditation 124

Visionen und Trance 126

Drogen 128

Die Macht der Suggestion 132

Körpersprache 134

Der Geist und das Paranormale 136

Der Geist unter Beschuß 140

Schizophrenie 144

Depression und Manie 148

Phobien und Ängste 152

Alter und Dementia 154

Geist und Umwelt 156

Appetit und Bewegung 158

Psychotherapie 160

Der Aufstieg des Geistes 164

Intelligenz 166

Kreativität und Genie 170

Bewußtseinsentwicklungen 174

Begriffserklärungen 178

Anhang: Verfahren zur Darstellung des Gehirns 182

Literatur/Bildnachweis 184

Register 187

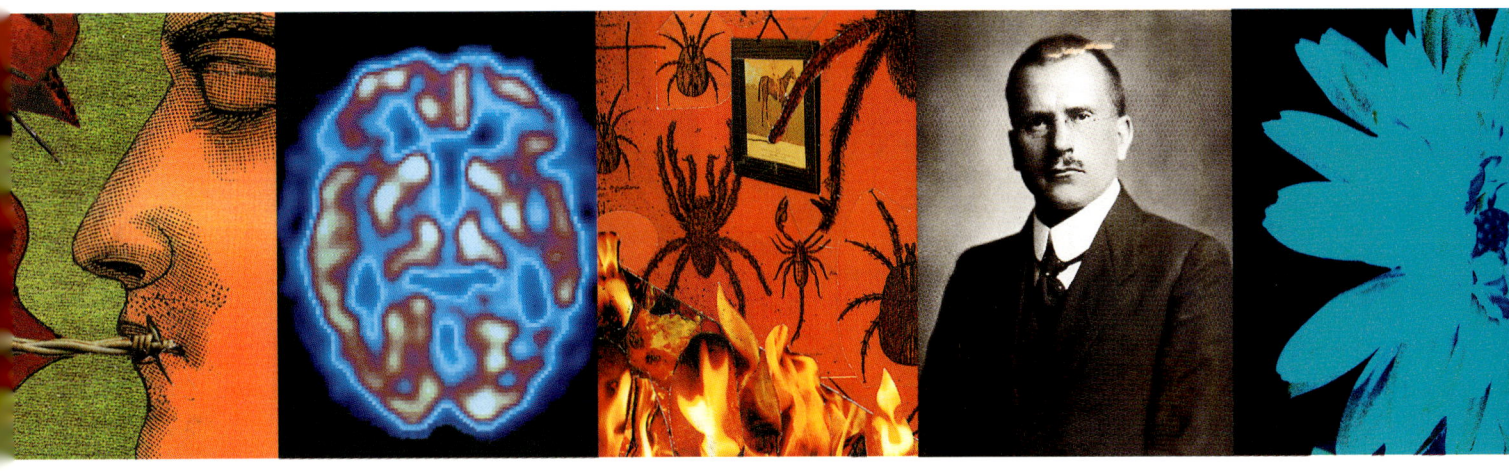

Einführung

Johann Wolfgang von Goethe stichelte einmal: »Erkenne dich selbst – von wegen! Würde ich mich kennen, so liefe ich davon!« Es mutet fast ironisch an, daß 1929 der alljährlich zu seinen Ehren verliehene Goethepreis an Sigmund Freud ging, den Vater der Psychoanalyse. Freuds revolutionäre Ansicht, daß Selbsterkenntnis notwendig sei, um die beiden Hauptziele des Lebens zu erreichen – lieben und arbeiten können –, veränderte die Weise, in der wir über uns selbst denken, von Grund auf. Stärker als je zuvor streben die Menschen danach, sich selbst zu begreifen und zu verstehen, und das 20. Jahrhundert ist von dieser unermüdlichen Suche nach Selbsterkenntnis geprägt. Doch diese ist nicht leicht zu erreichen. Im 19. Jahrhundert formulierte der amerikanische Essayist Henry David Thoreau das Problem so: »Es ist ebenso schwer, sich selbst zu erkennen, wie zurückzuschauen, ohne sich umzudrehen.«

Das Streben nach Selbsterkenntnis hatte zwei grundverschiedene Ansätze: Wissenschaft und Verstehen. Beim ersteren geht es um objektiv meßbare Ergebnisse, die im Fall der Psychologie auf der Untersuchung von Personengruppen beruhen. Dabei wird z. B. die meßbare Reaktion oder das Verhalten einer Gruppe, die ein bestimmtes Medikament erhalten hatte, mit der Reaktion einer Kontrollgruppe verglichen, die dieser in jeder Hinsicht ähnelt bis auf die Tatsache, daß sie das Medikament nicht erhalten hatte. Der zweite Ansatz ist subjektiv; er analysiert sehr genau die individuellen Erfahrungen der einzelnen Versuchspersonen mit dem Medikament, um zu zeigen, wie diese Erfahrungen die gesamte Person betroffen haben.

Ein wesentliches Ziel der objektiven Wissenschaft ist die Erforschung der Arbeitsweise des Gehirns. Diese wissenschaftliche Tradition reicht bis zu den griechischen Ärzten wie Hippokrates im 5. Jahrhundert v. Chr. und Galen im 2. Jahrhundert n. Chr. zurück, die als erste Krankheiten nicht mehr als Strafen der Götter betrachteten; sie seien vielmehr natürlichen Ursprungs. Z. B. schrieb Hippokrates über die Epilepsie (die bis dahin als »heilige« Krankheit galt): »Sie ist kein bißchen heiliger als andere Krankheiten, sondern hat eine natürliche Ursache. Daß dieser Ursprung für göttlich gehalten wird, beruht auf menschlicher Unerfahrenheit.« Auf der Basis von Experimenten und Autopsien beschrieben die antiken medizinischen Pioniere viele Krankheiten und Störungen des Geistes – oft mit verblüffender Präzision –, und einige ihrer Behandlungsmethoden werden bis heute angewandt.

Der Fall Roms verhinderte vorerst die Fortschritte beim Verstehen der Gehirnfunktionen. Experimente galten in dem Maße, wie die Tradition der griechischen Wissenschaft und Philosophie unterging, als verdächtig, und die Kirche verbot das Sezieren als Entweihung der

Toten. Ärzte waren Lieferanten von Wundersalben, Aberglauben und alchemistischem Unfug. Erst im 17. Jahrhundert, als William Harvey den Blutkreislauf entdeckte, lebte die wissenschaftliche Medizin wieder auf, wenn auch nur langsam. Der französische Dramatiker Molière nahm in seinem letzten Schauspiel »Le malade imaginaire« (1673) – »Der eingebildete Kranke« – die Ärzte als Scharlatane aufs Korn (Molière starb während einer Aufführung des Stücks, in der er selbst die Titelrolle spielte). Noch im 18. Jahrhundert kursierten vielfach naive und weitgehend falsche Theorien über Körper und Geist. Der schottische Autor John Brown z.B. glaubte, es gäbe nur zwei Arten von Krankheiten (schwächende und

erregende) und folglich auch nur zwei Behandlungsarten (anregende und beruhigende).

Molières Zynismus war bis zur Mitte des 19. Jahrhunderts aktuell: Auch wenn die Ärzte lernten, mit einigen Krankheiten fertig zu werden, hinkten ihre wissenschaftlichen Kenntnisse weit hinter anderen Disziplinen her. Während z.B. 1825 George Stephenson die erste Eisenbahn baute, war die herrschende Theorie über das Gehirn die Phrenologie. Ihre Anhänger erklärten, sie könnten Persönlichkeit und Begabungen eines Individuums anhand der Größe und Lage von Beulen am Schädel erkennen. Wir wissen heute, daß das größtenteils Unfug ist, weil das Gehirn – sicherheitsverpackt – ganz leicht im Schädel »schwimmt«, so daß es keine genaue Übereinstimmung zwischen der Form des Schädels und der des Gehirns gibt, doch damals war diese Theorie unbestritten. Noch 1905, als Einstein seine Relativitätstheorie entwickelte, waren unsere Kenntnisse der Physiologie dürftig, und von heutzutage so selbstverständlichen Medikamenten wie Aspirin und Penicillin konnte man noch nicht einmal träumen.

Ich bin auf die Geschichte näher eingegangen, um zu zeigen, daß sich die Gehirnwissenschaft erst in jüngster Zeit entwickelt hat. Vielleicht hat sie wegen ihres kurzen Lebens soviel vom Erkenntnisstreben anderer Fächer ausgeborgt, besonders von der Anatomie, Physiologie und Biochemie. Dieses Erkenntnisstreben ist vorwiegend reduktionistisch mit der Annahme, daß der, der jede Art von Zelle, Hormon und Struktur im Gehirn und ihr Zusammenwirken kennt, zu einer vollständigen Theorie nicht nur der rein mechanischen Arbeitsweise des Gehirns, sondern auch des Bewußtseins selbst gelangt. Viele renommierte Gehirnforscher, darunter der Biochemiker Francis Crick, der Mitentdecker der DNS-Struktur, glauben, daß dieser Ansatz eines Tages Früchte tragen und uns ermöglichen wird, das zu isolieren und zu definieren, was wir zur Zeit ziemlich ungenau als »Geist« bezeichnen.

Der reduktionistische Ansatz ist von verblüffender Tragweite. Angenommen, Geist und Bewußtsein sind nichts anderes als die Produkte einfacherer Gehirnvorgänge, und angenommen, wir hätten all diese Prozesse voll verstanden und lokalisiert, dann wäre ein hochspezialisierter Gehirn-Scanner – wie er noch nicht erfunden ist – im Prinzip fähig, alles aufzuzeichnen, was ich denke und fühle. Diese Idee ist sowohl besorgniserregend als

auch unwahrscheinlich: besorgniserregend, da sie jede Form von Gehirnkontrolle ermöglichen würde, und unwahrscheinlich, da der Fluß der Gedanken, die Mischung von Ideen, Gefühlen und Stimmungen so schnell und so schwer faßbar scheinen, daß der Versuch, sie zu Beobachtungszwecken »anzuhalten«, wie der Versuch anmutet, eine Mücke mit Eßstäbchen zu fangen.

Zusätzlich wurde der Reduktionismus auf einer viel konkreteren Ebene kritisiert, die anhand einer Analogie aus der Chemie geschildert sei. Es ist möglich, ein Glas Wasser zu untersuchen, seine Bestandteile als H_2O-Moleküle zu identifizieren, und wir können jedes Molekül isolieren; doch wenn wir H_2O in seine Atome (Wasserstoff und Sauerstoff) zerlegen, kommt eher eine Explosion als ein durstlöschendes Getränk heraus. Der Reduktionismus hat also seine Grenzen. Und wo diese bei der Untersuchung von Geist und Bewußtsein zu ziehen sind, ist ein heikles, vielleicht unlösbares Problem.

Das intellektuelle Gegenstück zu reduktionistischen Untersuchungen des Geistes ist die subjektive Methode von Freud und seinen Nachfolgern. Dieser Ansatz ist von Natur aus pessimistisch, insofern als er nicht wirklich hoffen läßt, jemals zu wissen, was ein anderer tatsächlich fühlt. Freud glaubte, eine Neurose entstehe durch physische und chemische Veränderungen im Gehirn. Er war kein sanfter Anti-Empiriker – er sah sich selbst als Naturwissenschaftler. 1895 schrieb er seinen ersten Aufsatz, »Entwurf einer wissenschaftlichen Psychologie«, der erst postum erschien. Darin entwickelte er eine Lern- und Gedächtnistheorie, nach der das Gehirn ein Geflecht vernetzter Nervenzellen sei, die eine Art Energie übertragen.

Später konzentrierte er sich auf sein hauptsächliches Forschungsgebiet und distanzierte sich von diesem Aufsatz; er hielt ihn für unausgereift, da die Neurophysiologie noch zu primitiv zum Erklären der Erfahrungen und Phänomene war, die er bei der Analyse von Patienten erkannte.

Freuds Vorsicht war verständlich. Bis heute haben wir bei vielen gut dokumentierten psychologischen Zuständen – Ängsten, Phobien, Fetischismus, irrationalem und antisozialem Verhalten – keinerlei Ahnung, wo wir nach den Gehirnmechanismen suchen sollten, die daran beteiligt sein könnten. Schlagen sich negative Kindheitserlebnisse, die Freud in seinen Theorien der Neurose so hervorhob, in Form abnormaler Nervennetzwerke im Gehirn nieder, oder sind ihre Auswirkungen rein psychologisch? Freuds Vorbild führte zu einer wahren Therapie-Industrie, die Menschen helfen will, ihre subjektiven Erfahrungen zu beschreiben und zu verarbeiten, so daß sie

Freuds Ziele erreichen und ein befriedigendes Leben führen können. Reduktionisten kritisierten die Psychotherapie als »als Wissenschaft getarnte Erfindung«, und sie hat auch ihre Mängel – doch ohne unsere eigene Einsicht in unseren geistigen Zustand und unsere Gefühle hätte die Neurologie eine weit geringere Existenzberechtigung. Das Gehirn ist interessant, weil in ihm unsere Fähigkeit des Selbstausdrucks und unsere Komplexität als menschliche Wesen verortet sind.

Auch wenn dieses Buch »Die geheime Sprache von Geist, Verstand und Bewußtsein« heißt, so ist bereits offensichtlich, daß uns die beiden unterschiedlichen Schulen der Gehirnforschung zwei sehr unterschiedliche Sprachen beschert haben – die Sprache der objektiven Wissenschaft, die mit den empirisch geprüften Fakten von Medizin und Neurologie zu tun hat, und die subjektive Sprache des Verstehens und der Therapie (Kritiker

Die Art, wie wir Menschen behandeln, die abnormes Verhalten zeigen, spiegelt die herrschende Einstellung zum Geist wieder. Im Mittelalter galt der Geist als spirituelles Wesen: Geisteskrankheiten waren das Werk von Dämonen und wurden mit Exorzismus behandelt. Das erste Hospital nur für geistig Kranke, St. Mary of Bethlehem, allgemein bekannt als »Bedlam«, wurde im 15. Jahrhundert in England eröffnet (links eine etwas geschönte Ansicht). Die Patienten wurden kaum behandelt, und das Hospital diente eher als Gefängnis, zur Isolation von unerwünschten Mitgliedern der Gesellschaft. Unsere Angst vor Geisteskrankheiten besteht nach wie vor; und obwohl physiologische und psychologische Studien zu einem teilweisen Verständnis von Gehirn und Geist geführt haben, werden Geisteskranke in vielen Ländern noch immer grausam behandelt.

sagen dazu »Psychogeplapper«), deren Ziel es ist, den Menschen Wege zur Beschreibung – und Erklärung – ihrer Gefühle, Hoffnungen, Ziele und Enttäuschungen aufzuzeigen.

Eine Schwierigkeit bei der Verbindung der beiden Ansätze ist die offene Verachtung, die jede Seite für die andere hegt. Für sture Wissenschaftler trödeln die, die sie »Romantiker« nennen, mit obskuren Ideen herum. Der verstorbene Psychologe Donald Broadbent sagte mir, daß es ihn als Experimentator beunruhige, wenn Studenten das Fach in der Erwartung wählten, zu verstehen, was Leben bedeutet. Für den Experimentator ist Verstehen eine Falle:

Tatsachen, nicht Ahnungen werden gebraucht, um die komplexen Arbeitsweisen des Geistes zu klären.

Andere hat das Überbetonen von Naturwissenschaft und künstlichen Laborversuchen enttäuscht. Paul Kline von der Universität Exeter, England, klagt in seinem Buch »Psychology Exposed« (1990), daß die meisten Ergebnisse der experimentellen Psychologie trivial sind und Offensichtliches wissenschaftlich aufputzen.

Auch wenn die Spannungen zwischen diesen Ansätzen heute weniger stark sind als noch vor 20 Jahren, geht der Streit um das Wesen der Psychologie weiter. Ein Begreifen unseres Geistes – ein intuitives und zugleich physiologisches – steht derzeit noch in den Sternen. Aber die Suche ist aufregend.

Geist und Materie

Viele halten den Sprachwissenschaftler Noam Chomsky wegen seiner Pionierarbeiten über die Struktur der Sprache für ein Genie. Doch trotz seiner Erforschung eines der komplexesten geistigen Vorgänge sieht Chomsky die Zukunft der Gehirnforschung eher skeptisch. In einem Interview sagte er mir 1977: »Es ist denkbar, daß zu den Theorien, die wir aufgrund unserer biologischen Ausstattung nicht aufstellen können, die Theorie des Geistes gehört … menschliche Wesen haben wohl nur deshalb geheimnisvolle, unverständliche Fähigkeiten, weil die Theorie, die diese erklären würde, nicht innerhalb unseres Bereichs als biologische Organismen ist.«

Das Gehirn völlig zu verstehen ist sehr schwer. Stellen Sie sich vor, Sie betrachten ein rotes Dreieck. Sie wissen, daß es rot und ein Dreieck ist. Wissenschaftler mögen eines Tages fähig sein, jedes physikalische und chemische Ereignis aufzuzeichnen, das das Dreieck in der Netzhaut und den Wahrnehmungszentren des Gehirns auslöst. Doch werden die detaillierte Kenntnis, welche Nerven aktiv werden, und das Prinzip der Nervenaktivität angemessen die Erfahrung beschreiben, ein rotes Dreieck zu sehen? Die Sprache des Geistes verstehen heißt, zwei verschiedene Ebenen kennenzulernen: auf der einen Seite die physiologische Ebene der Neuronen, Netze und biochemischen

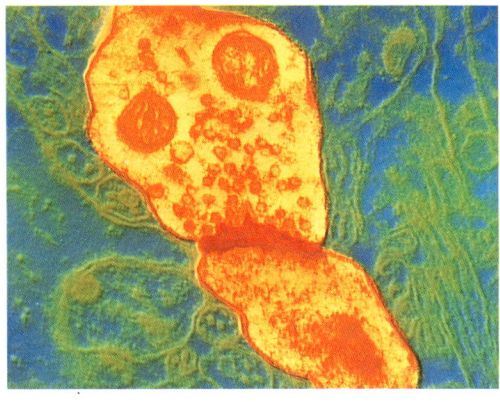

Neurologen haben enorme Fortschritte beim Verständnis des biologischen Prozesses gemacht, der Bewußtsein oder »Geist« entsprechen könnte. Sie haben entdeckt, daß die individuellen Verbindungen oder Synapsen (oben) zwischen Nervenzellen im Gehirn viel komplizierter sind als die »Schalter« in den neuesten Computern. Jede Synapse ist bemerkenswert anpassungsfähig in ihren Reaktionen, und jede Nervenzelle wirkt wie ein Mikroprozessor. Bewußtsein entsteht aus der simultanen Tätigkeit von Milliarden Nervenzellen über Billionen von Synapsen. Die Frage ist: Wie kommt es dazu?

Veränderungen, Thema der objektiven Wissenschaft; und auf der anderen Seite die »psychologische« Ebene der Gefühle, Erfahrungen und Gedanken.

Nicht alle Experten stimmen Chomskys Pessimismus zu. Terry Sejnowski und Patricia Churchland von der Universität Kalifornien, anerkannte Autoritäten für künstliche Intelligenz (AI), glauben nicht, daß des Rätsels Lösung unsere Kapazitäten übersteigt. Sie führen diese Sicht auf »mangelnde Phantasie« zurück und verweisen auf die Fortschritte der Neurologie in den letzten hundert Jahren. Sie argumentieren überzeugend, daß biochemisches Fachwissen, die Entdeckung der Hirnströme, die Entdeckungen der DNS, die genetische Untersuchungen des Geistes ermöglichten und psychologische Forschungs- und Experimentiertechniken verbesserten, heute Fragen beantworten, die früher als unklärbar galten.

Eine weitere Schwierigkeit ist, daß so verschiedene Fächer wie Anatomie, Physiologie, Biochemie, Genetik, Neurologie, Psychiatrie und Psychologie an der Gehirnforschung teilhaben. Jedes Fach betrachtet Gehirn und Geist unter einem anderen Gesichtspunkt, mit eigenen Ansätzen und Vorurteilen. Die Integration dieser Ansätze wird ein gigantischer Schritt sein, der viele Geheimnisse des Geistes lösen wird, die Philosophen, Psychologen und Wissenschaftler 2000 Jahre lang verblüfft haben.

Die Evolution des Geistes

Als Charles Darwin 1859 »Die Entstehung der Arten« publizierte, schockierte er Wissenschaftler, Kleriker und gewöhnliche Leute damit, daß er den biblischen Schöpfungsbericht wissenschaftlich in Frage stellte. Damals erregte seine Feststellung, daß der Mensch sich aus affenähnlichen Vorfahren entwickelt hatte, Zorn und Gelächter, doch heute gilt seine Theorie einer Evolution durch natürliche Auslese fast überall als einer der Eckpfeiler der modernen Wissenschaft.

Nur wenige Menschen bezweifeln noch ernsthaft, daß das menschliche Gehirn das Ergebnis von Milliarden Jahren der Evolution durch Versuch und Irrtum sei; dennoch fällt es vielen schwer zu begreifen, wie so ein »gedankenloser« Prozeß wie die natürliche Auslese die Entwicklung von Bakterien und Einzellern (Protozoen) zu menschlicher Intelligenz, Kreativität und Selbstbewußtsein bewirkt haben kann.

Leben ist sehr schwer zu definieren; im 19. Jahrhundert glaubte der Philosoph Friedrich Engels, es sei »der Modus der Bewegung von eiweißhaltigen Substanzen«, wonach auch ein bratendes Ei als lebendig gelten könnte; der Theologe Kardinal Newman kam der Wahrheit vielleicht näher, als er sagte: »Wachstum [ist] das einzige Anzeichen von Leben«, da Wachstum und Vermehrung Attribute aller bekannten Formen des Lebens sind.

Das menschliche Bewußtsein – unsere Fähigkeit, symbolische Darstellungen unserer Umwelt zu planen und zu verwenden – entwickelte sich wohl im Paläolithikum (Altsteinzeit), das vor 2,5 Millionen Jahren begann. Die frühesten menschlichen Werke aus dieser Zeit zeugen von einem Wissen um Universum, Sterblichkeit und den Zyklus des Lebens. Dazu gehören Höhlenmalereien, von denen einige den Kosmos wiedergeben sollen, und »Venus«-Figuren (rechts) als Fruchtbarkeitssymbole.

Lebende Wesen erzeugen durch Wachstum und Vermehrung ein ständig zunehmendes Maß an Ordnung aus der Unordnung um sie herum. Um das zu erreichen, müssen sie sich von ihrer weniger geordneten Umgebung absondern. Daher haben sich alle Organismen vom Menschen bis zum Einzeller mit einer physischen Grenze umgeben, die das »Ganze« vom »Nicht-Ganzen« trennt. Doch die Grenze macht noch mehr, als nur den Organismus vor dem Auslaufen zu bewahren. Sie ist auch dort, wo der Organismus auf seine Umwelt trifft, wo nützliche Stoffe aufgenommen und giftige ausgeschieden werden. Und an dieser Grenze reagiert letztlich der Körper auf die Außenwelt. Selbst ein Einzeller verfügt über einfache Reaktionen auf äußerliche Reize: Er kann Teile seiner Oberfläche von einer schädlichen Chemikalie zurückziehen oder Nahrung in die ihn begrenzende Membran aufnehmen.

Ausgehend von diesem Wahrnehmungsvermögen von Zellen entwickelten sich Nervensysteme. Es ist klar, daß Zellen, die äußere Reize besser empfangen, von der natürlichen Auslese bevorzugt werden – eine Zelle, die sich rasch vor einem Feind zurückziehen kann, hat größere Überlebens- und damit Vermehrungschancen als eine langsamere. Da sich die Lebewesen von Einzellern zu komplexeren Mehrzellern entwickelten, ist vorstellbar, wie sich manche Zellen auf die Weitergabe von Informationen über äußere Reize von einem Körperteil zum anderen spezialisierten. Diese Entwicklung ermöglicht es dem Organismus, auf einen Reiz mit seinem ganzen Körper zu reagieren. Statt nur einen Teil seiner Oberfläche von einem schädlichen Stoff zurückzuziehen, kann sich nun der ganze Organismus zusammenziehen oder wegschwimmen, um diesem Reiz auszuweichen.

Die einfachsten Nervensysteme besitzen bis heute Seeanemonen und Hydren. Eine einzelne Nervenzelle (ein Neuron, siehe S. 26) empfängt einen Reiz von einem Körperteil und schickt einen Impuls an einen anderen Teil, wo er eine Muskelkontraktion bewirkt. Bei der Verfeinerung dieses Systems in höheren Organismen bilden sich drei Neuronenarten heraus: Manche spezialisieren sich auf das Aufspüren von Reizen (sensorische Neuronen), andere aktivieren Muskeln (motorische Neuronen), und wieder andere stellen eine Verbindung unter diesen her (Interneuronen) und sorgen für eine koordinierte Reaktion. Tiere mit einem solchen Nervensystem (z. B. Quallen) sind zu relativ hoch entwickeltem Verhalten fähig, wie Beutefang und Schwimmen.

Als die Lebewesen komplexer und aktiver wurden, entwickelten sich auch die Nervensysteme. Sensorische Neuronen sammelten sich in besonderen Organen, die sich auf Licht, Ton oder Duft spezialisierten. Im Laufe der Evolution wurden diese Organe auf den Vorderteil der Lebewesen (also den Teil, der die Umgebung zuerst wahrnimmt) konzentriert und mit den motorischen Neuronen durch Interneuronen verbunden, die in

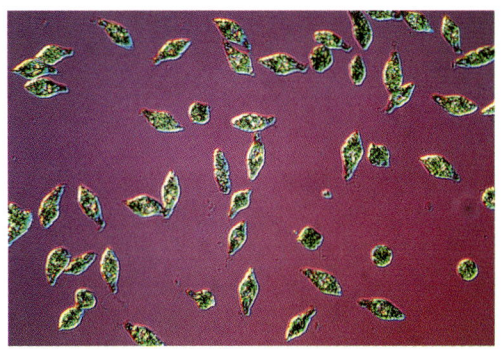

Sogar einfache Organismen besitzen ausgeklügelte Mechanismen zur Reaktion auf Umweltreize. Der Einzeller Euglena (links) z. B. ernährt sich durch Photosynthese und braucht daher Licht zum Überleben. Er schwimmt mit Hilfe eines langen dünnen Fortsatzes, einer Geißel. An deren Wurzel liegt eine lichtempfindliche Zone, daneben ein Pigmentfleck, der »Augenpunkt«. Wird Euglena von Licht getroffen, wirft der Augenpunkt einen Schatten auf die lichtempfindliche Zone. Euglena reagiert, indem es zum Licht schwimmt und seine Chancen auf Überleben und Vermehrung erhöht.

Die Hirnkapazität der Schädel wurde als Maß für das Wachstum des menschlichen Gehirns genommen (unten). Der Australopithecus afarensis (1) vor 3,5 Millionen Jahren hatte eine Schädelkapazität von 500 ccl; bis vor 2 Millionen Jahren hatte sie sich beim Homo habilis (2), der erstmals Werkzeuge einsetzte, auf 650 ccl erhöht; vor 1,5 Millionen Jahren hatte der Homo erectus (3), der Feuer machen konnte, 1000 ccl Kapazität; der Neandertaler (Homo sapiens neanderthalensis) hatte 1400 ccl Kapazität (4), etwas höher als die des modernen Menschen (5). Die Schädelgröße erklärt jedoch nicht die Evolution des Bewußtseins.

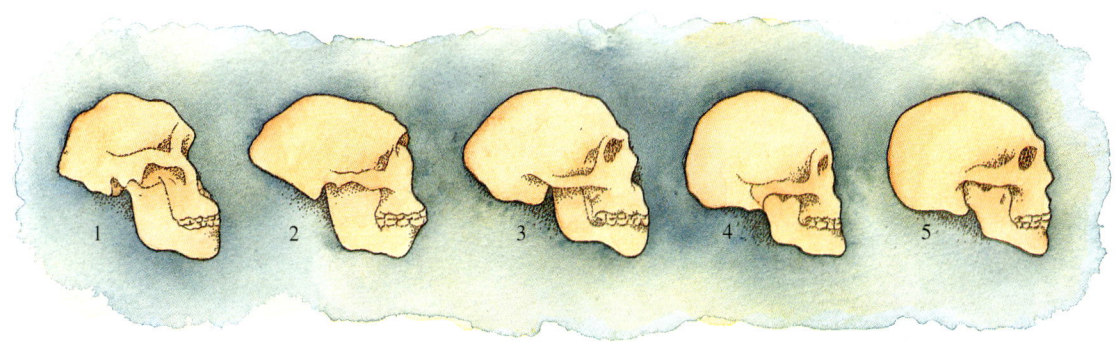

einem zentralen Nervensystem vereinigt wurden, das durch den ganzen Körper des Tieres lief. Im Laufe von Jahrmillionen erweiterte sich das vordere Ende des zentralen Nervensystems und wurde komplexer, das Gehirn entstand. Seine Aufgabe ist die Integration von Sinneswahrnehmungen und die Koordination der motorischen Reaktionen des Tieres.

Alle Tiere (außer Schwämmen und einigen hochspezialisierten Parasiten) besitzen ein Nervensystem aus Neuronen. Ein Neuron ist eine einfache Untereinheit – es kann auf einen Reiz entweder durch Feuern oder durch Nicht-Feuern reagieren, und die Neuronen des menschlichen Gehirns verhalten sich wie die anderer Tiere. Das außerordentlich hoch entwickelte Bewußtsein unserer eigenen Art beruht weniger auf

qualitativen Unterschieden zwischen unseren Neuronen und denen anderer Arten, als vielmehr auf der Komplexität und der Plastizität (siehe S. 26) des menschlichen Gehirns im Verhältnis zu tierischen. Aufschluß darüber, wie und wann diese Unterschiede entstanden, geben die fossilen Schädel unserer hominiden Vorfahren (siehe S. 17). Sie legen den Schluß nahe, daß sich seit 300 000 v. Chr. die linke Gehirnhälfte stärker entwickelte und schwerer wurde als die rechte. Neurologen wissen heute, daß die linke Gehirnhälfte bei Rechtshändern Sprechen und Sprache kontrolliert, daher ist eine Erklärung für diese Asymmetrie, daß sich etwa zu jener Zeit die Sprache oder ein Vorläufer davon entwickelte. Solche Theorien sind jedoch spekulativ, weil das fossile Zeugnis lückenhaft ist und die

Zahl und Komplexität der Interneuronen im Zentralnervensystem stiegen im Laufe der Evolution. Netzwerke sorgten für die Verarbeitung sensorischer Information, ehe sie an die Muskeln gesandt wird. Hier drei Beispiele: Ein hereinkommender Impuls kann sich aus-

breiten und mehrere motorische Neuronen anregen (links); Impulse von mehreren Quellen laufen zu einem einzigen Interneuron, das bei genug Reizen feuert (rechts oben); ein Interneuron kann einen Impuls auf sich selbst zurückleiten und eine Schleife erzeugen (rechts unten).

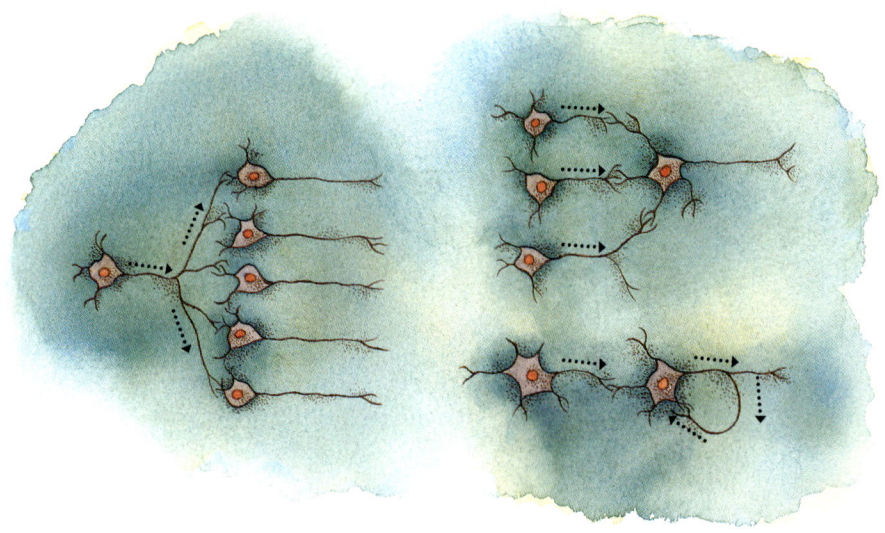

Wie weit sind höhere menschliche Eigenschaften und Verhaltensweisen – Intelligenz, Kreativität, Altruismus usw. – im Gehirn »verdrahtet«?

Einige Theoretiker glauben, sie seien durch die Gene bestimmt, die wir in den spiralenförmigen DNS-Molekülen in jeder Zelle tragen.

Schädelgröße wenig über Zahl und Komplexität der Neuronen-verbindungen im Gehirn aussagt. Eben diese Faktoren bestim-men aber die Leistungsfähigkeit des Gehirns.

In weit genauerem Maße kennen wir die Entwicklung des einzelnen Gehirns vom Augenblick der Zeugung an. Das Gehirn beginnt als Zellhaufen in den äußeren Schichten des Embryos. (Interessanterweise entwickelt es sich embryologisch gesehen aus der gleichen Schicht wie die Haut – eben jene wichtige »Grenzschicht«, die zwischen dem Ich und der Außenwelt vermittelt.) Nach etwa drei Wochen unterscheiden sich diese Zellen bereits von anderen Zellen des Embryos, sie rollen sich aus und bilden einen Hohlzylinder, das Neuralrohr. Dieses formt das Rohr des Rückenmarks. Bei einem vier Wochen alten Embryo kann man drei Schwellungen an der Spitze des Neuralrohres erkennen. Diese werden zu den drei Hauptregionen des Gehirns heranwachsen, zu Großhirn, Klein-hirn und verlängertem Rückenmark (siehe S. 22).

Das Gehirn wächst schneller als das Rückenmark. Die hin-teren Gehirnlappen empfangen über sensorische Neuronen Reize von den sich bildenden Sinnesor-ganen. Auch der Hypothalamus ent-wickelt sich bei Embryos rasch. Er steu-

Zu Beginn des 20. Jahrhunderts machte der russische Psychologe Iwan Pawlow (links) eine Serie inzwischen klassischer Experi-mente, die zeigten, daß Hunde lernen können, auf einen unnatürlichen Reiz hin, in diesem Fall das Läuten einer Glocke, Speichel abzusondern. Seine Vermutung, dieser konditionierte Reflex beruhe auf Veränderungen der Neuronenverbindungen im Gehirn, wurde inzwischen bestätigt.

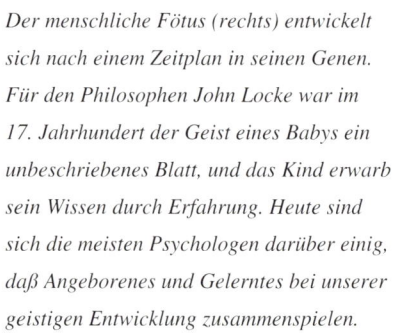

Der menschliche Fötus (rechts) entwickelt sich nach einem Zeitplan in seinen Genen. Für den Philosophen John Locke war im 17. Jahrhundert der Geist eines Babys ein unbeschriebenes Blatt, und das Kind erwarb sein Wissen durch Erfahrung. Heute sind sich die meisten Psychologen darüber einig, daß Angeborenes und Gelerntes bei unserer geistigen Entwicklung zusammenspielen.

ert Vorlieben und Abneigungen, Hoff-nungen und Ängste, und er hilft auch die Entwicklung des zentralen Nerven-systems und der Hormondrüsen koordi-nieren, die Wachstum, Stoffwechsel und die Geschlechtsent-wicklung steuern. Bei der Geburt ist das Gehirn des Neugebo-renen bereits anatomisch voll entwickelt.

Daraus geht hervor, daß das Gehirn ein festes Entwicklungs-programm hat. Es wird genetisch durch die DNS bestimmt, die wir von unseren Eltern erben. Einige Verbindungen im Gehirn werden durch unsere Gene festgelegt (z. B. die Verbindung zwi-schen Auge, Sehnerv, optischem Kreuz und Sehzentrum der Großhirnrinde), doch andere Verbindungen im Gehirn werden durch Lernen angelegt – auch eher unnatürliche Gewohnheiten. Der große russische Psychologe Iwan Pawlow bewies, daß ein Hund darauf trainiert werden kann, beim Klang einer Glocke Speichel zu produzieren; eine zuvor physiologisch gesteuerte Reaktion ließ sich durch einen neuen, unnatürlichen Reiz auslö-sen. Pawlow zufolge bedeutete das, daß eine neue Nervenver-bindung entstanden war, die Neuronen miteinander verband, die vorher keine Verbindungen hatten.

Die meisten Neuronenverbindungen im Gehirn entstehen in den ersten Monaten nach der Geburt, wenn das Kind mit sen-

sorischen und motorischen Erfahrungen überhäuft wird und lernt, Bewegungen und Sinne zu koordinieren. (Der Schweizer Psychologe Jean Piaget meinte, die ersten Monate im Leben eines Babys sollten als »sensomotorische Phase« bezeichnet werden, siehe S. 78). Doch bereits im Mutterleib ist die Gehirnentwicklung nicht nur eine Frage des Auslösens eines vorgefertigten genetischen Codes. Schlechte Ernährung und zu viel Alkohol oder Tabak seitens der Mutter schaden der Gehirnentwicklung des Embryos. Mehr noch, Peter Hepple an der Queen's University in Belfast zeigte, daß ein Kind, das vor der Geburt bestimmte Musik hörte, darauf nach der Geburt wie auf etwas Vertrau-

tes reagiert. Mit anderen Worten, das Gehirn bildet nicht erst außerhalb des Mutterleibes all jene Verbindungen aus, von denen dies stets geglaubt wurde.

Hepples Entdeckungen und andere Studien über Neugeborene werfen neues Licht auf die lange Debatte über die Rolle von Angeborenem und Angelerntem in der menschlichen Entwicklung – von Anlage und Prägung. Möglicherweise ist die ganze Debatte überholt, denn zur Definition von »angeboren« gehört, daß alles, mit dem man geboren wird, vererbt ist. Doch wenn Lernen schon im Mutterleib beginnen kann, ist eine klare Unterscheidung viel schwerer.

Die Anatomie des Gehirns

Die lange Evolutionsgeschichte des menschlichen Gehirns läßt darauf schließen, daß darin alte und neue Elemente nebeneinander existieren. Einige Anatomen haben darauf hingewiesen, daß bestimmte Gehirnzonen – die mit der Steuerung von unwillkürlichem Verhalten wie Atmen und Fühlen zu tun haben – bemerkenswerte Gemeinsamkeiten mit dem Gehirn von Reptilien zeigen. Auch wenn mit unserer grauen Substanz ein Shakespeare oder ein Einstein möglich ist, sollten wir nicht vergessen, daß wir auch etwas vom Gehirn eines Krokodils haben.

Das Gehirn verarbeitet Informationen. Rezeptoren in den Sinnesorganen (Augen, Ohren, Haut usw.) und im Körperinneren (Herz, Lunge, Darm usw.) empfangen Informationen über die äußere und innere Umgebung des Körpers. Die Nervenfasern des periphären Nervensystems, das aus allen Nerven besteht, die Reize in Form elektrischer Impulse weiterleiten, schicken die Information an das Zentralnervensystem (Gehirn und Rückenmark). Hier wird sie verarbeitet, und es erfolgt eine passende Antwort, meist durch das Auslösen von motorischen Neuronen, die einen Nervenimpuls an einen Muskel schicken und ihn zu Kontraktion oder Entspannung bringen.

Innerhalb des Zentralnervensystems gibt es eine Kontrollhierarchie. Einfache Reize werden mit Reflexen beantwortet: Wir ziehen unsere Hände rasch zurück, wenn wir einen heißen Teller berühren. Das Gehirn hat mit Reflexhandlungen nichts

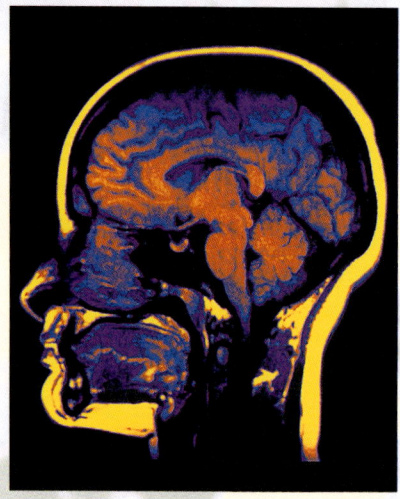

Dieses Bild eines gesunden menschlichen Gehirns wurde als Magnetresonanzbild (siehe S. 182) aufgenommen, das einen »Blick« in das Gehirn einer wachen Person liefert. Die (vom Computer hinzugefügten) Farben zeigen verschiedene Dichte an und helfen so, verschiedene Strukturen im Gehirn zu unterscheiden.

zu tun – sie sind im Rückenmark fest »verdrahtet« –, obwohl es den Reflex aufheben kann: Wenn er nicht unerträglich heiß ist oder wir nicht unter Streß stehen, lassen wir einen gefüllten heißen Teller nicht fallen. Das Gehirn befaßt sich vielmehr mit komplexen Funktionen. Atmen, Gleichgewicht, Schlucken und Verdauung – »automatische« Funktionen, deren wir uns nicht bewußt sind, die aber feiner Steuerung und Austarierung bedürfen – werden von relativ alten Teilen des Gehirns gesteuert. Die Entscheidung aber, ob Sie sich auf der Straße umdrehen oder nicht, wenn jemand Ihren Namen ruft, wird von neueren, »höheren« Zentren gesteuert.

Dies ist eine grob vereinfachte Darstellung: Das Gehirn ist ein unglaublich komplexes Organ, das aus Abermilliarden Zellen besteht, und wie seine Teile zusammenarbeiten, ist längst noch nicht geklärt. Dennoch ist es möglich, das Gehirn in einige strukturelle Teile zu zerlegen und ihnen sehr allgemein Funktionen zuzuordnen.

Sowohl Gehirn als auch Rückenmark sind durch Knochen geschützt (der Schädel und die Wirbelsäule) und von zerebrospinaler Flüssigkeit umgeben, die als Stoßfänger wirkt. Von der Seite sieht das Gehirn ein bißchen wie Blumenkohl aus, und es wiegt im Schnitt 1,2 kg bei Männern und 1 kg bei Frauen. Drei größere Gebiete lassen sich unterscheiden: Vorder-, Mittel- und Rautenhirn. Verwirrenderweise liegen sie nicht dort, wo es ihrem Namen nach zu vermuten wäre (das

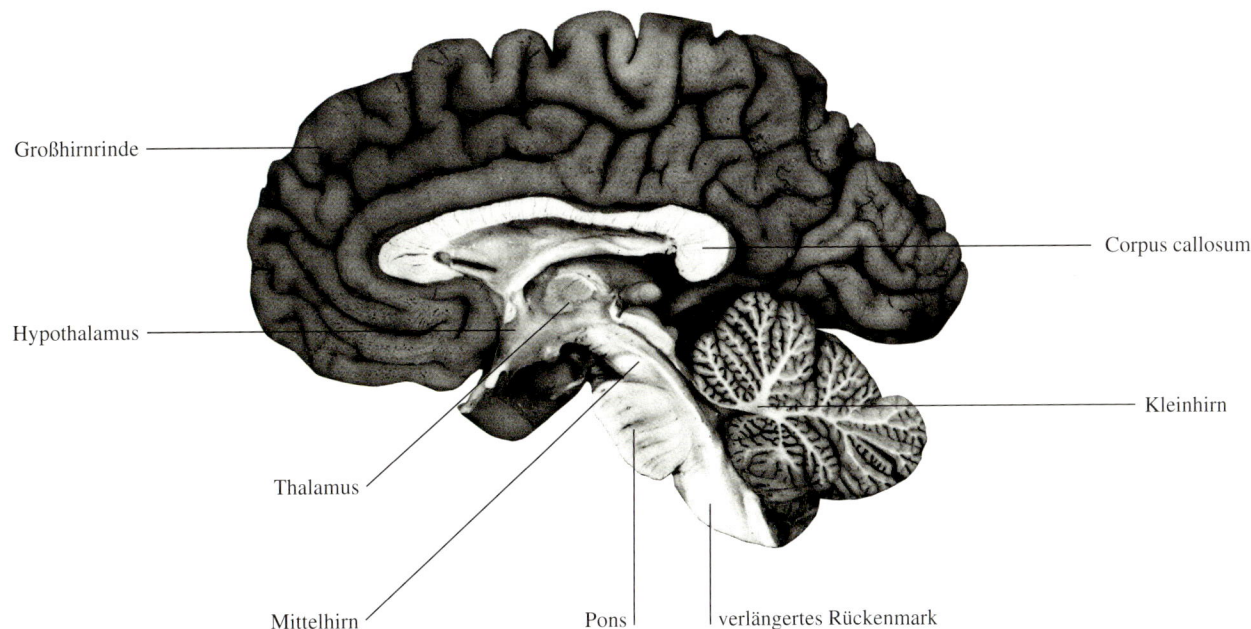

Großhirnrinde —————

Hypothalamus —————

———— Corpus callosum

———— Kleinhirn

Thalamus

Mittelhirn   Pons   verlängertes Rückenmark

(Oben) Dieser Längsschnitt durch ein erwachsenes menschliches Gehirn zeigt die Hauptteile des Zentralnervensystems. Das Vorderhirn besteht aus Großhirnrinde, Thalamus, Hypothalamus und limbischem System (nicht im Bild), und das Rautenhirn aus ver-

längertem Rückenmark, Pons, Kleinhirn und Formatio reticularis (nicht im Bild). Das Mittelhirn ist bei Menschen kleiner als bei anderen Säugetieren. (Unten) Die beiden Hemisphären der Großhirnrinde im Vorderhirn (siehe S. 24) sind von oben deutlich zu erkennen.

Vorderhirn liegt z.B. nicht vorn): Ihre Namen beziehen sich nämlich auf die Lage verschiedener Hirnteile beim Embryo, und diese verschieben sich im Zuge der Entwicklung des Fötus.

Das Rautenhirn liegt an der Schädelbasis. Es umfaßt vier Funktionsgebiete: das verlängerte Rückenmark, die Pons, die Formatio reticularis und das Kleinhirn. Das verlängerte Rückenmark ist der Ort, an dem Nerven aus der linken Körperseite in die rechte Gehirnhälfte eintreten und umgekehrt. Es steuert unwillkürliche Funktionen wie Herzschlag, Blutdruck, Atmung und Verdauung. Die Pons ist eine Schaltstelle zwischen den höheren Gehirnzentren und scheint gemeinsam mit der

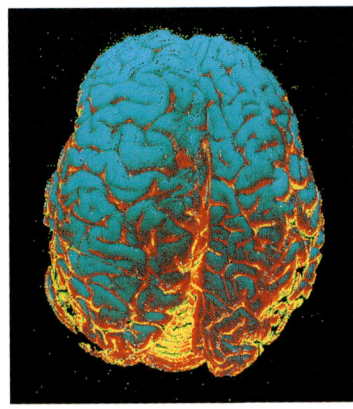

Formatio reticularis zu entscheiden, ob wir schlafen oder wachen. Letztere steuert weitgehend Wachheit und Aufmerksamkeit – sie aktiviert offenbar andere Gehirnteile.

Seitlich von diesen Teilen liegt das Kleinhirn, das mit seinen vielen Windungen fast wie ein Mini-Gehirn aussieht. Es steuert viele Funktionen, die automatisch geworden sind, aber ursprünglich erlernt und geübt werden mußten, wie Gleichgewicht und Koordination. Wenn wir gehen, ohne darüber nachzudenken, lenkt das Kleinhirn unsere Bewegungen.

Das Mittelhirn ist ein relativ kleines Nervenzentrum. Es enthält einen Fortsatz der Formatio reticularis und ist für einige Bereiche des Hörens und Sehens verantwortlich (z. B. für die Bewegungen der Augen). Das Mittelhirn scheint bei anderen Säugetieren wichtiger zu sein als beim Menschen: Viele seiner Funktionen hat bei uns das Vorderhirn übernommen.

Das Vorderhirn ist der größte Teil des Gehirns. Sein auffälligster Teil ist die Großhirnrinde, die etwa 10 Milliarden Nervenzellen enthält und auf allen anderen Gehirnteilen aufliegt. Sie ist auch funktionell der »Gipfel« des Gehirns und steuert die »höheren« Leistungen des Denkens, freie Handlungen und was wir Bewußtsein nennen.

Weitere wichtige Teile des Vorderhirns sind der Thalamus, der Hypothalamus und das limbische System. Der Thalamus umfaßt eine Reihe von Nervenzentren und agiert als Schaltstelle für sensorische und gewisse motorische Signale, indem er Information z. B. von den Augen und Ohren an die richtigen

Teile der Großhirnrinde schickt. Der Hypothalamus scheint neben anderen biologischen Bedürfnissen auch die Lust auf Essen und Sex zu steuern.

Hypothalamus, Thalamus, Mittelhirn und Rautenhirn (bis auf das Kleinhirn) bilden gemeinsam den Hirnstamm. Er ist für die Regulierung aller lebenswichtigen Funktionen verantwortlich, und wenn hier keine Aktivität meßbar ist, spricht der Arzt vom »Hirntod«.

Zwischen diesem inneren Teil des Gehirns und der Großhirnrinde liegt das limbische System. Anatomisch eng mit dem Hypothalamus verbunden, erlaubt es uns, unsere instinktiven Triebe zu steuern (so daß wir z. B. nicht sofort jeden niederschlagen, der uns versehentlich auf die Füße tritt). Das limbische System enthält drei Hauptteile: Amygdala und Septum, die Zorn, Ärger und Angst lenken, sowie den

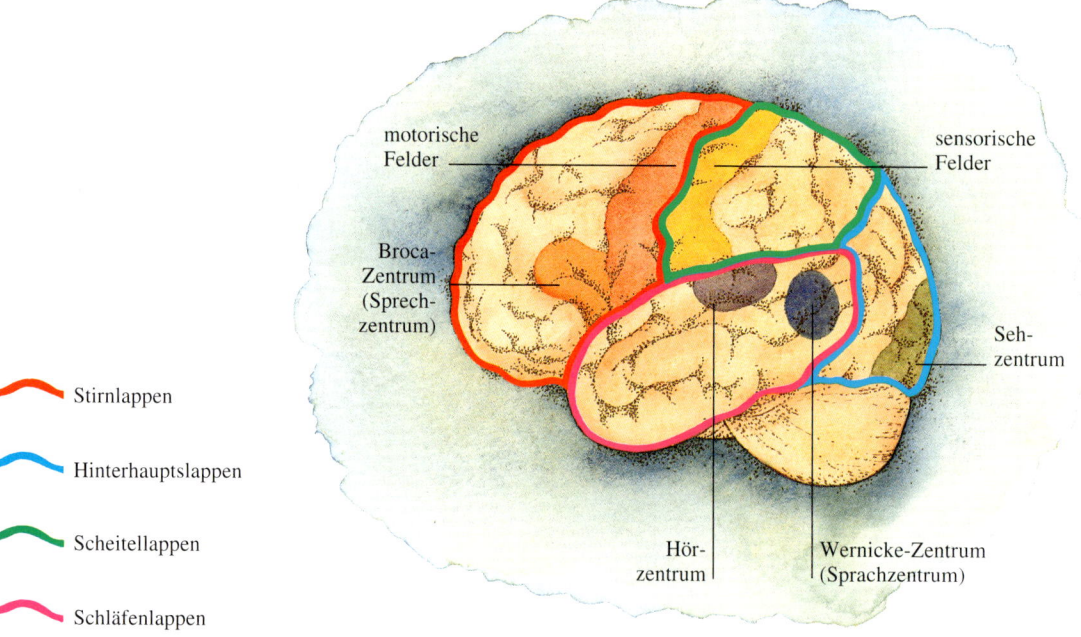

motorische Felder

sensorische Felder

Broca-Zentrum (Sprechzentrum)

Sehzentrum

Stirnlappen

Hinterhauptslappen

Scheitellappen

Schläfenlappen

Hörzentrum

Wernicke-Zentrum (Sprachzentrum)

Hippocampus, der offenbar unsere Fähigkeit des Erinnerns steuert.

Die Großhirnrinde, eine knapp 5 mm dicke Schicht aus Nervenzellen mit einer Oberfläche von 155 cm², macht 70 Prozent des Gehirns aus. Ihre Faltungen, die nötig sind, damit sie in den Schädel paßt, verleihen dem Gehirn sein charakteristisches Aussehen. Die Neuronen der Großhirnrinde verarbeiten Informationen. Sie sind grau (daher heißt die Hirnrinde die »graue Substanz«) und vielfach untereinander und mit anderen Gehirnteilen verbunden. Die langen Verbindungen zwischen weit auseinander liegenden Gehirnteilen werden von Neuronen hergestellt, die in eine isolierende Fettschicht gehüllt sind – Myelin –, die sie weiß erscheinen läßt (sie sind als die »weiße Substanz« bekannt).

Die Hirnrinde selbst ist in unterschiedliche Strukturen und Funktionen gegliedert. Am besten erkennbar ist die Gliederung in rechte und linke Gehirnhälfte. Manchen Experten zufolge ist jede Hälfte beinahe ein Gehirn für sich (siehe S. 32). Die Hälften sind durch ein dickes Faserbündel miteinander verbunden, das Corpus callosum, das der linken Hirnhälfte mitteilt, was die rechte tut und umgekehrt, und so die Hirntätigkeit koordinieren hilft.

Eine weitere wichtige Unterteilung der Großhirnrinde erfolgt in vier Lappen, Schläfen-, Stirn-, Hinterhaupts- und Scheitellappen, benannt nach den nächstgelegenen Schädelknochen. Lange Debatten gab es darüber, wie weit Gehirnfunktionen in den einzelnen Hirnlappen oder in kleineren Abschnitten lokalisierbar sind. Der Stirnlappen scheint für Aufmerksamkeit und Konzentration wichtig zu sein, der Schläfenlappen für Sprache und Gedächtnis, der Scheitellappen für die Sensorik und der Hinterhauptslappen für Auge und Wahrnehmung. Die meisten Erkenntnisvorgänge beruhen jedoch auf dem komplexen Zusammenspiel vieler Teile des Gehirns.

LERNEN AUS FEHLERN DES GEHIRNS

Die Funktion eines bestimmten Gehirnteils zu bestimmen ist nicht leicht. Viele unserer Kenntnisse beruhen auf der Untersuchung von Menschen mit örtlich begrenzten Gehirnschäden, nach dem Motto: Wenn ein Schaden im Bereich X die Fähigkeit Y beeinflußt, dann muß X an der Steuerung von Y beteiligt sein. Doch Bereich X könnte nur für einen wichtigen Teil der Fähigkeit Y verantwortlich sein, z. B. die Kontrolle von Bewegungen. Der Fall von Phineas Gage beleuchtet diese Probleme. Bei Sprengarbeiten im Jahr 1848 durchbohrte ein Brecheisen seinen Schädel und den linken Stirnlappen (rechts). Wundersamerweise starb Gage nicht, sondern kam wieder zu Bewußtsein und erholte sich, wenngleich mit dramatisch veränderter Persönlichkeit. Vorher ein verläßlicher Arbeiter, wurde er jetzt unzuverlässig und streitsüchtig. Sein Fall gilt als Beweis dafür, daß der Stirnlappen die Persönlichkeit steuert. Doch veränderte die Brechstange Gages Wahrnehmungen oder seine Fähigkeit, sein Handeln oder seine Hirnchemie zu steuern? Heute können Neurologen mit Hilfe von PET-Scans (siehe S. 183) bestimmte Arten geistiger Aktivität in einem lebenden Gehirn lokalisieren (links).

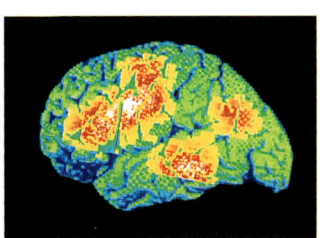

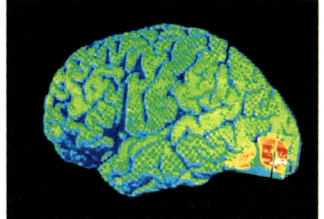

Die Grundsprache des Gehirns

Wie jedes andere Organ des menschlichen Körpers ist auch das Gehirn nur eine Häufung von Zellen, die auf eine bestimmte Funktion spezialisiert sind. Ihre Aufgabe besteht grob gesagt darin, Information (in Form elektrischer Impulse) von anderen Nervenzellen (Neuronen) aufzunehmen, die erhaltene Information zu verarbeiten und die (veränderte) Information an viele andere Neuronen weiterzugeben. Fast alle Physiologen führen das »Besondere« des menschlichen Gehirns auf Größe und Komplexität dieses Informationsverarbeitungssystems zurück. Schätzungen zufolge sind in unserem Schädel etwa 200 Milliarden Neuronen verpackt, von denen jedes im Schnitt mit 5 000 anderen verbunden ist. Das ergibt insgesamt eine Billiarde Neuronenverbindungen – mehr als alle Telefonate der letzten zehn Jahre in den USA zusammen.

Trotz dieser Zahl gelangen Hirnforschern spektakuläre Erfolge beim Verstehen der Grundfähigkeiten einzelner Neuronen und bei der Entzifferung der Sprache, in der sie miteinander kommunizieren.

Im Gehirn und Zentralnervensystem gibt es zwar unterschiedliche Neuronenarten, doch »Bauplan« und Arbeitsweise scheinen gleich. Mit anderen Zelltypen haben Neuronen viel gemeinsam – z. B. besitzen sie einen Zellkern, der den Haushalt der Zelle steuert, und wie andere Zellen sind sie von Fettmembranen umgeben –, doch bereits an ihrer Form erkennt man ihre hohe Spezialisierung. Während die meisten menschlichen Zellen fast kugelförmig sind, sind Neuronen stark gelängt – die ideale Form für eine wirksame Informationsübertragung von einem Ort zum anderen.

Ein menschliches Neuron besteht aus drei Teilen: Zellkörper, Dendriten und Axon. Der Zellkörper enthält den Zellkern; von ihm strahlen kurze Verästelungen aus, die Dendriten

sendendes Neuron

Axon

empfangendes Neuron

Vesikel

Dendrit

synaptischer Spalt

empfangendes Neuron

Ein »typisches« Neuron in der menschlichen Großhirnrinde ist kleiner als 1 Mikrometer und wird meist von Tausenden anderen Neuronen kontaktiert. Hier wird nur ein derartiger Kontakt gezeigt. Ein elektronischer Impuls bewegt das Axon des »sendenden« Neurons entlang zu den kleinen Ausbuchtungen an seinen Enden. Hier bewirkt er die Ausschüttung von Neurotransmittern aus kleinen Bläschen (Vesikeln) in den schmalen synaptischen Spalt zwischen der sendenden Zelle und den astartigen Fortsätzen (Dendriten) der empfangenden Zelle. Die Transmitter diffundieren über den Spalt und öffnen chemische Sperren auf der Oberfläche der Empfängerzelle, was diese ihrerseits zum Feuern veranlaßt, indem sie einen Impuls über ihr Axon aussendet.

(von griechisch *dendron*, Baum). Zellkörper und Dendriten empfangen Impulse von anderen Neuronen. Vom Zellkörper geht ein langes, schlankes, manchmal verzweigtes Rohr aus, das Axon. Es kann bei manchen Zellen, etwa im Rückenmark, bis zu einem Meter lang sein. Das Axon ist das »output«-Kabel der Nervenzelle: An seinen Enden bildet es Verbindungen, oder Synapsen, mit den Dendriten oder den Zellkörpern anderer Neuronen und überträgt so Impulse von Zelle zu Zelle.

Zum Wesen des Nervensystems gehört, daß manche Neuronen viele andere Neuronen kontaktieren; andere kontaktieren wenige, werden aber von vielen kontaktiert. Entsprechend differenziert wie die Verbindungen sind auch die Funktionen: z. B. werden Purkinje-Zellen im Kleinhirn (zuständig für die Koordination von Bewegungsabläufen) von jeweils über 200 000 Zellen kontaktiert.

Physiologen sprechen vom »Feuern« eines Neurons, als wäre es ein Gewehr. Wenn ein Neuron feuert, spielt sich folgendes ab: Ein elektrischer Impuls wandert sein Axon hinab, vom Zellkörper weg zu den Synapsen. Der Impuls kann sich nur in diese Richtung bewegen, er ist immer gleich stark, und er kann von der Zelle nicht aufgehalten oder verändert werden. Darüber hinaus fließt er nicht wie gewöhnlicher Strom durch einen leitenden Draht; er ist eher wie ein »Rieseln« elektrischer Ladung als Folge der Bewegungen von Ionen – geladene Atome – inner- und außerhalb des Axons. Es ist verlockend,

Ein Blick auf die komplexen Neuronenverbindungen im menschlichen Gehirn. Außer Neuronen gibt es im Zentralnervensystem noch große Mengen an Gewebezellen, die für den Stoffwechsel des Gehirns sorgen, die Neuronen mit Nährstoffen versorgen und an ihrem Platz halten.

sich vorzustellen, daß diese elektrische Informationsweitergabe für alle Gehirnaktivitäten sorgt und daß ein Neuron seinen Impuls direkt an das nächste ebenso weitergibt, wie elektrische Signale durch die Schaltkreise eines Computers sausen. Doch so einfach ist die Sache nicht.

Wenn ein Impuls das Ende eines Axons (Zelle A) erreicht, so kann er nicht direkt zu den Dendriten oder dem Zellkörper einer anderen (Zelle B) hinüberspringen. Die Zellen sind nämlich durch eine oder mehrere Synapsen (abgeleitet vom griechischen Wort für Verbindung) getrennt, das sind 200 Nanometer breite Spalten. Der Impuls bewirkt vielmehr, daß feine Vesikel (flüssigkeitsgefüllte Bläschen) am Synapsenende von Zelle A in den Spalt hinein zerplatzen. Diese Vesikel sind voller Neurotransmittermoleküle, und wenn sie platzen, werden diese in den synaptischen Spalt freigesetzt. Sie bewegen sich das kleine Stück zu Zelle B und lagern sich auf deren Oberfläche an spezifische Rezeptoren an, wo sie das Verhalten des Neurons beeinflussen, indem sie es zum Feuern oder Nicht-Feuern bringen.

Nicht alle Neurotransmitter sind gleich: Manche regen Zelle B zum Feuern an, andere hemmen ihre Neigung zum Feuern. Wir haben bereits gesehen, daß ein typisches Neuron in der menschlichen Großhirnrinde (wie Zelle B) wahrscheinlich mit mehreren tausend anderen verbunden ist. Von diesen setzen einige anregende, andere hemmende Transmitter frei. Jedes

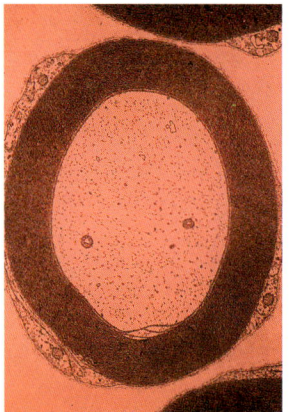

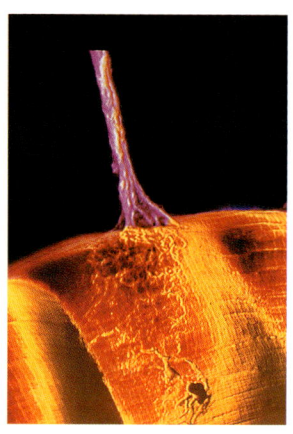

Neuronen, die Impulse über lange Strecken leiten, von einem Gehirnteil in den anderen oder vom Gehirn in den Körper, sind meist mit einer weißen Schicht fetthaltigen Isoliermittels überzogen, dem Myelin, das die Impulsleitung beschleunigt. In diesem Bild (links) erscheint die Myelinscheide in Form konzentrischer Ringe rund um das zentrale Axon. Das Myelin wird von anderen Zellen erzeugt, die sich um das Axon legen und es stützen. Wenn das Myelin beschädigt oder zerstört ist, ist die Nervenfunktion gestört. Bei multipler Sklerose z. B. ist die Myelinscheide entlang der Axone im Zentralnervensystem in unregelmäßigen Abständen beschädigt.

Neuronen sind spezialisiert. Rezeptoren wie die Zellen der Netzhaut reagieren auf Licht und verwandeln physikalische Reize in elektrische Impulse. Sie sind der Punkt, an dem Informationen in das Nervensystem eintreten. Am anderen Ende sind motorische Neuronen, die Signale zu Muskeln und Drüsen bringen und Resultate (etwa Bewegungen) erzeugen. Wenn ein motorisches Neuron feuert, erzeugt es eine chemische Veränderung an der Spitze seines Axons, auf die hin sich die Muskelfaser zusammenzieht (oben rechts). Die meisten Neuronen sind weder Rezeptoren noch Auslöser, sondern Interneuronen, die zur Übertragung von Impulsen im Nervensystem dienen.

Neuron hat mehrere Vesikel, von denen jeder einen anderen Neurotransmitter enthält, sowie eine Anzahl spezialisierte Rezeptorplätze, die jeder auf einen bestimmten Neurotransmittertyp geprägt sind. Ob Zelle B feuert oder nicht, hängt von der komplexen Summe der Aktivitäten aller Zellen ab, mit denen sie verbunden ist, und der Art der Verbindungen dieser Neuronen.

Der wichtigste stimulierende Transmitter in der menschlichen Großhirnrinde ist Glutamat, und der wichtigste Inhibitor ist Gamma-Aminobutylsäure. Doch wieder ist die Sache nicht so einfach. Neurologen kennen heute mindestens 50 weitere Neurotransmitter, die allein oder kombiniert die Aktivität des Gehirns modulieren. Manche wirken anregend, manche hemmend, und manche können je nach den Umständen beides sein. Manche erzeugen eine rasche Reaktion, andere verändern den Grad der Aufmerksamkeit oder die Aktivitäten des Gehirns allgemein; und manche kommen nur in einem bestimmten Teil des Gehirns vor und nicht in einem anderen.

Jahrelang glaubten Wissenschaftler, daß Nervenimpulse mit ungeheurer Geschwindigkeit durch das Hirn rasen. Inzwischen wissen wir, daß ein Impuls durch ein typisches Neuron in der Großhirnrinde mit 1,5 m pro Sekunde wandert – etwas langsamer als ein Fahrrad. Durch lange, mit Myelin umhüllte Axone wie die im Rückenmark reist der Impuls jedoch schneller, mit bis zu 100 m pro Sekunde.

Die Reaktion einiger Synapsenarten in manchen Neuronen kann durch das Gehirn gesteuert werden: einfach gesagt, können diese Synapsen dazu gebracht werden, sich an ihre frühere Vorgangsweise beim Feuern zu »erinnern«. Wenn eine solche Synapse in besonderer Weise gereizt wird, öffnet sie Kanäle,

durch die Kalziumionen in das Neuron gelangen. Diese lösen im Neuron eine komplexe und im einzelnen noch ungeklärte Kette von chemischen Reaktionen aus, die die synaptische Reaktion auf den vorherigen Reiz verstärkt. Dieser Prozeß, die Langzeiterregung, bewirkt, daß ein Neuron auf einen ähnlichen Reiz hin rascher feuern kann – Tage, Wochen und noch Jahre nach dem ursprünglichen Reiz. Manche Neurologen halten diesen Prozeß für die Grundlage unserer Fähigkeit, Erinnerungen zu bilden und abzurufen.

Diese notgedrungen kurze Beschreibung der »Grundsprache« des Gehirns zeigt, daß unsere Gedanken das Ergebnis eines komplexen Zusammenspiels elektrischer und chemischer Signale sind, die sich über ein Netz von Millionen, wenn nicht Milliarden Einzelzellen ausbreiten. Es ist klar, daß Neurologen, die physische und chemische Prozesse im Gehirn mit geistigen Ereignissen – Gedanken, Gefühlen und Erinnerungen – verbinden wollen, vor einer ungeheuren Herausforderung stehen.

Ein Ungleichgewicht bei der Bildung von Neurotransmittern kann zu schweren Störungen der Hirnfunktionen führen. Bei Schizophrenie liegt ein Dopamin-Überschuß vor: vereinfacht ausgedrückt, feuern die Neuronen zu rasch und erzeugen dadurch Halluzinationen und andere zusammenhanglose Gedanken. Dagegen kommt es bei Dopamin-Mangel zu Koordinationsproblemen und Tremor (Parkinsonsche Krankheit). Alzheimer-Patienten wiederum bilden zu wenig Acetylcholin, einen Neurotransmitter, der vorwiegend im Hippocampus vorkommt, dem für Gedächtnisbildung zuständigen Gehirnteil.

CHEMISCHES BEWUSSTSEIN

Auf dramatische Weise zeigte der Neurochirurg R. G. Heath den Einfluß von Neurotransmittern auf menschliches Denken. Während er nicht-narkotisierte psychotische Patienten operierte, tropfte er Neurotransmitter auf das Septum nahe der Amygdala, die für einen Teil unseres emotionellen Verhaltens verantwortlich ist. Seine Patienten reagierten mit schlagartigen und tiefgehenden Stimmungswechseln: Ein Mann, zunächst den Tränen nahe beim Gedanken an die lebensgefährliche Krankheit seines Vaters, begann plötzlich zu grinsen und erzählte Dr. Heath, er plane gerade eine heiße Verabredung.

Heute werden eigens zusammengesetzte Moleküle, die die Wirkung von Neurotransmittern imitieren, bremsen oder sonstwie verändern, zur Behandlung vieler Geistesstörungen von Depressionen bis zu Schizophrenie verwendet. Manche dieser Medikamente, darunter auch die meisten Antidepressiva, erhöhen die Konzentration bestimmter Neurotransmitter; andere senken die Reaktion auf bestimmte Neurotransmitter während der Übermittlung. Solche Substanzen bilden auch die Grundlage von vielen »Entspannungs«-Drogen. So beeinflußt das starke Halluzinogen LSD die Wirkung des Neurotransmitters Serotonin; die Folge ist eine Übererregung bestimmter emotionsbezogener Gehirnteile.

 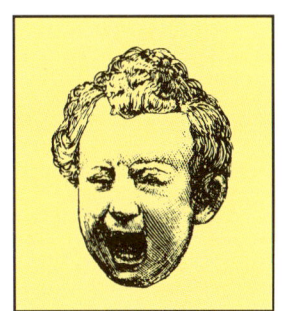

Modelle des Geistes

Zur Erklärung schwieriger Sachverhalte verwenden Wissenschaftler gern Analogien. Erforscher des Geistes bilden hierin keine Ausnahme, und die vielen unterschiedlichen Modelle der Geistesfunktion zeugen von der reichen Phantasie von Psychologen und anderen. Derartige Modelle spiegeln stets den neuesten Stand der Technik: Manche sind von historischem Interesse, andere ihrer Zeit weit voraus. Die alten Griechen zogen Vergleiche zu Marionetten (das griechische Wort *neuron* bedeutet »Faden«). Im 17. Jahrhundert sah der französische Philosoph René Descartes unter dem Einfluß von Hydraulik und Wasserspielen Nerven als Röhren voller Flüssigkeit an (ließ aber in seinem hydraulischen Modell vorsichtigerweise Platz für die Seele, um Ärger mit der Kirche zu vermeiden). Für die Seele war im 18. Jahrhundert in dem Modell, das 1747 der französische Physiker Julien Offray de La Mettrie in seinem Buch »Die Maschine Mensch« präsentierte, kein Platz. La Mettrie war der erste, für den der Geist etwas rein Materielles war, einfach ein Zellhaufen. Solche mechanistischen Vorstellungen prägen auch moderne Theorien über die Natur des Geistes.

Zu Beginn des 19. Jahrhunderts erklärten einige Anatomen, bestimmte Gehirnzonen steuerten bestimmte Gebiete, wie Gedächtnis, Sprache, Eitelkeit, Intelligenz und Staunen. Beim Abtasten der Schädelform ließ sich angeblich erkennen, wie ausgeprägt diese Fähigkeiten waren. Diese Richtung war die Phrenologie, und ihre Vertreter konstruierten »Karten« des Kopfes mit der Lage der menschlichen Eigenschaften. 1880 wurden die Phrenologen bereits als Scharlatane verlacht, doch einige ihrer Ideen waren durchaus verdienstvoll.

Zu Beginn des 20. Jahrhunderts waren Gehirnmodelle beliebt, die auf einfachen Informationsnetzen basierten. Wie eine Telefonzentrale konnte das Gehirn Signale senden und empfangen, und auch wenn im System Störungen oder »Lärm« auftraten, wurden sie dadurch nicht wesentlich verändert. Das Gehirn wurde als komplexe Relaisstation betrachtet.

Derzeit dominieren Informationsverarbeitungsmodelle, und mit viel Aufwand wird das Gehirn mit Computern verglichen. Man braucht jedoch kein Mystiker zu sein, um zu erkennen, daß das Gehirn viel mehr als reine Informationsverarbeitung leistet. Es befähigt uns zu Handlungen nach Belieben. Wir haben, zumindest scheinbar, einen freien Willen. Die Frage, ob der freie Wille eine Illusion ist, bleibt eines der Hauptprobleme aller mechanistischen Modelle des Geistes.

Bis 1960 betrachteten viele Verhaltensforscher, besonders in den USA, Menschen gern als Maschinen. Sie entwickelten die Theorie, die als Behaviorismus bekannt ist. Psychologen wie John B. Watson (1878–1958) und B.F. Skinner (1904–1990) erklärten, der freie Wille sei Illusion. Dieser Theorie zufolge mögen wir glauben, daß wir Zahnpasta kaufen, weil wir das wollen, doch in Wirklichkeit beeinflussen uns dabei frühere Erfahrungen – alles Verhalten ist das Ergebnis von früherem Lob und Tadel. Anders ausgedrückt: Wir agieren nicht, sondern reagieren nur, gemäß der Geschichte unserer Konditionierung, wie Skinner es nannte.

Skinner versuchte zu zeigen, daß man kompliziertes Verhalten, das bewußt und absichtlich zu sein scheint, mit Zuckerbrot und Peitsche »formen« (buchstäblich erzeugen) kann. In einem spektakulären Versuch »formte« er das Verhalten von Tauben, so daß sie Tischtennis spielten. Wenn sich Tauben dazu konditionieren ließen, warum konnten Menschen dann nicht zu allen menschlichen Handlungen konditioniert werden?

Skinner glaubte nicht nur, daß Menschen keinen freien Willen haben, er führte auch viel menschliches Leid auf die Illusion von seiner Existenz zurück. In seinem utopischen Roman »Walden Two« beschrieb er eine friedliche, kreative Gesellschaft, die zur Erziehung ihrer Jugend Lob und die gelegentliche Strafe anwandte. Dort, wo der Brite Aldous Huxley eine albtraumhafte »schöne neue Welt« sah, bot Skinner die Vision einer fortschrittlichen, kooperativen und kontrollierten Gesellschaft.

Der Behaviorismus übte von 1913 bis in die Mitte der 70er Jahre großen Einfluß auf die gesamte Psychologie aus und war in gewisser Weise fruchtbar. Er führte zu einer Konzentration der Psychologen auf wissenschaftliche Methoden und auf Versuche, die sich zur Überprüfung der Ergebnisse leicht wiederholen ließen. Während der letzten 20 Jahre jedoch zeigten sich seine Grenzen deutlicher, und die meisten Forscher erweitern heute ihre Theorien um das Bewußtsein. Abgesehen von einigen zähen Reduktionisten nehmen die meisten an, daß wir das Warum und Wie unseres Verhaltens nur dann angemessen erklären können, wenn wir die Grundlage des Bewußtseins kennen. Der Behaviorismus hielt eine objektive Erforschung des Geistes für unmöglich, nur die Verhaltensforschung sei wissenschaftlich sinnvoll; die kognitive Psychologie hingegen läßt subjektive Wahrnehmungen zu, Berichte über den eigenen Geisteszustand eingeschlossen.

Linke Gehirnhälfte, rechte Gehirnhälfte

Auf den ersten Blick scheint das menschliche Gehirn genau symmetrisch zu sein, mit Hälften wie Spiegelbilder. Bei genauerem Hinsehen zeigt sich, daß dieser Eindruck trügt, sowohl äußerlich wie funktionell. Die linke Gehirnhälfte ist etwas größer als die rechte und scheint anders »gewickelt« zu sein.

Die linke Gehirnhälfte steuert die rechte Körperseite, die rechte steuert die linke Körperseite. Ein Hirnschlag in der linken Hemisphäre führt daher eher zu Problemen bei der Steuerung der rechten Gesichtshälfte und der rechten Hand. Doch damit, daß jede Gehirnhälfte eine Körperseite lenkt, ist es nicht getan. Neurologen haben viele funktionale Asymmetrien gefunden und sprechen von »zerebraler Dominanz«. Bei 90 Prozent der Menschen und fast 100 Prozent der Rechtshänder dominiert die linke Gehirnhälfte, und ihre rechte Hand ist stärker und geschickter.

Die weitaus meisten Babys zeigen mit ihrer rechten Hand. Dieses Zeigen wurde als grundlegend für die Sprachentwicklung erkannt: Erst zeigt das Kind, dann benennt es. Wenn wir mit der rechten Hand zeigen, aktivieren wir die linke Gehirnhälfte, und man könnte daher erwarten, daß Sprache (zumindest bei Rechtshändern) in der linken Gehirnhälfte angesiedelt ist. Lange bevor Psychologen das Zeigen von Babys untersuchten, wies der französische Chirurg Pierre Broca 1861 nach, daß Schäden in einem bestimmten Bereich der linken Hemisphäre zu einem fast vollkommenen Sprachverlust führen. Ihm zu Ehren wurde dieser Bereich Broca-Zentrum genannt.

Wenn Sprache in einem Teil des Gehirns liegt, wie weit sind andere Gehirnleistungen ähnlich aufgeteilt? An der Antwort arbeiten Neurologen seit 40 Jahren erfolgreich. In den 50er Jahren behandelte der Chirurg Joseph Bogen in Los Angeles Epileptiker, indem er den Corpus callosum durchtrennte – die breite Nervenbahn, die die beiden Hirnhälften verbindet. Er stellte fest, daß das unkontrollierte Feuern von Neuronen, das

Den Nachweis einer funktionalen Trennung zwischen linker und rechter Gehirnhälfte liefert die Positronen-Emissions-Tomographie (siehe S. 183). Das PET-Bild (unten links) zeigt die Neuronenaktivität in der linken und rechten Hemisphäre eines Rechtshänders beim Lösen einer Sprachaufgabe. Die heftige Aktivität (gelb und orange) in der linken Gehirnhälfte und die Ruhe der rechten zeigen, daß Sprache in der linken Gehirnhälfte sitzt. Hingegen zeigt das Gehirn eines Linkshänders

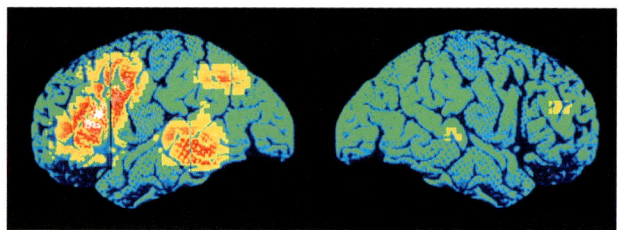

(unten rechts) hohe Aktivität in der rechten und Ruhe in der linken Hälfte. Diese Trennung betrifft jedoch nicht alle: Beidhänder und zur Verwendung der rechten Hand gezwungene Linkshänder haben in beiden Gehirnhälften sprachverarbeitende Zonen. Die strikte Lokalisierbarkeit von höheren Gehirnfunktionen, wie Kreativität, Gefühl und Intelligenz wurde jüngst von einigen Neurologen bezweifelt, während andere auf Roger Sperrys Theorien aufbauen (siehe S. 34).

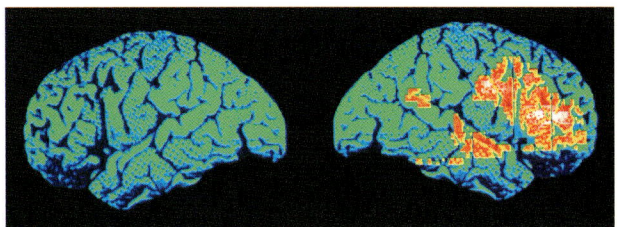

Epilepsie ausmacht, durch diese radikale Operation gestoppt wurde, doch ihn interessierten die weiteren Folgen dieses Eingriffs. Er besprach dieses Problem mit dem Psychobiologen Roger Sperry am California Institute of Technology, der die Folgen der Durchtrennung des Corpus callosum bei Katzen und Affen untersucht hatte.

Um die Folgen der Operation bei Menschen zu testen, bot Sperry nur einer Gehirnhälfte von »split-brain«-Patienten Informationen an. Zuerst untersuchte er den Tastsinn. Bei verbundenen Augen wurde dem Patienten ein Gegenstand in die linke Hand gelegt. Diese Hand konnte ihn später zuverlässig unter mehreren wiedererkennen, während der anderen Hand nur Zufallstreffer gelangen. Ähnliche Experimente wurden mit dem Sehen durchgeführt: Wenn ein Bild nur kurz auf der linken Seite des Gesichtsfeldes aufblitzte, wurde es nur von der rechten Gehirnhälfte gesehen. Der Split-brain-Patient konnte das Gesehene nicht mit Worten beschreiben, aber das Bild aus anderen wieder herausgreifen. Solche Experimente führten zu der Erkenntnis, daß die linke Gehirnhälfte mit Sprache, Logik und Zahlen zu tun hat, während die rechte für Muster- und Raumdenken, Kreativität und Musikalität verantwortlich ist.

Sperrys Arbeiten führten auch zu der verblüffenden Möglichkeit, daß wir alle in jeder Gehirnhälfte ein anderes Selbst haben. Das zeigte sich höchst dramatisch, als eine Split-brain-Patientin zusah, wie ihre linke Hand eine bestimmte Aktion durchführte, und dann beharrte: »Ich habe das nicht gemacht.« Ihr Selbstgefühl, das bei den meisten von uns Sprache miteinbezieht, hatte scheinbar keinen Bezug zu ihrer linken Hand. Mehr noch, ihre linke und rechte Hälfte hatten scheinbar verschiedene Persönlichkeiten: Die erste war eine logische Person, die zweite wilder, instinktiver. Diese Spaltung gefiel einigen Kulturkritikern der 60er Jahre: Die linke Gehirnhälfte ist konform, die rechte radikal.

Die Vielfalt des Geistes

Vor Roger Sperrys bahnbrechenden Experimenten mit Split-brain-Patienten in den 50er Jahren (siehe S. 33) stand die Einheit des Geistes kaum zur Debatte. Ein Gehirn, ein Geist, eine Person, war die orthodoxe Lehrmeinung. Sperrys Arbeiten veränderten das Forschungsklima. Darauf aufbauend entwickelten Wissenschaftler wie Howard Gardner von der Harvard University und Robert Ornstein von der Stanford University komplexe Theorien zur Analyse des Gehirns, die Einzelteile unterschieden, die viel feinteiliger sind als die einfache Rechts/Links-Spaltung.

Demnach gibt es im Gehirn einzelne halbautonome strukturelle und funktionelle Module – Ornstein nennt sie »multiminds«, Gardner spricht von »vielfachen Intelligenzen«. Manchmal arbeiten diese Module zusammen, manchmal machen sie sich Konkurrenz. Bei jedem Menschen sind manche stärker ausgeprägt als andere. Der Geist ist nicht ein Ganzes, und es geht nicht darum, ob jemand intelligent ist, sondern darum, wie gut er in den einzelnen Fähigkeiten ist, die von jedem dieser Module gelenkt werden.

Gardners Vorstellung von vielfachen Intelligenzen basiert auf Arbeiten des englischen Psychologen Liam Hudson, der in den 60er Jahren die Problemlösungsfähigkeiten hochintelligenter Schüler untersuchte und eine scharfe Trennung zwischen verbaler und naturwissenschaftlicher Begabung feststellte. Hudson zufolge hatten die »Künstler« nicht die gleiche Art von Intelligenz oder Geist wie die »Wissenschaftler«, und die echten Multitalente waren wenige und lagen dazwischen.

Gardner erkannte nicht zwei, sondern sieben verschiedene Intelligenzen: sprachliche, logisch-mathematische, räumliche (die z. B. beim Kartenlesen oder Wiedererkennen von Mustern gebraucht wird), musikalische, körperlich-kinesthetische (die die Körperbeherrschung koordiniert), zwischenmenschliche (die Fähigkeit, andere Menschen zu verstehen und daraufhin ihr Verhalten vorherzusagen) und intrapersonelle (die zum Selbstverständnis dient). Die ersten drei werden im Westen besonders hoch geschätzt, die anderen drei haben historisch gesehen Schlüsselrollen in der westlichen Kultur gespielt und tun dies noch in einigen nicht-westlichen Kulturen.

Gardner zufolge ignorieren buchstäblich alle Erziehungssysteme die Tatsache, daß Kinder auf einer oder mehreren dieser Ebenen begabt sein mögen, gleichzeitig mit anderen aber Probleme haben können. Sein Buch »Abschied vom IQ. Die Rahmentheorie der vielfachen Intelligenz« ist ein machtvolles Plädoyer an Erzieher, diese verschiedenen Fähig-

Diese Zeichnung stammt vom britischen Künstler Stephen Wiltshire (geb. 1975), der autistisch ist, aber ein so präzises optisches Gedächtnis besitzt, daß er ein flüchtig betrachtetes Gebäude noch Jahre später genau wiedergeben kann.

Die Vorstellung von einem mehrfach abgeteilten Gehirn illustriert anschaulich »Das Labyrinth«, ein Werk des Kanadiers William Kurelek (1927–1977), das er als psychiatrischer Patient im Maudsley Hospital in London malte. Er sah sein Gehirn als Irrgarten unerfreulicher Gedanken, ohne Ausweg für die erschöpfte und zusammengerollte weiße Ratte in der Kammer in der Mitte. Sie verkörpert nach Kurelek seinen Geist.

keiten zu erkennen und zu akzeptieren, daß diese Intelligenzen kaum etwas miteinander zu tun haben müssen.

Gardners Theorie klingt vernünftig. Es gibt genug Beispiele von schulischen »Versagern«, die einflußreiche Führungspersönlichkeiten oder Firmenchefs wurden. Das Bild des Philosophieprofessors mit dem Kopf in den Wolken, der unfähig ist, einen tropfenden Wasserhahn zu reparieren, enthält vielleicht mehr Wahrheit, als uns lieb ist. Doch auch konkretere Hinweise belegen diese Theorie, z. B. die Auswirkungen räumlich begrenzter Hirnschäden auf die einzelnen Intelligenzen und langfristige Beobachtungen von extremen »Fachidioten«. Das sind Menschen, die in normalen IQ-Tests eher schlecht abschneiden, aber auf irgendeinem Gebiet großartige Leistungen vollbringen. Ein Beispiel war das Mädchen Nadja, das an Autismus litt, einer schweren neurologischen Fehlfunktion, und daher stark zurückgeblieben war; sie konnte aber ganz wundervoll Pferde zeichnen.

Während Gardner meint, daß wir sieben verschiedene Arten von Intelligenz oder Geist besitzen, legt sich Robert Ornstein nicht fest. Er betrachtet das Gehirn nicht als Einheit, sondern sieht eine Parallele zwischen der Struktur des Gehirns mit seinen unzusammenhängenden Schichten (das Großhirn liegt über dem Mittelhirn und beide über dem Kleinhirn) und den Leistungen des Geistes, die auch unzusammenhängend ablaufen. Er vergleicht sie mit getrennten Programmen, die sich ständig um die Kontrolle einer »zentralen Exekutive« bemühen.

Niemand konnte diese »vielfachen Intelligenzen« oder »multiminds« bislang im Gehirn lokalisieren (allerdings hat Gardner darüber Spekulationen angestellt). Doch wenn das möglich ist und wenn Ornsteins Satz: »Die Logik des Riechens hat mit der Logik des Hörens nichts zu tun«, tatsächlich zutrifft, dann kann es durchaus sein, daß wir zum Begreifen des Geistes und des Gehirns nicht nur mehrere Sprachen verstehen müssen, sondern auch mehrere *Arten* von Sprachen.

Welche Art Computer ist das Gehirn?

Die ersten Computer – sperrige, zimmergroße Geräte mit Elektronenröhren – wurden in den 40er Jahren gebaut. Obgleich sie nur einen Bruchteil der Leistungsfähigkeit eines modernen Laptop besaßen, inspirierten ihre simplen Fähigkeiten, Informationen aufzunehmen, zu verarbeiten und zu speichern, Computerpioniere zu hochfliegenden Visionen über die Zukunft der Computertechnik. Zu Beginn der 50er Jahre verkündete der britische Mathematiker Alan Turing, daß es vor dem Ende des Jahrhunderts »denkende Maschinen« geben werde; er glaubte sogar, diese könnten sich nach Einbau eines Zufallsgenerators

DER TURING-TEST

1950 entwickelte der britische Computerpionier Alan Turing ein »Imitationsspiel« zum Testen, ob ein Computer menschliche Intelligenz besitzt. Es umfaßte eine Anzahl schriftlicher »Gespräche« zwischen einem Mann, einer Frau und einem unparteiischen »Interviewer«, der beiden Fragen stellte (die sich nicht auf körperliches Aussehen bezogen). Könnte der Computer den Platz eines Antwortenden einnehmen und den Interviewer in 70 Prozent der Fälle davon überzeugen, daß er ein Mensch sei, würde er als »intelligent« eingeschätzt werden. Bis heute hat noch kein Computer den Turing-Test überzeugend bestanden.

in der Art eines Rouletterades wirklich genau so wie Menschen verhalten. Die Suche nach künstlicher Intelligenz (*Artificial Intelligence, AI*) hält bis heute an, doch die Ansichten sind geteilt, ob Maschinen jemals intelligent sein oder auch nur Teilaspekte des menschlichen Geistes erfolgreich nachahmen können. Einige AI-Fachleute gehen so weit zu sagen, daß es nur eine Frage der Zeit ist, bis Computer soviel Bewußtsein wie Menschen haben, wenn nicht noch mehr. Dies ist zwar eine extreme Ansicht, doch heute glauben nur noch wenige Psychologen und Neurologen, daß Computer nichts zum Verständnis der Gehirnfunktion beitragen können. Gehirnmodelle, die Großhirnrinde und Computer miteinander verglichen, waren zu überzeugend.

Bei den Gehirnforschern ist zwischen »harten« und »weichen« AI-Anhängern zu unterscheiden. Um zu verstehen, wie das Gehirn ein Problem löst, hilft es den Softlinern zufolge, nachzusehen, wie ein Computer ein ähnliches Problem löst, und nach hilfreichen Analogien zu suchen. Die harte AI-Linie begnügt sich nicht mit Analogien: Ihr zufolge ist das Gehirn wie ein (bis jetzt noch nicht entwickelter) Computer verdrahtet, und wenn es möglich ist, ein Computerprogramm zu schreiben, das eine menschliche Aufgabe gut löst, dann muß das Gehirn ähnlich programmiert sein, um diese Aufgabe zu lösen.

Der Vergleich zwischen Gehirn und Computer ist gewiß verlockend: Beide bestehen aus vielen einfachen Untereinheiten – das eine aus Neuronen, der andere aus Transistoren. Computer arbeiten in einer binären Sprache – Ein/Aus-Reihen von elektrischen Impulsen – wie auch Neuronen, die elektrische Impulse entweder weiterleiten oder blockieren; und die Konstruktion von Computern ist erklärtermaßen an neuen Erkenntnissen der Gehirnforschung orientiert. Derzeit kann ein

00111 01 001 11001 010110 110 10 00 0110 11001 010110 001

PC gerade 32 oder 64 Informationsteilchen (bits) gleichzeitig verarbeiten, auch wenn er sie ungeheuer schnell verarbeitet. Das Gehirn dagegen kann Millionen von »bits« gleichzeitig verarbeiten, auch wenn es das viel langsamer tut. Der Trend in der Computerentwicklung geht hin zur parallel verarbeitenden Struktur des Gehirns.

Viele warnen jedoch vor einer Übertreibung dieser Analogien. Nach der Philosophin Patricia Churchland und dem Neurologen Terry Sejnowski sind Nervensysteme »natürlich entwickelte Computer ... deren Arbeitsweise uns bis heute unbekannt ist«. Das Gehirn hat sich ohne Programmierer entwickelt, der veraltete Teile hinauswarf und durch modernere ersetzte: Es enthält fraglos eingefahrene Wege der Problemlösung, die nicht mehr ideal sind, aber einst den besten evolutionären Kompromiß bildeten – eine Beobachtung, die der harten AI-Linie widerspricht. Churchland und Sejnowski argumentieren auch, das Gehirn sei nicht einem allgemein einsetzbaren Computer vergleichbar, weil nicht darauf programmierbar, nur irgendein Rechenverfahren abzuspulen. Eher sei es ein Verband aus hochspezialisierten Systemen, die ihre Aufgaben sehr gut bewältigen, aber nur begrenzt flexibel sind. So kann das Sehzentrum der Großhirnrinde die Funktionen des Kleinhirns nicht übernehmen, da seine Zellen spezialisiert und an bestimmte anatomische Strukturen gekoppelt sind. AI-Theorien müßten auch physiologische Tatsachen berücksichtigen, wie das Beispiel des Hummers lehrt. Die Muskeln, die sein Mahlwerk steuern, das die Nahrung vor der Verdauung aufbereitet, werden vom stomatogastrischen Ganglion gesteuert, das aus nur 28 Neuronen besteht. Die elektrophysiologische und anatomische Gestalt dieser Neuronen wurde genau katalogisiert, wir sollten also wissen, wie die Struktur arbeitet. Doch der Hummermagen verdaut in einem klaren Rhythmus, und trotz intensiver Forschung konnte weder ein einzelnes Neuron noch ein Teil der 28 Neuronen für den Verdauungsrhythmus verantwortlich gemacht werden. Wenn schon die Berechnung der Verdauung des Hummers schwer ist, ist es kein Wunder, wenn viele Psychologen glauben, daß Rechnermodelle des Gehirns viel beschränkter sind, als deren Anhänger zugeben.

00111 01 001 11001 010110 110 10 00 0110 11001 010110 001

Der körperlose Geist

Eine vollständige Theorie des Geistes muß die objektive Sprache des Gehirns sowie die subjektive Sprache von Gedanken und Erfahrung erklären können. Computermodelle dürften beschränkter sein, als manche glauben, weil es Unterschiede zwischen organischen und anorganischen Systemen gibt. Trotz des wachsenden Einflusses materialistischer Theorien in letzter Zeit haben Wissenschaftler immer wieder betont, daß solche Theorien nicht alles erklären – und auch nie werden.

Der verstorbene Sir Alistair Hardy machte sich einen Namen als Meeresbiologe: Er nahm alle Planktonvorkommen im Meer auf. Doch ab 1925 sammelte er 10 Jahre lang alle Berichte über religiöse Phänomene und spirituelle Erlebnisse in der britischen Presse. Er baute eine Abteilung zu deren Erforschung an der Universität Oxford auf, weil er glaubte, daß Psychologie und Physiologie auch die spirituelle Ebene umfassen sollten.

Hardy war kein Neurologe, doch seine Überzeugung, mit der Gehirntätigkeit lasse sich nicht das gesamte Geistesleben erklären, wird von dem Physiologen Sir John Eccles geteilt, der 1963 den Nobelpreis für seine Untersuchungen der Übertragung von Nervenimpulsen erhielt. In »The Evolution of the Brain« (1989) schreibt Eccles, daß alle Säugetiere Bewußtsein haben, Menschen aber etwas Besonderes sind, da sie Selbst-Bewußtsein besitzen. Obgleich er Darwins Theorie der Evolution durch natürliche Auslese akzeptiert, glaubt Eccles, daß sie an einem Punkt zusammenbricht. Näm-

lich dort, wo unsere hominiden Vorfahren Ansätze eines qualitativ neuen Bewußtseins zeigten: Selbst-Bewußtsein. Die Neandertaler markierten Geburt und Tod durch Rituale. Eccles hält dieses Wissen um die Sterblichkeit für einen Quantensprung über das Bewußtsein der Tiere hinaus; und er schreibt den umstrittenen Satz: »Ich sehe mich gezwungen, die Einzigartigkeit des Selbst oder der Seele einer übernatürlichen geistigen Schöpfung zuzuschreiben.«

Getreu seiner wissenschaftlichen Herkunft entwickelte Eccles ein Modell, das materiellen und immateriellen Geist verband. Er unterscheidet die Außenwelt (Licht, Ton, Geruch, Berührung) von der Innenwelt (Gedanken, Gefühle, Erinnerungen, Träume, Vorstellungen und Ziele). Beide, besonders aber die Innenwelt, sind mit dem »Bindehirn« (englisch: *liaison brain*) verknüpft, das Ego, Selbst und Seele beherbergt und der Sitz des Willens ist. Das Radikale an Eccles' Theorie ist die Ansicht, das Bindehirn sei nicht rein materieller Natur und könne dennoch das materielle Gehirn beeinflussen.

Eccles versuchte zu klären, welche Gehirnzonen mit dem Bindehirn kommunizieren. Er sieht in zwei Zonen des Scheitellappens in der rechten Hemisphäre etwas, was er die Neo-Neo-Cortex nennt. Diese Zonen sind bei Affen nicht sehr gut entwickelt und entwickeln sich beim menschlichen Embryo spät, so daß sie Eccles zufolge eine späte evolutionäre Zutat zum menschlichen Gehirn sind, für kreative und »gnostische« Aufgaben – die Verbindung zur Seele.

Eccles versuchte, sein Gehirnmodell durch physikalische Theorien zu untermauern. Seine Vorschläge werden durchaus plausibel, wenn man sie aus dem Blickwinkel der modernen Quantenphysik betrachtet. Die Unschärferelation besagt, daß niemals Ort und Energie eines Elementarteilchens gleichzeitig genau bestimmt werden können. Wenn wir die Energie eines Teilchens messen, können wir seinen Ort nicht genau angeben, sondern nur mit einer gewissen Wahrscheinlichkeit. Da alle Materie aus solchen Teilchen aufgebaut ist, bedeutet das, daß materialistische Theorien, die von direkter Ursache und Wirkung ausgehen, zur Beschreibung eines komplexen Systems wie des menschlichen Gehirns unzulänglich sind, das sich eher wie ein »Wahrscheinlichkeitsfeld« verhält. Zusätzlich besagt

eine erstaunliche neuere Entdeckung der Quantenphysik, daß das Verhalten eines Teilchens – wohin es sich bewegen wird – davon abhängt, ob ein Beobachter anwesend ist. Wenn wir unterstellen, daß sich das Gehirn ständig selbst beobachtet – der Geist selbst also der Beobachter ist –, kommen wir einer Erklärung des freien Willens und einer wissenschaftlichen Beschreibung der Seele ein Stück näher.

Viele Wissenschaftler lehnen Eccles Theorie ab, mit der Begründung, sie greife nur Descartes' Ansicht wieder auf, die Seele habe ihren Sitz in der Zirbeldrüse. Doch die Präzision und Wahrscheinlichkeit seines biologischen Modells fand auch Unterstützung, besonders bei Sir Karl Popper, einem der größten Wissenschaftsphilosophen der letzten 50 Jahre.

Psychodynamische Gehirnmodelle

Für ein Verständnis des menschlichen Geistes müssen drei sehr unterschiedliche Arten von Theorien gegeneinander abgewogen werden: die mechanistische, die Biologie, Physiologie und Biochemie des Gehirns betreffend; die phänomenologische, die sich mit der Art unserer Wahrnehmung und Verarbeitung von Ereignissen in unserer Umgebung befassen; und die psychodynamische, die das Gehirn als Ansammlung von unterschiedlichen Quellen psychischer Energie ansehen. Analytikern zufolge wird Verhalten vom dynamischen Zusammenspiel dieser Energien geprägt, die dem bewußten Denken verborgen bleiben.

Es gab viele psychodynamische Theoretiker – C.G. Jung, Alfred Adler, Melanie Klein, Wilhelm Reich und D. W. Winni-

cott haben bedeutende Beiträge zu unserem Verständnis des Gehirns geleistet. Doch die meisten wurden durch das Werk Sigmund Freuds inspiriert, der in den 1890er Jahren die Grundlagen der Psychoanalyse entwickelte – als Weg zur Freilegung und Untersuchung unserer verborgenen psychischen Kräfte, zur Bewußtmachung des Unbewußten.

Eine von Freuds wichtigsten Theorien ist die Unterscheidung zwischen zwei fundamentalen Ebenen menschlichen Denkens – dem Bewußten (dem, wovon wir wissen) und dem Unbewußten (dem, wovon wir nicht wissen). Freud glaubte, daß unzulässige oder tabuisierte Gedanken, Wünsche und Erinnerungen (meist mit frühkindlichem Erleben der biologischen

Sigmund Freud (1856–1939), der Shakespeare sehr schätzte, bezeichnete Caliban (rechts), das Mischwesen aus »Der Sturm«, als unmißverständliche Darstellung des Es.

Grundfunktionen verbunden) unterdrückt oder verdrängt werden, doch im Unbewußten bewahrt bleiben. Äußere Ereignisse oder Assoziationen können auslösen, daß dieses unterdrückte Material zurück ins Bewußtsein steigt, wodurch der Mensch die Angst und den Konflikt, die die Verdrängung ursprünglich ausgelöst hatten, wieder durchmacht. Dadurch werden die Gedanken wieder ins Unbewußte verdrängt, ständige unbewußte Konflikte sind die Folge.

Nach Freud spielt sich der unbewußte Konflikt zwischen drei Aspekten der Persönlichkeit ab: dem Es, dem Ich und dem Über-Ich, die er 1923 in seinem berühmten Buch »Das Ich und das Es« beschrieb. Das Es ist die unbewußte Quelle instinktiver Kraft. Es bildet das große Reservoir der Libido – Sexualtrieb und »Lebenskraft« einer Person. Beherrscht vom »Lustprinzip«, strebt es nach sofortiger Befriedigung um jeden Preis. Aus dieser Masse der Bedürfnisse entwickelt sich das Ich, der rationale Teil der Persönlichkeit: Es versucht, das Es zu befriedigen, weiß jedoch, daß es das in den Grenzen der realen Welt tun muß. Das Über-Ich ist das Bewußtsein, das aus uns Feiglinge oder Heilige macht. Es dämmt die ungezügelten Bedürfnisse des Es ein und lenkt libidinöse Energien auf »konstruktivere« Ziele. Das Über-Ich kann auch als unsere unbewußte Blaupause der Regeln und Erwartungen der Gesellschaft, in der wir leben, betrachtet werden.

Menschen leben ständig in weitgehend unbewußten Konflikten, wobei das Ich versucht, die Ansprüche des Es und des Über-Ich auszugleichen. Das Ich schützt sich selbst vor diesem Konflikt durch Strategien, die es ihm erlauben, den Umgang mit erschreckendem Material zu meiden. Freuds Theorie nennt einige dieser Schutzmechanismen: Durch »Projektion« übertragen wir unsere eigenen unakzeptablen Gedanken und Wünsche auf andere. Durch »Leugnen« nehmen wir Furchterregendes einfach nicht zur Kenntnis. Durch »Verdrängung« wird der Drang zurück ins Unbewußte getrieben. Und durch »Sublimierung« wird der häßliche Impuls in akzeptables, ja kreatives Verhalten umgelenkt.

Viele haben Freuds psychodynamische Theorien als unwissenschaftlich und weder nachweisbar noch widerlegbar kritisiert. Nüchterne Wissenschaftler wie Hans Eysenck bemerkten,

Der Psychologe C. G. Jung (1875–1961) studierte Medizin an der Universität Basel und Psychiatrie an der Burghölzi-Klinik in Zürich. Jahrelang arbeitete er eng mit Sigmund Freud zusammen und wirkte an der Entwicklung der Psychoanalyse mit. Zum Bruch kam es, als er Freuds Betonung des Sexuellen ablehnte und seelische Aspekte des Geistes zu untersuchen begann. Über die Dualität des Bewußtseins (die Unterscheidung zwischen persönlichem und kollektivem Unbewußten) versuchte Jung, den menschlichen Geist in einen historischen Zusammenhang zu stellen.

daß »wo Freud neu war, hatte er nicht Recht, und wo er Recht hatte, war er nicht neu«. Der Kinderpsychologe Jean Piaget (siehe S. 78) hatte in 50 Jahren Forschung nur einen einzigen Fall, in dem ihm Freuds Gedanken von irgendwelchem Wert waren. Und selbst gestandene Therapeuten halten die Psychoanalyse eher für Kunst als für Wissenschaft. Freud hingegen wäre über diese Einschätzung entsetzt. Der Begründer der Analyse war ein anerkannter Neurologe und erfreute sich wissenschaftlicher Reputation. Freud war überzeugt, daß eines Tages die Biochemie der dynamischen Vorgänge in seinen Patienten aufgeklärt werden könnte, und in seinem Aufsatz »Versuch einer wissenschaftlichen Psychologie« skizzierte er sogar die Zelltypen und »Engramme«, die seiner Überzeugung nach als Träger von Phänomenen wie Verdrängung existieren mußten.

Freud betrachtete sich selbst als Wissenschaftler. Andere Therapeuten zweifelten an der Notwendigkeit der Wissen-

schaftlichkeit und betrachteten sich eher als moderne Schamanen. Jung z. B. meinte, eine vollständige Psychologie müsse die seelische Ebene umfassen. Während Freud Religion als Neurose ansah, hielt Jung sie für den wahren Ausdruck eines wichtigen Teils des menschlichen Lebens und Geistes.

Jung griff viel von Freuds grundsätzlicher Theorie auf, erkannte bewußte und unbewußte Elemente im menschlichen Geist, unterschied sich aber von Freud darin, wie er das Unbewußte gliederte. Jung glaubte, das Unbewußte habe zwei getrennte Schichten: die erste, er nannte sie das persönliche Unbewußte, enthält Erinnerungen und unterdrückte Wünsche (die zu Komplexen gruppiert sind), zu denen wir bisweilen durch Träume oder Erinnerungsblitze Zugang haben; die zweite, tiefere Schicht ist das kollektive Unbewußte, wo das Instinktverhalten ruht, Denkmuster, Urängste und Erinnerungen, die wir von unseren Vorfahren »geerbt« haben. Da wir

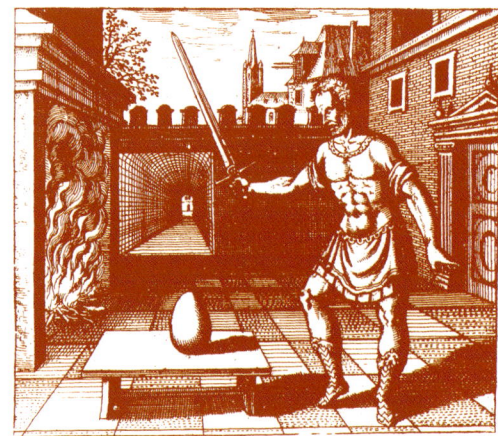

Jung studierte jahrelang die Mythen, Legenden und religiösen Bräuche verschiedener Kulturen und bemerkte große Ähnlichkeiten in ihren Themen und Ausdrucksformen. Er erklärte dies damit, daß die Geschichten und Sitten machtvoller Ausdruck von Archetypen seien – Bilder, die im kollektiven Unbewußten wurzelten, dem gemeinsamen Erbe der Menschheit. Jung war auch überrascht durch die Ähnlichkeit

von Zeichnungen seiner Analyse-Patienten mit den Symbolen westlicher und östlicher Religionen und esoterischer Bewegungen, so der Alchemie (links), der mittelalterlichen »Wissenschaft« der Umwandlung. Jungs Überzeugung, Symbole verkörperten höhere Mächte, führte zum Bruch mit seinem Freund und Lehrer Freud, der alle Symbole für konkreten Ausdruck einer bekannten Wirklichkeit hielt.

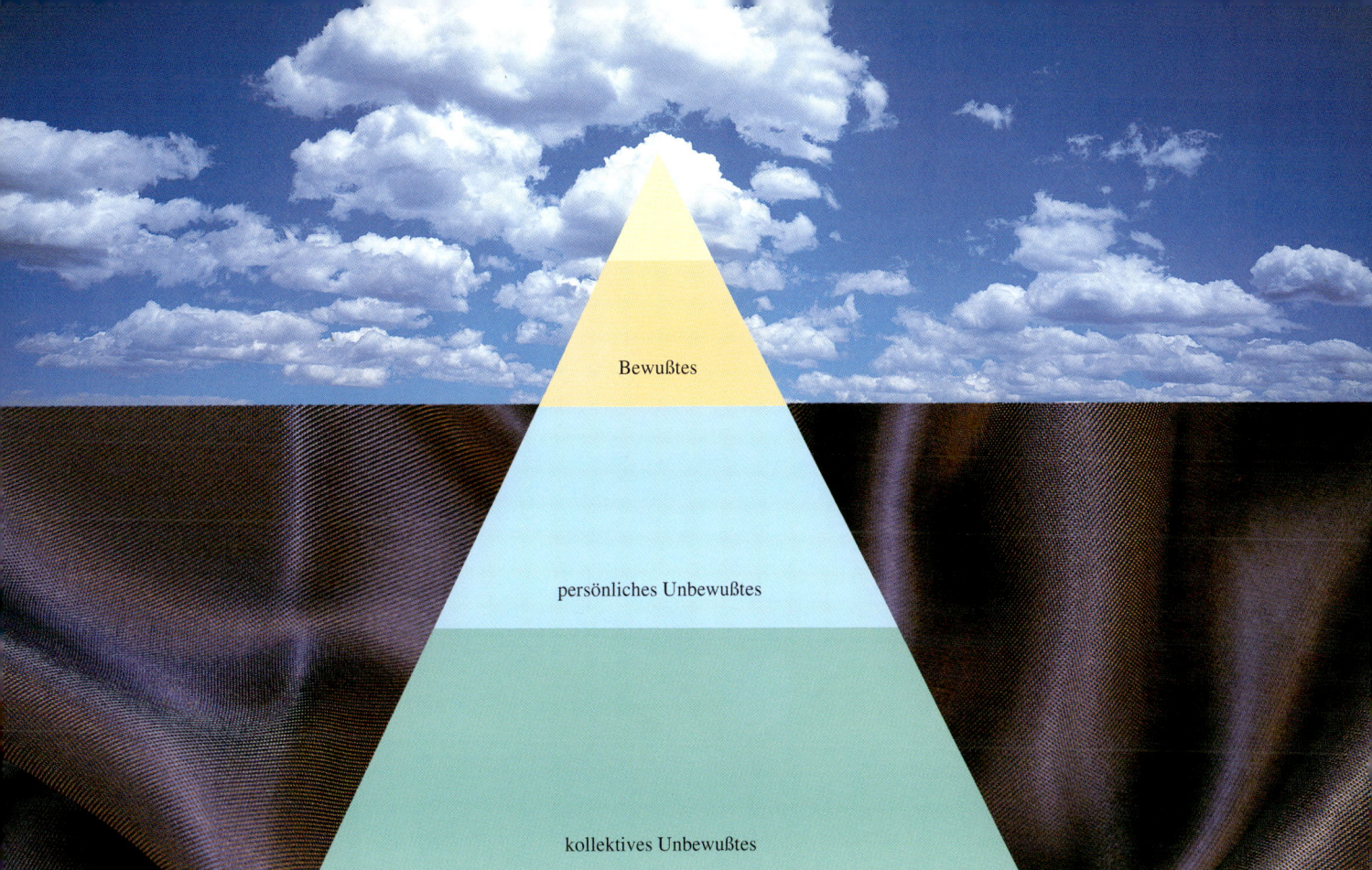

Bewußtes

persönliches Unbewußtes

kollektives Unbewußtes

Für Jung lag unterhalb des Bewußten das persönliche Unbewußte – unterdrückte Erinnerungen und Wünsche aus der eigenen Erfahrung.

Noch tiefer lag das kollektive Unbewußte, die von unseren gemeinsamen Vorfahren ererbten Erinnerungen und Verhaltensmuster.

alle die gleichen fernen Vorfahren haben, wird jeder von uns mit dem gleichen Material im kollektiven Unbewußten geboren. Und so wie der Inhalt des persönlichen Unbewußten in Komplexe gruppiert ist, so ist das Material im kollektiven Unbewußten in Archetypen gegliedert – tiefsitzende Arten der Wahrnehmung und des Verhaltens. Zum kollektiven Unbewußten gibt es keinen direkten Zugang, und die Archetypen treten nur als Symbole hervor, wobei sie oft männliche oder weibliche Gestalt annehmen. Jung identifizierte eine Reihe von Archetypen, die kulturübergreifend auftreten. Dazu gehört der »Schatten« (der Teil von uns, den wir fürchten oder verachten), der »Animus« (die männliche Seite der Persönlichkeit einer Frau), die »Anima« (die weibliche Seite der Persönlichkeit

eines Mannes) und die »Persona« (der Teil von uns, den wir der Welt zeigen). Jung glaubte, die Analyse der archetypischen Symbole, die in den Träumen seiner Patienten auftraten (siehe S. 117), liefere wesentlichen Aufschluß über ihre psychologischen Probleme. Und durch die Entschlüsselung der Bedeutung dieser Symbole könnten die Patienten Einsichten in ihren eigenen Geist erhalten, die ihnen bei der Lösung ihrer inneren Probleme und Konflikte mit anderen helfen würden.

Jungs Ideen lassen sich noch weniger wissenschaftlich überprüfen als die meisten psychodynamischen. Doch selbst wenn sich eines Tages alle analytischen Ideen als falsch erwiesen, wäre ihre Bedeutung nicht zu unterschätzen, denn sie haben die Art, in der wir über uns selbst denken, grundlegend verändert.

Sinneseindruck und Wahrnehmung

Der Fadenwurm *Caenorhabditis elegans* besteht insgesamt aus nur 811 Zellen. Doch dieser einfache Organismus hat ein sensorisches System, das ihn Veränderungen von Lichtstärke, Temperatur, Berührungen und Chemikalien auf seinem Körper erkennen läßt; und er ist fähig, auf diese Eindrücke zu reagieren, indem er sich den »guten«, etwa Nahrung, zuwendet und sich von »schlechten«, wie zu großer Hitze, abwendet. Die Sinne erhöhen beim Fadenwurm oder jedem anderen Organismus die Aussichten auf Überleben und erfolgreiche Vermehrung, und ihre fortschreitende Verfeinerung ist ein wichtiges Thema der Evolution.

Unsere Körper sind komplizierte Gebilde aus Milliarden von Zellen. Doch unsere Sinne unterscheiden sich von denen des Fadenwurmes durch mehr als nur Feinheit und Komplexität. Der Fadenwurm erfährt nur Roheindrücke, die ihm mitteilen, was auf seiner Körperoberfläche geschieht, und auf die er mit Reflexen reagiert. Er »weiß« nichts über seine Umgebung. Wenn er z.B. Wärme auf seinem Körper spürt, hat er keinen Begriff davon, daß diese Wärme von der Sonne kommt. Auch wir erhalten Roheindrücke – grünes Licht, große Hitze usw. –, doch im Unterschied zum Fadenwurm führen wir die Farbe auf Gras und die Hitze auf ein Holzfeuer zurück. Die Fähigkeit zu wissen, was »da draußen« ist, und nicht nur, was »mit mir geschieht«, das ist der Prozeß

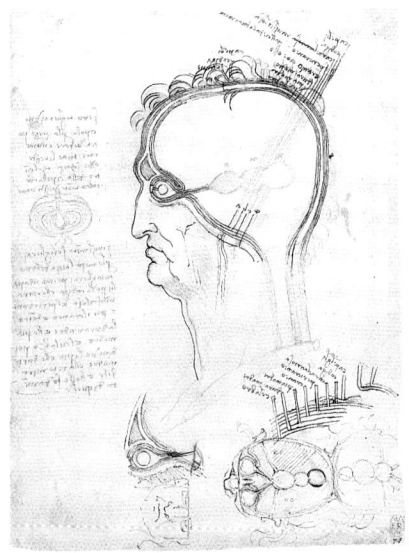

Die außergewöhnlichen Anatomiestudien Leonardo da Vincis spiegeln die Lehrmeinung des 15. Jahrhunderts über die Organisation der Sinnesorgane. Das Auge galt als geometrisch angelegtes, den anderen Sinnen überlegenes Organ, das direkt mit den impensiva *(dem Empfänger der Sinne), dem Intellekt, dem Gedächtnis und den anderen Sinnen im* sensus communis *(Zusammenfluß der Sinne) verbunden war.*

der Wahrnehmung. Dazu gehört der Aufbau eines symbolischen inneren Bildes unserer Umgebung, das wir deuten und sogar im Geist aufrufen können, wenn der ursprüngliche Reiz (mit seinem Sinneseindruck) längst verschwunden ist.

Wahrnehmung befähigt uns dazu, ein optisches Muster von Linien und Kurven auf unserer Netzhaut als Rose oder die besondere Art der Vibration der Sinneshaare in unserem Innenohr als Klang eines Cellos zu deuten. Das macht Wahrnehmung zur Grundlage aller höheren Hirnfunktionen, denn während Sinneseindrücke völlig subjektiv sind (ich erfahre z.B. nie, ob Sie den gleichen Eindruck von »rot« haben wie ich), sind Wahrnehmungen objektiver – wir können uns einig sein, daß wir beide eine rote Rose sehen. Ohne diese Verständigungsgrundlage wären wir unfähig zu denken, geschweige denn, wirksam miteinander zu kommunizieren.

Die Beziehung zwischen Sinneseindruck, Wahrnehmung und Außenwelt fesselte die Naturphilosophen seit eh und je. Ist das, was wir wahrnehmen, real oder nur ein Abbild, das nur vage dem ähnelt, was »da draußen« vorgeht? Die Philosophen spalten sich in zwei Lager. Realisten wie John Locke (1632–1704) glauben an die »Gewißheit der Dinge, die in der Natur existieren, wenn wir das Zeugnis unserer Sinne haben, denn es ist nicht nur so groß wie möglich, sondern auch wie nötig«: Unsere

Sinne lügen nicht. Den Realisten stehen die Idealisten gegen- über, wie der irische Bischof George Berkeley (1685–1753), der argumentierte, »esse est percipi«, Sein ist Wahrgenommen- Werden, was überspitzt bedeutet, daß ein Baum nur dann exi- stiert, wenn ich oder Sie oder Gott ihn sehen. Berkeley beschäftigte sich mit der Idee, daß Illusionen eine Gewißheit von der »realen« Existenz der Dinge in Frage stellen. Wenn ich einen Stab ansehe, der halb in Wasser getaucht ist, erscheint er gebogen, da das Licht beim Übergang von Flüssigkeit in Luft gebrochen (gebogen) wird. Doch wenn ich den Stab anfasse, erscheint er gerade: Meine Wahrnehmungen widersprechen einander. Derartige Paradoxe führten zu dem Argu- ment, daß wir der Wahrheit unserer Wahr- nehmungen niemals sicher sein können. Gewiß seien nur die reinen Sinneseindrücke.

Ich kann bezweifeln, daß ich einen Tisch sehe, denn ich kann das Opfer einer Illusion geworden sein, aber ich kann nicht bezweifeln, daß sich auf meiner Netzhaut ein Muster befindet, das wie ein Tisch aussieht, oder zumindest die sensorischen Daten eines Tisches. Realisten erscheint dies absurd.

Seit 1900 machte das Wissen um die Physiologie und Bio- chemie unserer Sinne ungeheure Fortschritte. Wir wissen, wie das Auge ein Bild in einen Strom von Nervenimpulsen verwan- delt und wie das Ohr Töne unterscheiden kann. Dennoch wissen wir recht wenig über den Prozeß der Wahrnehmung, und es ist inzwischen deutlich, daß die Bezie- hung zwischen Sinneseindruck und Wahr- nehmung nicht einfach ist. Wahrnehmung ist kein einseitiger Prozeß, in dem über unsere Sinnesorgane empfangene Reize »Ereignisse im Gehirn« auslösen, die ihrer-

Donald Broadbent (1926–1993), einer der bedeutendsten britischen Psychologen der Nachkriegszeit, argumentierte, ein menschliches Wesen könne dieselbe Sache unmöglich zweimal wahrnehmen. Angenommen, Sie sahen die Pyramide von Gizeh 15mal vom selben Platz aus, bei jeweils genau derselben Sonneneinstrahlung. Ihre 15. Wahrnehmung der Pyramide wäre etwas anders als jede der früheren, da sie die neuralen Netze aktivieren würde, die die Wahrnehmungen 1 bis 14 speicherten.

seits in eine innere Erfahrung eines äußeren Ereignisses umgewandelt werden. Reize rufen »Ereignisse im Gehirn« hervor, doch die Art, in der diese Ereignisse kodiert werden, hängt teilweise davon ab, was das Gehirn erwartet und woran es sich erinnert. Das Sprichwort »Sehen heißt glauben« sollte besser heißen »Glauben heißt sehen« – wir neigen dazu, das zu sehen, was wir erwarten. Dieses Phänomen wurde von der Gestaltpsychologie zu Beginn des 20. Jahrhunderts experimentell untersucht, die behauptete, das Ganze sei mehr als die Summe seiner Teile. Wir suchen in dem, was wir sehen, nach vertrauten Mustern, füllen die Lücken sinnvoll aus, und wir unterscheiden zwischen für das Verständnis des Ganzen wichtigen und unwichtigen Elementen.

Eine erstaunliche Qualität der Wahrnehmung besteht darin, daß sie in Ausnahmefällen vom Sinneseindruck getrennt werden kann. Wir können wissen, was »da draußen« ist, ohne es bewußt mit den Sinnen aufzunehmen. Viele Menschen kennen dieses Phänomen, das als unbewußte Wahrnehmung bezeichnet wird. Es macht uns nervös, denn das bedeutet, daß wir Dinge aufnehmen können, die wir nicht mit den Sinnen empfinden. Dabei sehen wir ein Bild so flüchtig, daß wir es nicht als Sinneseindruck registrieren, nur als Wahrnehmung – und dieser Wahrnehmung trauen wir nicht, da sie keine sensorische Grundlage hat. Wir sind verwirrt und bezweifeln die Wahrheit der Wahr-

nehmung. Die Existenz der unbewußten Wahrnehmung wurde experimentell bewiesen. Bei einem Test blitzte vor den Testpersonen zehn Millisekunden lang ein Wort auf, und anschließend etwas länger ein zweites Wort; sie erkannten das zweite Wort viel schneller, wenn es mit dem ersten etwas zu tun hatte. In den 60er Jahren benutzte skrupellose Werbung dieses Phänomen: Fernsehzuschauer wurden unbewußt beeinflußt, indem kurz ein Bild aufblitzte, das ein Produkt erstrebenswerter erscheinen ließ.

Die moderne Psychologie kann sehr genau erklären, wie das Gehirn die Signale auflöst, die an den Sinnesorganen, Ohren, Augen, Haut, Zunge und Nase, ankommen, und wir können sogar einige der grundlegenden Eigenschaften der Wahrnehmung beschreiben. Doch ein größeres Rätsel ist noch ungelöst: Wie wird in unserem Gehirn aus diesen Signalen das, was wir als Bild, Klang oder Berührung erleben?

Im 17. Jahrhundert verwendete Isaac Newton ein Prisma zur Zerlegung von weißem Licht in seine Spektralfarben. Er war sich des Unterschieds zwischen Sinneseindruck und Wahrnehmung bewußt, als er schrieb: »Strahlen sind genau gesagt nicht farbig. Ihnen ist lediglich eine gewisse Macht zu eigen ... einen Eindruck von dieser oder jener Farbe zu erwecken.«

Sehen

Das menschliche Auge wurde oft mit einer Video-kamera verglichen. In manchem ist dieser Ver-gleich nicht schlecht. Bei einer Kamera fällt das Licht durch die Linse auf eine Platte, die in Hun-derttausende einzelne, kleinste lichtempfindliche Flächen oder Pixel aufgeteilt ist, die das Muster aus Licht und Schatten in einen Strom elektrischer Impulse umsetzen. Je nach Lichtstärke kann der Kameramann die Weite der Öffnung verändern und mehr oder weniger Licht in die Kamera hineinlassen. Und durch Bewegung der Linse können nahe oder weiter entfernte Objekte scharf eingestellt werden. Ähnlich wird die Lichtmenge, die in das Auge eindringt, durch das Erweitern oder Schließen der Pupille gesteuert; und eine Linse im Auge kann ihre Form verändern, um Gegen-stände scharf auf den lichtempfindlichen Teil des Auges abzubilden – die Netzhaut. Hier verwandeln Millionen lichtempfindlicher Elemente – Zapfen und Stäbchen – Muster aus Licht und Schatten in einen Strom aus Nerven-impulsen.

Doch hiermit endet die Analogie, denn wenn wir die Augen öffnen, erleben wir die Welt nicht als winzige Teilchen

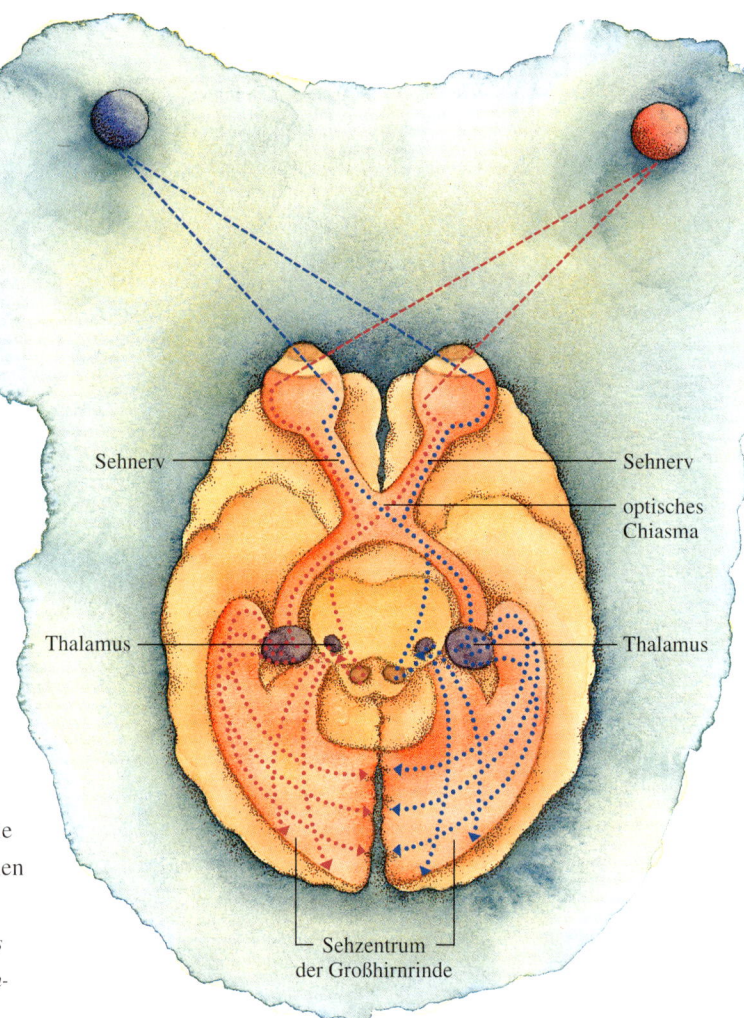

Die Sehnerven treffen sich und bilden das optische Chiasma (oben), das Signale von der rechten Netzhautseite beider Augen (mit Informationen über den linken Teil des Gesichtsfeldes) über den Thalamus in die linke Gehirnhälfte leitet und Signale aus dem linken Teil der Netzhaut in die rechte: Informationen aus der linken Hälfte des Gesichtsfeldes werden von der Gehirnhälfte verarbeitet, die die rechte Hand steuert.

Dichtgepackte Zapfen und Stäbchen in der Netzhaut des Auges im Elektronenmikroskop (unten). Die Stäbchen, die durch Com-puterfärbung rosa erscheinen, sind zahlreicher als die Zapfen (blau), außer in der Fovea – einem kleinen Bereich der Netzhaut, in dem Tageslicht besonders scharf gesehen wird. Verschiedene Zapfen enthalten Pigmente, die auf rotes, grünes oder blaues Licht reagieren. Ihre Impulse gemeinsam deutet das Gehirn als Farbeindrücke.

– wie bei den Pixeln der Videokamera –, sondern als Gegenstände, Formen und Farben. Diese Fähigkeit macht das menschliche Sehen so bemerkenswert, und hierin schlägt es Wahrnehmungssysteme von Computern um Längen. Woher »wissen« wir, wo ein Gegenstand aufhört und ein anderer beginnt? Wie erkennen wir, daß ein Gesicht, das wir aus verschiedenen Blickwinkeln sehen, zu derselben Person gehört? Und wie können diese Wahrnehmungen so schnell ablaufen, daß sie unsere Reaktionen und Bewegungen leiten können?

Trotz des ungeheuren Wissens, das Wissenschaftler über die Chemie und Physik des Sehens und den Aufbau des optischen Apparates des Menschen angehäuft haben, verstehen wir den Prozeß des Sehens noch immer nicht völlig. Bereits im 17. Jahrhundert vermuteten Ärzte, daß Netzhautzellen auf Licht reagieren. Erst im 19. Jahrhundert, als Physiologen und Naturwissenschaftler wie Gustav Fechner Experimente über die Anpassung des Auges an die Dunkelheit machten, wurde erkannt, daß die Netzhaut zwei Typen sensorischer Zellen enthält: Zapfen und Stäbchen, so benannt nach ihrem Aussehen unter dem Mikroskop. Wir wissen heute, daß die Netzhaut des menschlichen Auges etwa sieben Millionen Zapfen enthält; sie reagieren auf helles Licht und nehmen die Feinstruktur und Farbe eines Gegenstandes wahr. Sie sind spezialisiert: Manche enthalten Pigmente, die auf rotes Licht reagieren, andere auf grünes oder auf blaues. Stäbchen sind zahlreicher (etwa 100 Millionen) und reagieren auf schwaches Licht

und Bewegung, können aber keine Farben erkennen. Sie sind für unser monochromes Nachtsehen verantwortlich. Jeder Zapfen und jedes Stäbchen enthält etwas lichtempfindlichen Farbstoff. Bei Lichteinfall verändert sich die Form dieses Moleküls kurzfristig und löst eine chemische Kettenreaktion aus, die zum Abfeuern eines Nervenimpulses führt. Die Impulse von den Zapfen und Stäbchen gelangen zuerst zu bipolaren Zellen und dann zu großen Ganglienzellen, deren lange Axone das Auge als Sehnerv verlassen.

Die Nerven beider Augen werden über den Thalamus (eine Schaltstelle für sensorische Informationen im Vorderhirn) zum Sehzentrum der Großhirnrinde im hinteren Teil des Gehirns geleitet. Die Rolle dieser Zone für das Sehen wurde während des Ersten Weltkrieges entdeckt. Neurologen stellten fest, daß etliche Soldaten, die ohne Augenverletzungen erblindet waren, im hinteren Bereich der Großhirnrinde verletzt worden waren. Seit damals gilt das Sehzentrum als der Ort, an dem die Botschaften von der Netzhaut analysiert und zu unserer Wahrnehmung des Sehens zusammengebaut werden.

Sehen ist die Verarbeitung von Ereignissen auf der Netzhaut im Gehirn. Wir alle haben einen blinden Fleck, denn an der Stelle, an der der Sehnerv aus dem Auge austritt, gibt es keine Photorezeptoren. Da der blinde Fleck des linken Auges nicht an derselben Stelle liegt wie der des rechten, kann das Gehirn fehlende Information eines Auges mit der des anderen ausgleichen.

DIE MACHT DES SEHENS

Sehen, das wesentliche Wahrnehmungen der Welt liefert, gilt als wichtigster Sinn. Schon immer war es deshalb ein machtvolles Symbol in den Mythen vieler Kulturen, in denen die alles sehenden Augen der Götter uns in der Pflicht halten. Auch Horus, der falkenköpfige Gott der alten Ägypter, der die Einhaltung der Gesetze überwachte, wird durch ein Auge symbolisiert (unten).

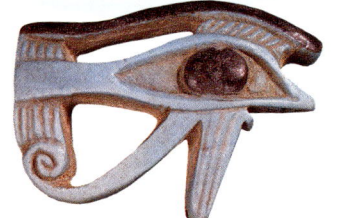

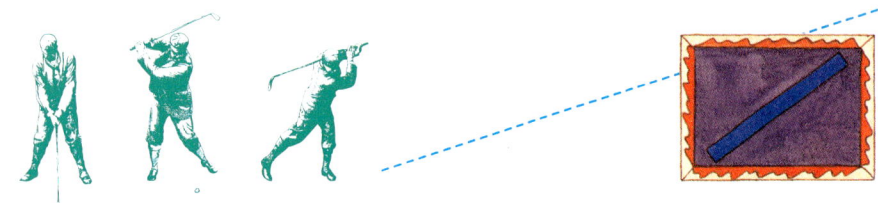

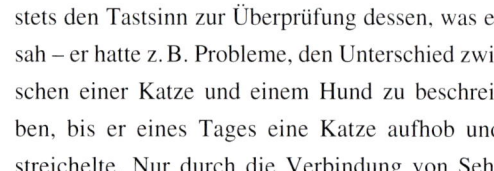

Außerdem erhält unser Gehirn leicht unterschiedliche Bilder von den beiden Augen, und zwar infolge ihres physikalischen Abstandes voneinander – je näher ein Objekt den Augen ist, desto größer ist der Unterschied. Das Gehirn vereinigt diese Bilder, so daß wir uns des Unterschieds nicht bewußt werden. Zur »Doppelsicht« kommt es, wenn diese Vereinigung nicht funktioniert – z.B. nach einer Gehirnerschütterung oder nach zuviel Alkohol.

Den meisten von uns ist Sehen eine zweite Natur, es muß nicht bewußt »gelernt« werden. Dabei ist der optische Apparat so programmiert, daß er erst dann heranreift, wenn Babys Licht und besonders sich bewegende Gesichter und Objekte erfahren. Im Alter von drei Monaten, so nimmt man an, sehen Babys wie Erwachsene. Während sich ihr Sehvermögen »normalisiert«, werden in der Großhirnrinde Neuronenverbindungen angelegt und verfeinert, die das Netzwerk zur Verarbeitung von optischen Informationen bilden. Nur bei schweren Störungen entwickelt sich das Sehvermögen nicht. Forschungen haben ergeben, daß Katzen, die in einer abnormalen Umgebung aufwachsen, in der es nur runde Linien gibt, kein normales Sehen entwickeln: Gerade Linien lösen im Sehzentrum ihrer Großhirnrinde kein Feuern aus.

Patienten, die nach lebenslanger Blindheit sehen, haben Probleme, weil sie nie zu sehen »gelernt« haben. Einen der frühesten Fälle schilderte William Cheselden 1728. Er befreite einen Vierzehnjährigen vom grauen Star und gab ihm so sein Augenlicht zurück. Der Junge hatte kein Gefühl für Formen und konnte Entfernungen nicht abschätzen, sondern glaubte, alles sei sehr dicht vor seinen Augen. Er verwendete

stets den Tastsinn zur Überprüfung dessen, was er sah – er hatte z.B. Probleme, den Unterschied zwischen einer Katze und einem Hund zu beschreiben, bis er eines Tages eine Katze aufhob und streichelte. Nur durch die Verbindung von Seh- und Tastsinn konnte er die Tiere unterscheiden. Auch Bilder überraschten ihn, besonders ein Medaillonbildnis seiner Mutter: Er verstand nicht, wie ihr Gesicht in ein so kleines Medaillon gepreßt werden konnte. In »Eine Anthropologin auf dem Mars« schildert Oliver Sacks 1995 das Trauma, zu dem es oft kommt, wenn solche Patienten ihr Sehvermögen zurückerhalten.

Die genauesten Untersuchungen der optischen Sprache des Gehirns führten David Hubel und Torsten Wiesel durch, die dafür 1981 den Nobelpreis erhielten. Sie verfolgten die Wege der Neuronen in einem Katzengehirn den ganzen Weg von den Zapfen und Stäbchen der Netzhaut durch den Thalamus bis ins Sehzentrum und stellten fest, daß sich jedes Neuron des Sehzentrums einer kleinen Zone der Netzhaut »kartographisch« zuordnen ließ. Dann setzten sie eine dieser »kartographierten« Netzhautzonen einer Vielfalt optischer Reize aus und maßen mit Elektroden die Reaktion des zugehörigen Neurons in der Großhirnrinde. Die Ergebnisse waren erstaunlich.

Anstatt einfach auf An- oder Abwesenheit von Licht auf der Netzhautzone zu reagieren, feuerten die Neuronen der Großhirnrinde nur dann, wenn sie hochgradig spezifische Figuren »sahen«. Manche Neuronen feuerten als Reaktion auf Kreise, andere bei geraden Linien, wieder andere bei bestimmten Winkeln oder Kurven. Manche wurden durch besondere Hell-Dunkel-Kontraste angeregt, durch Linienstärke oder Umrisse. Manche feuerten, wenn sich ein Objekt bewegte,

andere nur als Reaktion auf unbewegte Objekte. Jede speziali-sierte Neuronengruppe ist ein »Gestaltdetektor«. Wenn wir einen Gegenstand ansehen, feuert ein Netzwerk von Großhirn-zellen, die auf diesen Typ von Objekt spezialisiert sind, und nimmt eine Fülle von Linienabschnitten wahr – grundlegende Formen –, die das Gehirn auf einer höheren Ebene zusammen-fügt und in eine innere symbolische Wiedergabe dessen umwandelt, was wir sehen. Hubel und Wiesel untersuchten zwar Katzen, doch das menschliche Gehirn dürfte nach einem ähnlichen System arbeiten.

Wird in einem Raum das Licht ausgemacht, sehen wir zunächst nichts, doch bereits nach etwa 10 Minuten haben sich unsere Augen den Verhältnissen angepaßt. Unsere Pupillen erweitern sich, lassen soviel Licht wie möglich ein, und statt der Zapfen, die mehr Licht benötigen, werden unsere Stäbchen aktiv. Diese Anpassungsfähigkeit des Auges hat aber ihre Tücken. 1825 stellte der tschechische Biologe Johannes Purkinje fest, daß in der Dämmerung rote Blumen in seinem Garten viel schneller dunkel wurden als blaue und violette. Bei geringen Lichtmengen ist unser Auge nämlich empfänglicher für die kürzeren Wellenlängen des blauen Lichts.

Ein Beispiel soll dieses Modell verdeutlichen. Stellen Sie sich vor, Sie sehen einen Golfball kurz vor dem Abschlag. Der Ball wird auf einem kleinen Teil der Netzhaut abgebildet, mit dem Tausende Neuronen des Sehzentrums verknüpft sind. Zunächst liegt der Ball ruhig, also feuern die Neuronen, die auf ruhige Kreislinien reagieren. Wenn der Ball im Winkel von 45 Grad davonfliegt, feuern jene Neuronen, die auf Bewegung in diesem Winkel reagieren; sobald sich der Winkel, in dem der Ball fliegt, um 10 bis 15 Prozent verändert, feuert eine andere Gruppe von Neuronen. In unserem Geist wird diese Abfolge als das Bild eines Balles in stetigem Flug erlebt.

Aufbauend auf Hubels und Wiesels Arbeit haben andere angenommen, daß die Zellgruppen im Sehzentrum die untere Stufe einer Hierarchie von Gestaltanzeigern bilden. Mehrere dieser Zellen füttern einen einzelnen Detektor höherer Ordnung, eine komplexe Zelle. Und viele komplexe Zellen füttern eine hyperkomplexe Zelle. Es ist denkbar, daß diese hochkomplexen Zellen nur als Reaktion auf spezifische Gestalten oder Reize feuern, wie ein Gesicht, ein Auto oder ein Paar Schuhe.

Hubels und Wiesels Theorie beschreibt einen plausiblen Mechanismus zur Erkennung von Mustern. Doch das allein macht noch keine Wahrnehmung aus; zu ihr gehört auch das

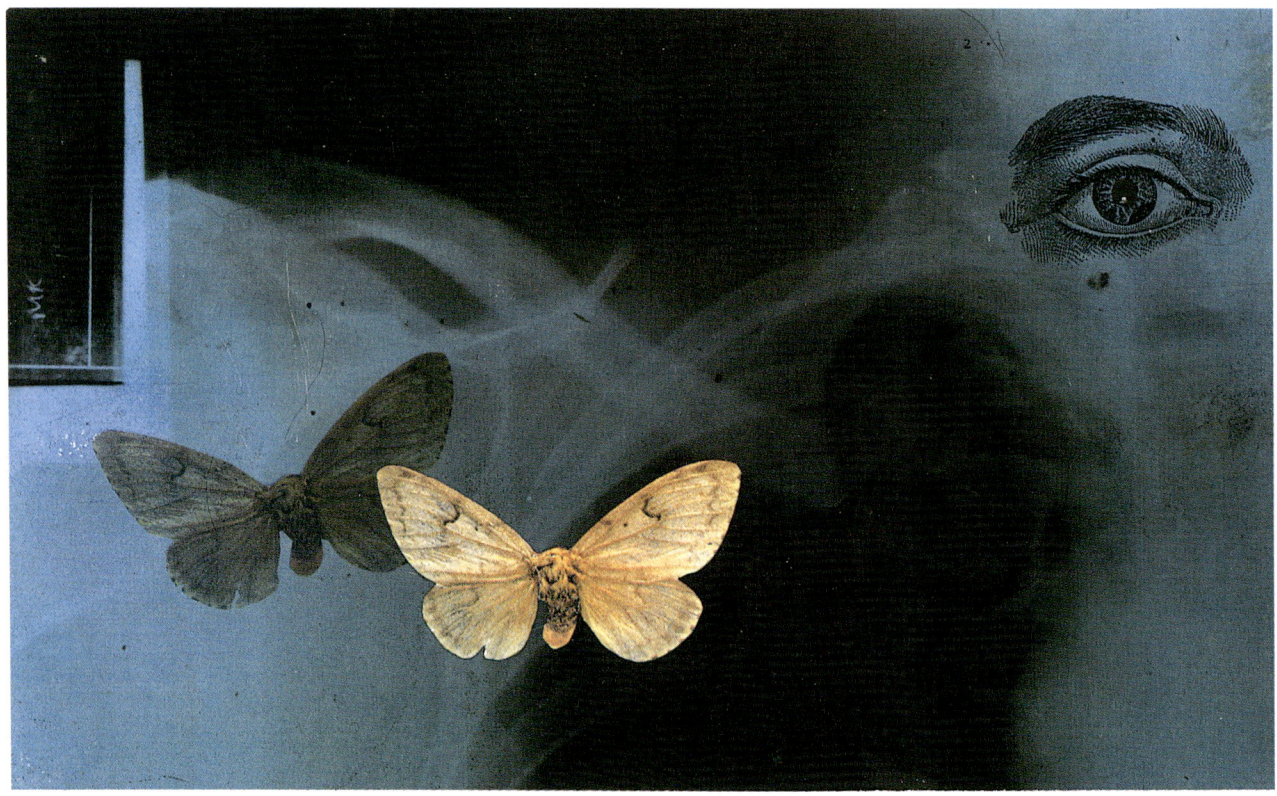

Wissen, was das Muster bedeutet – das Erkennen, was »da draußen« ist (siehe S. 45). Es gibt mehrere Theorien darüber, wie wir Muster wahrnehmen, die plausibelsten sind wohl Gestaltvergleichs-Theorien.

Sie besagen, daß ein Gegenstand erkannt wird, indem bestimmte Gestaltelemente (seien es Linienabschnitte oder kompliziertere Formen nach Hubels und Wiesels Theorie) mit einem Gestaltrepertoire in unserem Gedächtnis verglichen werden. In jedem Einzelfall entscheiden kognitive Teile des Gehirns, welche Gestalt am besten paßt, und geben diese Entscheidung an unser Bewußtsein, das uns »wissen« läßt, daß eine bestimmte Anhäufung von Strichen und Kurven, die auf unsere Netzhaut projiziert wird, tatsächlich ein Hund ist.

Dies ist natürlich eine starke Vereinfachung – intuitiv ist es unwahrscheinlich, daß eine Analyse von Strichen und Kurven zum Reichtum unserer Wahrnehmungen führen kann. Doch andere bekannte Phänomene unterstützen diese Annahme. Bereits im 19. Jahrhundert wurde festgestellt, daß Buchstaben leichter erkannt werden, wenn sie in einem Wortzusammenhang auftreten. Wenn z. B. der Buchstabe »a« kurz vor Ihren Augen aufblitzt, erkennen Sie ihn eher, wenn er im Wort »Ball« auftaucht, als wenn er allein erscheint. Dies ist mit einfacher Wahrnehmung von Linien nicht erklärbar, denn danach müßte der Buchstabe gleich leicht erkannt werden, ob er nun allein oder in einem Wortzusammenhang erscheint. Daher dürften Kontext und Erwartungen wesentliche Teile der Wahrnehmung sein – eine Vermutung, welche zahlreiche künstliche und natürliche optische Täuschungen stützen (siehe S. 98).

Optische Wahrnehmung ist eine der komplexesten Aufgaben, die das Gehirn erfüllen muß. Kein Wunder, daß es dramatische Folgen haben kann, wenn es schiefgeht. Eine der eigenartigsten Störungen ist visuelle Agnosie, die der Neurologe Oliver Sacks in seinem Buch über den Mann, der seine Frau für einen Hut hielt, berühmt machte: Der Patient versuchte, den Kopf seiner Frau abzuheben und auf seinen eigenen zu setzen, als wäre es sein Hut. Die Betroffenen haben eine voll funktionierende Wahrnehmung – mit ihren Augen und den Verbindungen zur Großhirnrinde ist alles in Ordnung –, aber sie machen Fehler bei der Interpretation der Information, die ihr Gehirn erreicht. Manche Betroffenen können zwar Einzelteile eines Gegenstandes identifizieren, nicht aber den Gegenstand als Ganzes. Andere erkennen keine Gesichter oder selbst unbewegte Gegenstände – sie erkennen zwar ein Küken, aber keinen Bus.

Im Unterschied zu Störungen des Sehapparates, die Sehverlust, verschwommenes Sehen, Farbenblindheit usw. zur Folge haben können, ruft visuelle Agnosie nur bei der Wahrnehmung grobe Fehler hervor. Das bedeutet, daß Wahrnehmung auf einer Ebene von »Sprache« funktioniert, die von der Spezifität her dem geschriebenen Wort vergleichbar ist. Wenn wir z. B. durch einen Tippfehler statt »Bart« das Wort »Bast« lesen, denken wir auch nicht an einen schiefgeschnittenen Bart, sondern an eine völlig andere Sache, denn jedes Wort ist eine unabhängige Einheit. Unsere optische Wahrnehmung arbeitet offenbar ebenso, »betrachtet« also Objekte als gesamte Formen, nicht als Summe ihrer Einzelelemente.

Hören

Als sich Vincent van Gogh das Ohr abschnitt, beschädigte er nicht sein Gehör. Während Tiere ihre Gesichtsmuskeln dazu verwenden können, ihr äußeres Ohr einer Geräuschquelle zuzuwenden, spielen beim Menschen die (äußeren) Ohren für die Verdichtung und Ortung von Klang fast keine Rolle. Der eigentliche Prozeß des Hörens beginnt tiefer im Schädel, im Mittel- und Innenohr.

Alles, was Geräusche erzeugt – die Saite einer Geige, die Oberfläche eines Lautsprechers oder die menschlichen Stimmbänder –, vibriert, verdichtet und verdünnt abwechselnd die Luft um sich herum und erzeugt so eine Serie von Klangwellen, die sich von ihrer Quelle mit 300 m pro Sekunde entfernen. Der Abstand zwischen den einzelnen Verdichtungen bestimmt die Frequenz des Klanges und das Maß der Verdichtung seine Intensität. Physikalisch gesehen ist Klang nichts anderes als eine Serie von Vibrationen, die keinerlei sensorische Qualitäten beinhalten. Das Gehirn nimmt Frequenz als Tonhöhe und Intensität als Lautstärke wahr; Klangfarben werden aus der Vielfalt von Frequenzen gebildet. Wie auch bei anderen Sinnen nimmt jeder von uns diese Dinge individuell wahr. Doch vor der Entschlüsselung im Gehirn muß die Information, die durch Schallwellen übertragen wird, erst in die Sprache elektrischer Impulse übersetzt werden, die von Neuronen verstanden und verarbeitet werden können. Dieser Prozeß findet in ausgeklügelten mechanischen, chemischen und elektrischen Subsystemen im Ohr statt. Wenn Schallwellen das Ohr erreichen, wandern sie einen Tunnel hinab, den äußeren Hörkanal, an dessen Ende eine straffe Membran sitzt, das Trommelfell. Dieses schwingt mit den hereinkommenden Schallwellen und überträgt seine Bewegung auf eine Anordnung von drei Knochen im Mittelohr: Hammer, Amboß und Steigbügel (*malleus*, *incus* und *stapes*). Diese Knochen steigern wie ein feiner mechanischer Verstärker die Intensität der Schwingung, ehe sie sie an die spiralförmige Schnecke (*cochlea*) im Innenohr weiterleiten, wo die Schallwellen in Nervenimpulse umgesetzt werden.

Die Schnecke ist eine lange, spitz zulaufende knochige Höhlung, die aus Platzgründen aufgerollt ist. Membranen teilen sie in drei lange, parallele Kanäle, die mit Flüssigkeit gefüllt sind. Vibrationen, die von den Mittelohrknochen auf die Schnecke übertragen werden, bewegen die Flüssigkeit. Die Vibrationen oder Schallwellen bewegen sich in Form von Ausbuchtungen in der Flüssigkeit – Zonen mit hohem bzw. niedrigem Druck – die Schnecke hinab.

Eine der Membranen, die Basilarmembran, trägt Tausende sensorische Zellen (siehe S. 28), die wegen ihrer haarartigen Fortsätze, die in die Flüssigkeit ragen, Haarzellen heißen. Wenn die Ausbuchtungen in der Flüssigkeit die Basilarmembran passieren, heben sie die Härchen, so daß sie gegen eine zweite Membran, die Deckmembran, stoßen. Dabei werden die Haare gekrümmt und lösen in ihrer »Mutterzelle« einen Impuls aus. Dieser wird durch eine Hörzelle aufgegriffen, die ihn ans Gehirn weiterleitet. Die Hörzellen sind miteinander zum Hörnerv verbunden, der über den Thalamus das Hörzentrum der Großhirnrinde erreicht – die sensorische Schaltstelle des Gehirns (siehe S. 24). Der Hörnerv umfaßt etwa 30 000 einzelne Hörzellen, der Sehnerv im Vergleich dazu eine Million Neuronen; Sehen, so könnte man schließen, ist wesentlich komplexer als Hören.

Wer einmal über den Hals einer halbgefüllten Flasche geblasen hat, weiß, daß die Höhe (oder Frequenz) des entstehenden Tons von der Menge der Flüssigkeit in der Flasche abhängt. Das Blasen bringt die Luft in der Flasche dazu, in Resonanz mit einer bestimmten Frequenz mitzuschwingen, die von der Höhe der Luftsäule in der Flasche abhängt. Dieser Ausflug in die elementare Physik erklärt das geniale Prinzip der Schnecke, das es uns erlaubt, verschiedene Tonhöhen zu unterscheiden. Die Schnecke läuft spitz zu, wie wir gesehen haben. Jeder Punkt entlang ihrer gesamten Länge kann als Flasche gedacht werden, die mit einer gering unterschiedlichen Wassermenge gefüllt ist,

Jede physische Vibration erzeugt Schall, der in Form von Wellen übertragen wird: abwechselnde Verdichtungen und Verdünnungen von Luftmolekülen. Im menschlichen Ohr werden Schallwellen vom Trommelfell aufgenommen und von den drei Mittelohrknochen verstärkt, ehe sie einen flüssigkeitsgefüllten Kanal in der Schnecke hinab (rot) und einen anderen (grün) wieder hinauf wandern; dabei wird Flüssigkeit in einem dritten (gelb) zusammengepreßt. Diese Kompressionen werden von Härchen (kleines Bild) gespürt, die mit sensorischen Zellen im dritten Kanal verbunden sind. Diese verwandeln Druckunterschiede in Nervenimpulse, die über den Hörnerv ins Gehirn gelangen.

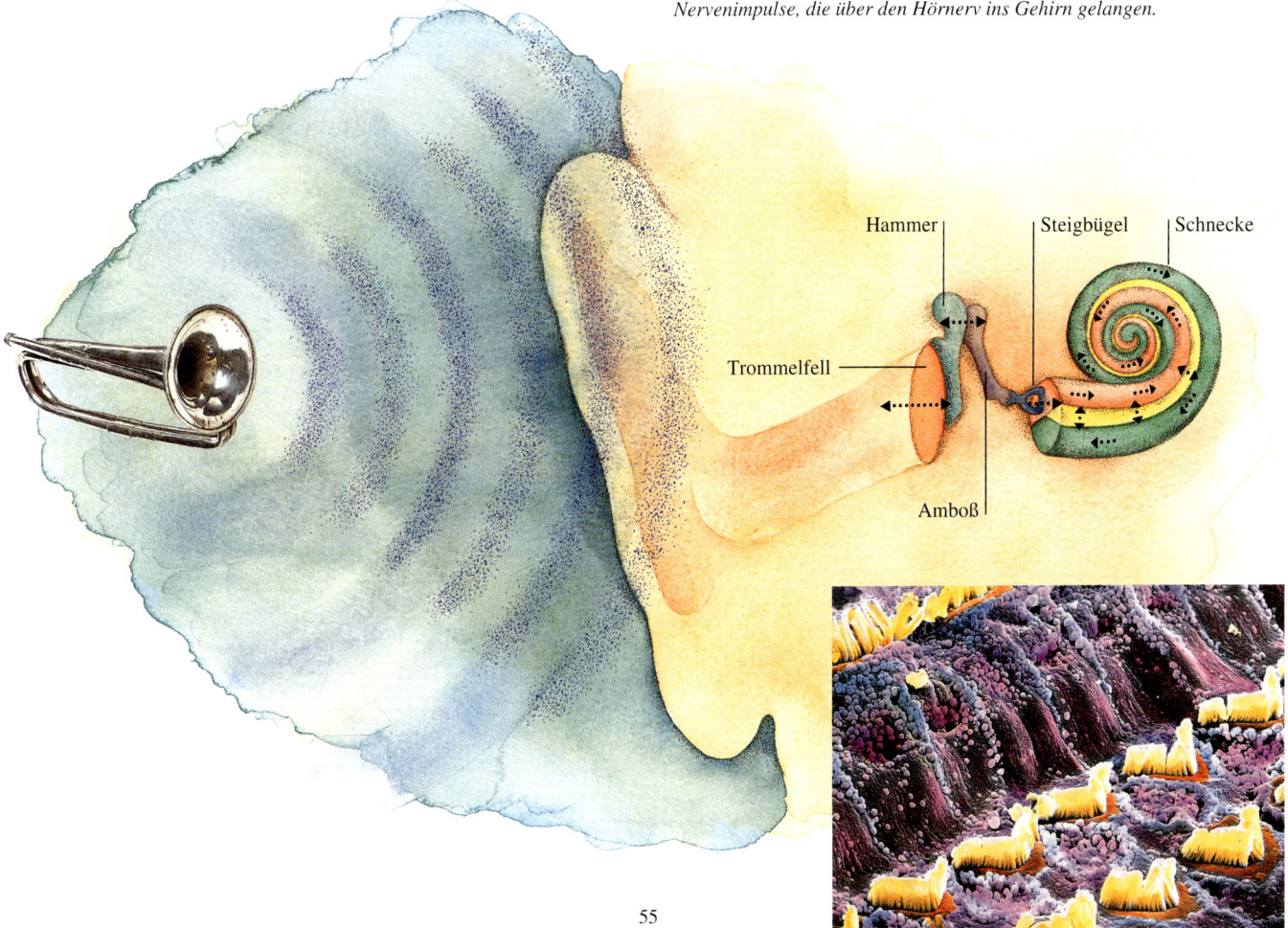

Hammer

Steigbügel

Schnecke

Trommelfell

Amboß

und so hat jeder Punkt seine eigene natürliche und bevorzugte Resonanzfrequenz. Wenn ein Klang, der in das Ohr gelangt, diese Frequenz hat, wird dieser Punkt in der Schnecke stärker vibrieren als jeder andere, und die angeschlossenen Hörnerven werden stärker feuern als alle anderen. Das Gehirn »hört« dies als bestimmte Tonhöhe.

Trotz vieler Gemeinsamkeiten bei der Verarbeitung akustischer und optischer Bilder durch das Gehirn gibt es auch Unterschiede. Der wichtigste betrifft die Frage der Aufmerksamkeit. Wir können viel besser steuern, wohin wir sehen wollen, als was wir hören wollen – wenn wir einen bestimmten Gegenstand ansehen wollen, wenden wir ihm unseren Kopf zu und stellen unsere Augen scharf auf ihn ein. Um Töne zu hören, können wir auch unseren Kopf drehen, um ein Ohr der Klangquelle zuzuwenden, doch in vielen Situationen gibt es

Störgeräusche. Es gibt jedoch eine wirksamere Methode: Wir können uns auf bestimmte Klänge konzentrieren und so Störgeräusche abblocken – das Phänomen des selektiven Zuhörens. Wenn z. B. jedem Ohr einer Versuchsperson ein anderer Text vorgelesen wird, wird sie meist berichten, daß sie nur eine Geschichte »gehört« hat. Einiges weist jedoch darauf hin, daß wir auch etwas von der »ungehörten« Information aufnehmen, selbst wenn wir sie nicht bewußt wahrnehmen (siehe S. 47).

Viele Tierarten haben ein empfindlicheres Gehör als Menschen und nehmen auch eine größere Frequenzbreite wahr. Menschliches Hören dagegen muß sich mit einer Herausforderung befassen, die Tiere nicht kennen – mit Sprache. Unsere Fähigkeit zu sprechen und unser Bedürfnis zu hören haben die Art und Weise geprägt, in der das menschliche Gehirn Klang verarbeitet, mit dem Ergebnis, daß unser Hörsystem nicht ein-

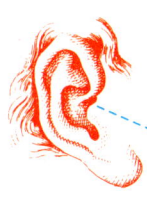

zelne, isolierte Klänge erwartet, sondern zusammenhängende Geschichten, die Sinn haben. Wie beim Sehen beeinflussen Erwartungen unsere Wahrnehmungen. Umgeben von einem Stimmengewirr in einem überfüllten Raum können wir unseren Namen heraushören, der in einem Gespräch am Ende des Saals fällt. Viele Experimente zeigen, daß unser Gehirn versucht, Muster auf das Gehörte anzuwenden. Wir reagieren bemerkenswert fein auf Gesprächsnuancen, wie kaum merkliche Pausen, die als Aufforderung zu sprechen oder zuzuhören dienen, und auf winzige Betonungsunterschiede.

Wegen der Bedeutung von Klang für Sprache und Kommunikation hat Taubheit eine stark isolierende Wirkung – vielleicht stärker als der Verlust irgendeines anderen Sinnes. Taubheit ist verbreiteter als man glaubt: Jedes tausendste Kind wird entweder taub geboren oder wird sehr früh schwerhörig. Taube

Kinder haben aber nicht nur mit ihrer Behinderung zu kämpfen, sondern auch mit dem Vorurteil, sie seien unterdurchschnittlich intelligent. Viele taube Kinder haben Probleme mit der Syntax geschriebener Sprache, doch das liegt daran, daß Zeichensprache eine eigene Grammatik und Syntax hat, die sich grundsätzlich von gesprochener und geschriebener Sprache unterscheidet. Ein weiteres Problem ist, daß bei tauben Kindern, die zuerst »normal« sprechen sollen, ehe sie Zeichensprache lernen, der normale Prozeß der Sprachentwicklung gestört wird: Sie verbringen dann ihre prägenden Lernjahre mit dem Kampf um etwas, was anderen selbstverständlich ist – um Sprache.

Die Neigung des Gehirns, im Klang nach Regelmäßigkeiten und im Lärm nach Geschichten zu suchen, zeigt sich auch in unserem Umgang mit Musik. Musik, die »ins Ohr geht«, ist von Rhythmus und melodischer Sequenz her leicht vorhersagbar. Auch jemand ohne jegliche musiktheoretische Ausbildung erkennt einen falschen Ton in einer musikalischen Phrase, genauso wie ein unpassendes Wort in einem Satz. Das hat Theoretiker zu der Annahme geführt, daß Musik wie Sprache (siehe S. 70) eine eingebaute Grammatik besitze, die uns von Geburt an vertraut sei. Wir genießen ein Musikstück, wenn es den unbewußten Regeln in unserem Geist folgt. Diese Theorie ist schwer zu beweisen oder zu widerlegen, doch Dissonanzen in moderner Musik (besonders Jazz) und kulturelle Unterschiede in Musikstilen sprechen eher dafür, daß das Gehirn nicht von Geburt an eine feste Vorstellung von dem hat, was harmonisch ist.

Berühren, Schmerz und Vergnügen

Der Tastsinn unterscheidet sich von allen anderen Sinnen. Er ist nicht auf besondere Sinnesorgane beschränkt, sondern bedeckt unsere ganze Körperoberfläche. Er liefert drei Arten sinnlicher Information – Druck, Temperatur und Schmerz. Auch die Sprache, mit der wir Tastsinn beschreiben, ist anders. Wir sagen, wir *nehmen* optische Objekte, Klänge, Geschmack und Gerüche *wahr*, aber wir *spüren* Gewebe, Hitze oder Schmerz. Unseren Tastsinn verwenden wir seltener als die anderen Sinne. Als Erwachsene testen wir nur selten die Oberflächenstruktur eines Gegenstandes, um ihn einzuordnen. Außerdem: Was wir sehen und hören, ändert sich ständig, daher sind unsere Augen und Ohren ständig aktiv; doch was wir berühren, bleibt oft minuten- oder stundenlang identisch und wird aus dem Bewußtsein verdrängt. Die Struktur unserer Kleider merken wir z.B. nur dann, wenn wir sie das erste Mal anziehen.

Im Unterschied zu anderen Sinneseindrücken sind Berührungen oft stark emotionsgeladen – eine Mutter herzt ihr Baby, Liebende streicheln einander –, und viele Studien wiesen die positiven psychologischen Folgen von Berührungen nach. Frühgeburten nehmen rascher zu, wenn sie liebevoll berührt werden; ein Tier zu streicheln verringert angeblich Streß und kann tatsächlich die Herzfrequenz senken. Und Versuche mit Affen zeigten, daß Berührung die Entwicklung normalen Sozialverhaltens fördert. Eines der unge-

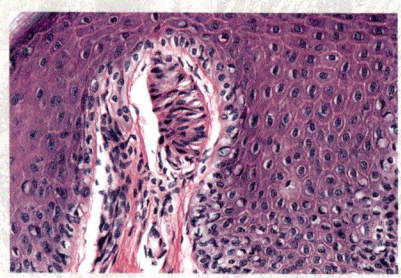

Eingebettet in die menschliche Haut liegen Berührungsrezeptoren, die Meissner-Tastkörperchen (oben). Sie sind besonders zahlreich an den Fingerspitzen, den Fußsohlen und den erogenen Zonen.

wöhnlichsten Beispiele für die emotionale Macht der Berührung stammt von Temple Grandin, einer Designerin von landwirtschaftlichen Geräten, die seit ihrer Geburt autistisch ist. Wie viele autistische Menschen konnte sie die Gefühle und die Intimität von Berührungen nicht ertragen. In ihrem Buch »Ich bin die Anthropologin auf dem Mars« schreibt sie 1995, daß sie Umarmungen immer gehaßt habe, beschreibt aber eine Art von Berührung, die ihr Sicherheit gab: Als Jugendliche sah sie auf dem Bauernhof ihrer Tante, daß sich manche Rinder in engen Kälberständen sehr sicher zu fühlen schienen. Sie entwickelte ein ähnliches Gerät für autistische Menschen, denn sie empfand seinen leidenschaftslosen Druck als sehr tröstlich und hilfreich gegen Ängste.

Die Biologie des Tastsinns wirkt auf diese psychologischen Implikationen nicht sehr erhellend. 1895 beschrieb der Psychologe Max von Frey fünf Grundarten des Fühlens – Berühren, Bewegung von Haaren, Druck, Temperatur und Schmerz –, die von fünf verschiedenen Rezeptoren in der Haut wahrgenommen werden. Offenbar gibt es aber nur zwei Arten von Rezeptoren in der Haut, einen für Berührungen und einen für Temperatur und Schmerz. Physikalisch sind Berührungsrezeptoren Nervenzellen mit kugeligen Schwellungen am Ende ihrer Dendriten. Sie liegen in verschieden tiefen Hautschichten und reagieren auf unterschiedliche Berührungsarten – von der sanften Berührung einer Feder bis zu star-

kem Druck. Schmerz- und Temperatur-
rezeptoren sind freie Nervenendungen,
denen die kugeligen Schwellungen am
Ende fehlen. Wie kaum überraschend,
sind Hände, Lippen, Gesicht und Zunge
dichter mit solchen Rezeptoren besetzt
als Knie und Rücken, wo Feinempfin-
dungen weniger wichtig sind. Der
Anteil an Hirnrinde, der den einzelnen
Körperteilen gewidmet ist, wird bisweilen graphisch auf einen »Homunkulus«
übertragen, eine Figur, in der die Größe
jedes Körperteils proportional zu dessen
Empfänglichkeit für Reize wiedergege-
ben ist (siehe Bild rechts).

Die sensorischen Nerven sind mit
Nerven im Rückenmark verbunden, wo
manche Schmerzrezeptoren direkte Verbindungen zu motorischen Nerven besitzen und so Reflexe auslösen. Andere
Rückenmarksnerven tragen Signale ins Gehirn; sie gelangen
über den Thalamus (die sensorische Sortierstelle) und manchmal das limbische System (ein Hirnbereich, der mit Gedächtnis
und Gefühlen verbunden ist) in den somatosensorischen
Bereich der Großhirnrinde, in dem Sinneseindrücke aus dem
Körper, also Berührung, Schmerz und Temperatur, verarbeitet

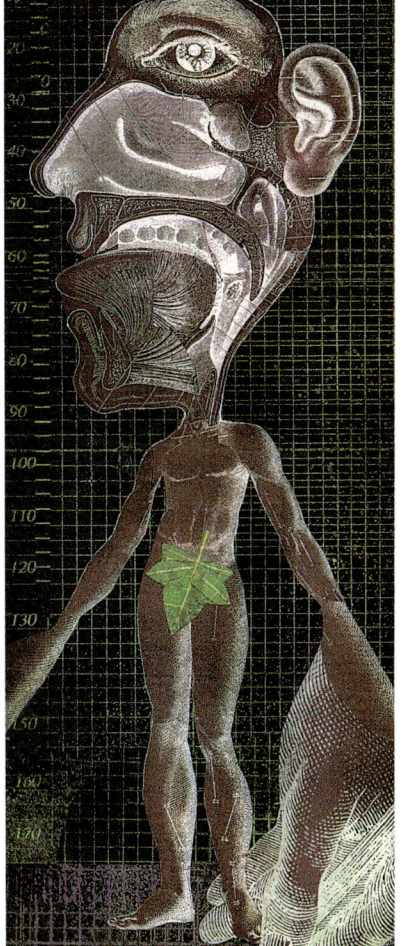

werden. Jedem Körperteil ist ein
eigener Bereich zugeordnet,
und Körperteilen mit hoher
Rezeptorendichte sind entsprechend größere Gebiete
zugeteilt. Manche Körper-
zonen sind auf unterschied-

liche Reize hochspezialisiert: Auf der
Wange oder dem Bauch spüren wir ein
Gewicht von 5 mg, und mit den Fingern
können wir zwei Punkte unterscheiden, die weniger als 2 mm
voneinander entfernt sind. Schwieriger ist die Temperaturemp-
findlichkeit zu messen, denn wir gewöhnen uns sehr schnell an
Kälte oder Wärme, und was uns warm oder kalt vorkommt, ist
stets relativ zu unserer derzeitigen Körpertemperatur. Doch auf
empfindlichen Hautflächen erkennen wir kleinste Temperatur-
unterschiede.

Während Druck und
Temperatur äußerliche,
objektiv meßbare Phäno-
mene sind, entsteht
Schmerz im Körper selbst.
Sobald Gewebe verletzt

wird, werden Neurotransmitter freigesetzt, die Neuronen mit hoher Reizschwelle zum Feuern bringen, und das Eintreffen dieser Impulse im Großhirn vermittelt uns den Eindruck von Schmerz. Wie bei anderen Sinnen auch, ist Schmerzempfindung weitgehend subjektiv. Sie ist ebenso eine Frage des Geistes wie des Körpers und wird durch Einstellung, Persönlichkeit und kulturelle Faktoren stark beeinflußt. Extrovertierte sind schmerzempfindlicher als Introvertierte (siehe S. 88).

Bei schweren Krankheiten oder wenn übliche Medikamente ungeeignet sind, werden psychologische Mittel zur Linderung chronischer Schmerzen

eingesetzt: Patienten sollen sich vorstellen, sie seien Soldaten und die Schmerzen eine zu besiegende Armee, oder sich in Situationen versetzen, in denen der Schmerz nachläßt.

Daß Schmerz allein durch Gedanken kontrolliert oder verstärkt werden kann, führte zu einer neuen Theorie über Schmerzwahrnehmung. Sie besagt, daß es nicht ausreicht, wenn »Schmerz«-Signale bei rezeptorischen Neuronen ankommen. Sie müssen so stark sein, daß sie eine Schmerzschwelle übersteigen, die uns wie ein Filter vor trivialen, bedeutungslosen Schmerzen

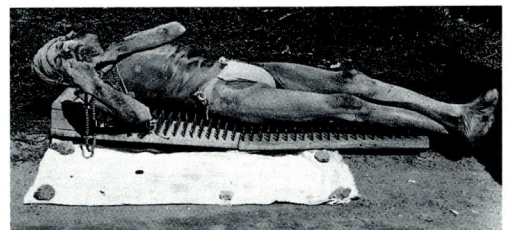

schützt. Verfechtern dieser Theorie zufolge ist die Schmerzschwelle nicht nur eine Idee, sondern eine anatomische Struktur im Rückenmark. Sie wird von sensorischen Fasern aus der Haut und von Nervenfasern aus dem Gehirn gefüttert, die Endorphine ausschütten (siehe S. 129). Diese Neurotransmitter ähneln biochemisch Morphin und Heroin und sind die natürlichen Schmerzstiller des Gehirns. Ihre Ausschüttung kann die Schmerzschwelle wirksam erhöhen und das Ausmaß an empfundenem Schmerz senken.

Diese Theorie kann ansatzweise die Wirkung von Akupunktur erklären. Sie wurde in China etwa 2500 v. Chr. entwickelt, ausgehend von der Überzeugung, daß Krankheiten

Ob wir Schmerz empfinden oder nicht, hängt nicht nur von der Stärke des Reizes ab, sondern auch von Erwartungshaltung, Gewöhnung und kulturellen Faktoren. Für viele Europäer wären Kunststücke indischer Fakire (oben) jenseits des Ertragbaren.

und Schmerzen auf einem Ungleichgewicht der gegensätzlichen dunklen (Yin) und hellen (Yang) Kräfte im menschlichen Körper beruhten. Durch das Einführen von Nadeln an bestimmten Stellen des Körpers kann ein geübter Arzt das Yin-Yang-Gleichgewicht wiederherstellen und so eine Heilung bewirken. Einer anderen Erklärung zufolge reizen die Nadeln, die an Schlüsselstellen gesetzt werden, die auch der westlichen Medizin vertraut sind, die Neuronen der Schmerzschwelle und wirken dadurch stark schmerzstillend.

Wie stark die Wahrnehmung von Schmerz und Vergnügen subjektiv geprägt ist, zeigt sich nirgends so deutlich wie im sexuellen Bereich. 1886 führte der Pionier auf dem Gebiet der Sexualkunde, Richard von Krafft-Ebing, in seiner »Psychopathia sexualis« (Psychopathologie des Sex) die Begriffe Sadismus und Masochismus ein. Er stellte fest, daß manche Menschen durch Schmerzen, die für andere unerträglich wären, einen Orgasmus bekamen, und andere durch Fetische erregt wurden wie Schuhe, Füße oder Handschuhe. Damals waren seine Entdeckungen so schockierend, daß die Wiener medizinisch-psychologische Gesellschaft ihn fast als Mitglied verbannt hätte, und sein Buch, das als zu brisant für die Massen galt, erschien nur lateinisch. Krafft-Ebings Untersuchung von Fetischen warf eine offene Frage auf: Empfinden Masochisten Schmerzen genauso wie andere, jedoch von Assoziationen begleitet, die sie mit angenehmen Gefühlen »überschreiben«? Oder ist ihr Schmerzempfinden qualitativ anders, so daß sie, wenn sie z. B. geschlagen werden, nur Vergnügen empfinden?

PHANTOMGLIEDER

Daß Schmerzen psychisch bedingt sind, bezeugen Menschen, die beschädigte Nerven in einem Glied haben oder denen ein Körperglied amputiert wurde. Etwa 40 Prozent von ihnen berichten über Juckreiz, Brennen oder Krämpfe im »Phantomglied«. Sie entstehen, weil die Schaltkreise in der Großhirnrinde, die für Empfindungen in diesem Glied zuständig sind, noch »aktiv« sind, auch wenn das Glied selbst fehlt. Viele Amputierte werden durch Gefühle oder Schmerzen in ihren fehlenden Gliedern reizbar oder frustriert, und als Teil ihrer Rehabilitation lernen sie, mit dem Schmerz fertig zu werden, der manchmal Jahre dauern kann, ehe er zum Erliegen kommt.

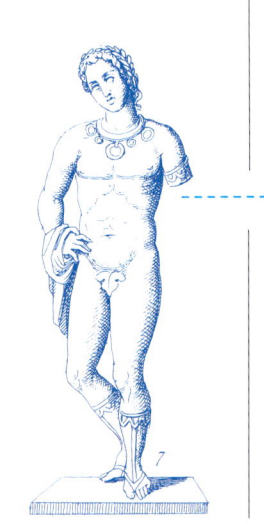

Schmecken und Riechen

Philosophen und Psychologen waren stets stärker an Sehen und Wahrnehmung interessiert als an den Eigenarten von Schmecken und Riechen, die als »grobe« tierische Sinne galten. Tatsächlich spielen diese Sinne bei Menschen eine geringere Rolle als bei anderen Tieren, und vieles spricht dafür, daß sie ältere und urtümlichere Sinne sind als das Sehen. Geruchsrezeptoren z. B. haben offenbar eine ältere Verbindung zum Gehirn als die anderen Sinne: Sie sind direkt mit der Großhirnrinde verbunden, während die anderen Sinne über den Thalamus geführt werden.

Der Geruchssinn scheint der einzige menschliche Sinn zu sein, der im Laufe der Evolutionsgeschichte abgestumpft ist: Bei Menschenaffen sind viel größere Teile des Gehirns dem Riechen gewidmet, und verglichen mit Hunden sind wir geradezu »geruchsblind«. Bei einem deutschen Schäferhund sind 30 Prozent des Großhirns dem Geruchssinn gewidmet, bei Menschen sind es weniger als 5 Prozent.

Einen anderen Hinweis auf das evolutionäre Alter des menschlichen Geruchssinns liefert die Fähigkeit von Gerüchen, intensive Erinnerungen an Gefühle auszulösen – eine Fähigkeit, die im 19. Jahrhundert Marcel Proust in seiner weitgehend

Verschiedene Zonen der Zunge sind für je eine der vier Geschmacksrichtungen bitter (lila), salzig (blau), sauer (gelb) und süß (rot) besonders empfänglich.

autobiographischen »Suche nach der verlorenen Zeit« untersuchte. Proust schrieb, daß der Geruch von *petite Madeleine*, einem Kuchen, den er als Kind gegessen hatte, Ketten von Kindheitserinnerungen auslöste. Geruchsrezeptoren sind mit dem limbischen System verbunden, das auch einige Aspekte von Gefühlen und Erinnerung steuert.

Das menschliche olfaktorische System (das Geruch regiert) ist einfach aufgebaut. Eingeatmete Luft gelangt in die Nasenhöhle und streicht über eine Gewebeschicht, das olfaktorische Epithel, die genau hinter und unter den Augen liegt. In dieser Schicht, die etwa 1 cm² groß ist, liegen viele Rezeptoren mit haarähnlichen Auswüchsen, den Zilien. Besondere Chemikalien auf den Zilien reagieren auf Geruchsstoffe in der Luft und erzeugen einen Nervenimpuls. Dieser setzt sich bis ins olfaktorische Feld der Großhirnrinde im Schläfenlappen des Gehirns fort. Hier werden verschiedene Gerüche verarbeitet und möglicherweise »wahrgenommen«.

Ein professioneller Parfumeur oder Weinkenner kann über 100 000 Aromen unterscheiden. Selbst eine normale Nase kann mehr als 20 000 verschiedene Gerüche erkennen. Doch nicht alle Stoffe können gerochen werden. Glas z. B. hat keinen Geruch, denn seine Moleküle sind zu einer festen Struktur verbunden und können nicht in die Luft freigesetzt werden.

Gerüche werden von Rezeptoren in einer Gewebeschicht am oberen Ende der Nasenhöhle, dem olfaktorischen Epithel, aufgenommen. Haarähnliche Zilien (rechts) auf den Rezeptorenzellen vergrößern deren Oberfläche, über die erstaunlich viele Aromen registriert werden können.

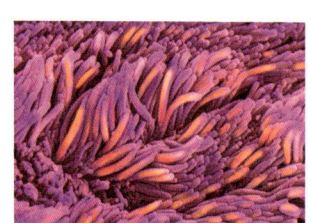

Nicht-fettlösliche Substanzen scheitern an der fettigen Deck-schicht der Geruchsrezeptoren und werden nicht wahrgenommen. Klassifizierungen von Gerüchen scheitern daran, daß es keine befriedigende Klassifizierung gibt, die sich mit jedermanns Erfahrung deckt, denn Gerüche lassen sich nicht abstrakt in Bestandteile (wie Farben) zerlegen, sondern nur im Vergleich mit früheren Geruchserlebnissen beschreiben.

Unsere Zunge verwenden wir viel mehr als unsere Nase. Die Zunge dient zum Sprechen, Schmecken und Tasten und hilft bei Schlucken und Atmen. Daher ist im somatosensorischen Feld der Großhirnrinde der Zunge so viel Platz eingeräumt (siehe S. 59): Die Bewegungen zum Essen sollten nicht mit denen zum Sprechen durcheinandergeraten. Die Zunge ist ein rauher Muskellappen, der mit kleinen Hügeln besetzt ist –

Unser Geschmackssinn sitzt nur teilweise in der Zunge: Geruch, Oberfläche und Aussehen von Nahrungsmitteln wirken mit bei der Entstehung des Gesamteindrucks von Geschmack.

den Geschmacksknospen –, in denen Büschel von Rezeptorzellen sitzen. Diese sind von kleinen Härchen bedeckt, die die Flüssigkeiten im Mund kontaktieren und darauf mit der Erzeugung von Nervenimpulsen reagieren, die über den Thalamus ins Großhirn gelangen. Verglichen mit unserem Geruchssinn ist unser Geschmackssinn grob, denn wir können nur vier Geschmacksrichtungen unterscheiden: salzig, süß, bitter und sauer. Viel der Information, die wir für Geschmack halten, kommt vom Geruch, wie jeder bezeugen kann, der einmal mit Schnupfen ein Gourmet-Menü genießen wollte.

Sensorische Deprivation

Das Gehirn ist sensationssüchtig, es fordert von den Sinnesorganen einen ständigen Informationsstrom. In einem sensorischen Vakuum, auch bei einem partiellen wie Blindheit in einem Teil des Gesichtsfeldes, kann es anfangen, zu erfinden und reale Erfahrung durch Halluzinationen und Einbildungen zu ersetzen. In Extremfällen kann es den Mangel an jeglichen Reizen als schmerzhaft, sogar als Krise erleben.

Sensorische Deprivation, also »Beraubung« von Sinneseindrücken, wurde lange als Strafe oder Folter benutzt. Der französische Safeknacker Papillon berichtete von einer Strafkolonie in den 20er Jahren, daß er nach sechs Monaten Einzelhaft in einer Dunkelzelle von endlosen paranoiden Phantasien gequält wurde. Diese Technik wird in einigen »aufgeklärten« Ländern bis heute im Strafvollzug verwendet, obwohl ihre gefährlichen psychologischen Folgen bekannt sind.

Wissenschaftliche Untersuchungen der sensorischen Deprivation lehren uns viel über die Gehirnfunktion, erklären aber – sehr praxisbezogen – auch den Streß, unter dem Gefangene und Menschen stehen, die allein leben und arbeiten. Hinter den ersten Untersuchungen standen jedoch eher fragwürdige Motive. Zwischen 1945 und 1950 war die CIA überzeugt, daß kommunistische Psychiater die Methoden der Gehirnwäsche perfektioniert hatten, indem sie Personen durch eine lange Isolation mürbe machten.

Aus Angst, das Wissen amerikanischer Wissenschaftler über Gehirnwäsche könnte dahinter zurückstehen, wurden Experimente mit sensorischer Deprivation finanziert, deren Bedeutung für die Freiheit des Westens viele ethische Bedenken vom Tisch fegte. In einer kanadischen Untersuchung kamen Testpersonen in einen dunklen, schalldichten und völlig leeren Raum. Binnen 36 Stunden hatten 25 der 29 Testpersonen Halluzinationen. Einige sahen Punkte und flackernde Lichter, andere recht komplexe Szenen, und viele verspürten einen Identitätsverlust – Erfahrungen, die denen der Schizophrenie nicht unähnlich sind. Dieses Erlebnis war so beunruhigend, daß sich die meisten Testpersonen nach 48 Stunden weigerten, sich einer weiteren Phase der Isolation zu unterziehen. Vielleicht am überraschendsten war, daß viele – obgleich sie nur eine begrenzte Zeit unter diesen Bedingungen erlebt hatten – eine Rückkehr nach außen als hochtraumatisch empfanden.

1976 nahm das Studium der sensorischen Deprivation eine Wende, als J.C. Lilly, berühmt für seine Arbeiten mit Delphinen, erklärte, ein Mangel an Reizen müsse nicht Streß bedeuten. Er brachte Testpersonen in einen dämmerigen Wassertank, und statt sie vor möglichen Traumen zu warnen, sagte er ihnen, sie würden den Versuch interessant finden. Nachher berichteten die Testpersonen über ein Nachlassen von Streß. Später durchgeführte ähnliche Untersuchungen zeigten, daß die freiwillige sensorische Deprivation zu gesteigerter Kreativität und Entspannung führen kann und Gelegenheit zu »tieferer Einsicht, Gewohnheitenumstellung und vorteilhaften selbstgelenkten Verhaltensänderungen« bietet.

Der Unterschied zwischen Lillys und den kanadischen Experimenten war das Motiv. Die kanadischen Testpersonen betrachteten die Isolation von Sinneseindrücken als etwas, das ihnen angetan wurde und das sie nicht steuern konnten. Bei Lillys Versuch war die Stimmung positiv: Die Testpersonen wirkten aktiv mit und wurden ermutigt, die Gelegenheit zu nutzen. Für Sozialpsychologen ist dies nicht überraschend, denn es zeigt nur einmal mehr, daß die Einstellung zu einem Experiment und auch die Erwartungen des Versuchsleiters enorme Auswirkungen auf die Ergebnisse haben.

Bewußtsein

Der Philosoph Ludwig Wittgenstein warnte davor, daß Sprache eine Falle sei, die zur Definition des Undefinierbaren verleite. Bewußtsein mag sehr wohl in diese Kategorie gehören, was eine ganze Reihe bedeutender Denker jedoch nicht daran hinderte, sich bereitwillig auf dieses »Rätsel, das es nicht wirklich gibt«, einzulassen.

Am Ende des 19. Jahrhunderts definierte William James (siehe S. 74) Bewußtsein als den Geisteszustand, in dem wir die verschiedenen Möglichkeiten von dem, was wir wahrnehmen könnten, abwägen. Der Neurologe Antonio Damasio meint heute, Bewußtsein sei »ein Entwurf Ihres eigenen Selbst, etwas, das Sie auf der Basis Ihres eigenen Körperbildes, Ihrer Vergangenheit und Ihrer Zukunftserwartungen ständig weiterentwickeln«. Auch wenn über die Definition von »Bewußtsein« Uneinigkeit herrscht, können wir es als den Geisteszustand ansehen, der uns gestattet, unseren eigenen Geist zu »erkennen«, über das Denken nachzudenken, uns und unsere Umgebung zu beobachten und auf dieser Basis Pläne zu machen und Hoffnungen und Ängste zu äußern.

In gewisser Hinsicht läßt sich Bewußtsein mit den philosophischen Begriffen Geist und Seele gleichsetzen. Deren lange Geschichte hat die Theorien über Art, Herkunft und Lage des Bewußtseins maßgeblich beeinflußt.

Für die alten Griechen war die Seele (oder *Psyche*) das Selbst: Sie war das den Körper belebende Prinzip. In »Über die

Während für Theologen das Bewußtsein oder die Seele von Gott gegeben war, halten es einige Neurologen nur für ein Nebenprodukt physischer und chemischer Prozesse im Gehirn. Bewußtsein geht aus Wechselwirkungen solcher Prozesse etwa derart hervor, wie die Schönheit eines Regenbogens nur die Folge des Wechselspiels zwischen Wassertröpfchen und Licht ist.

Seele« schrieb Aristoteles, die Psyche sei »die erste Wirklichkeit eines natürlichen organischen Körpers« – eine Seele zu haben heißt, einen Körper zu haben –, und er lokalisierte die Seele sogar: im Herzen. Trotz dieses anatomischen Irrtums war Aristoteles' Ansatz bemerkenswert vorausschauend, denn er versuchte, Verhalten und Gefühle in physiologischen Begriffen zu erklären: Das Kochen des Blutes rund um das Herz verursache z.B. Wut.

Mit dem Aufkommen des Christentums setzte sich bei westlichen Theologen zunehmend die Idee einer unsterblichen, unkörperlichen Seele durch. Sie gebe uns den freien Willen, die Bedrohung der Hölle, die Verheißung des Himmels, und unterscheide uns von den Tieren. Menschliche Wesen waren keine biologischen Maschinen. Der christliche Glaube an einen allmächtigen Gott prägte fraglos die Philosophie von René Descartes, dessen dualistische Theorie zum Leib-Seele-Problem das Denken von 1650 bis ins frühe 20. Jahrhundert beherrschte. Descartes' Ideen geben bis heute zu denken. Ihm zufolge enthält die Welt zwei qualitativ verschiedene Substanzen – körperliche Materie, aus denen unser Leib und Gehirn gemacht ist, und die unteilbare »Substanz« des Denkens, zu der der Geist gehört. Gehirn und Geist laufen irgendwie parallel, wenn auch der Geist vorherrscht und das Gehirn etwa so lenkt, wie ein Pilot ein Flugzeug steuert.

Trotz seiner Mängel war der Dualismus lange einflußreich (in modifizierter Form gilt er für manche Wissenschaftler und

Philosophen bis heute), selbst im alltäglichen Denken: Wenn wir sagen: »Der Geist ist willig, doch das Fleisch ist schwach«, anerkennen wir die Trennung zwischen Geist und Körper.

In dem Maße, wie Neurologen in letzter Zeit nachweisen konnten, in welcher Form Geisteszustände von Gehirnfunktionen abhängen, und Gehirnmodelle entwickelten, in denen der Begriff des »Selbst« eine rein neurale Basis hat, fiel der Dualismus in Ungnade. In diesen (hochgradig spekulativen) Modellen wird ein bestimmter Bewußtseinszustand nicht nur mit einem bestimmten Muster der Neuronenaktivität verbunden, er *ist* dieses Muster. Z. B. glaubte Francis Crick (der Mitentdecker der DNS), daß Bewußtsein aus dem gleichzeitigen raschen Feuern von Nerven in verschiedenen Hirnteilen entstehe, während der Neurologe Antonio Damasio meint, daß es durch bestimmte Nervenzentren oder Konvergenzzonen im Gehirn vermittelt wird. Nach Damasio ist Denken nicht reine Logik – das Gehirn arbeitet nicht durch die Anwendung logischer Formeln, sondern mit Hilfe typischer Bilder. In den Konvergenzzonen werden einzelne Bilder vermengt: Gedanke, Erinnerung, Erfahrung und Gefühl prallen aufeinander und kämpfen um unsere sofortige Aufmerksamkeit, und genau das macht unser Bewußtsein aus. Damasio lokalisiert diese Konvergenzzonen in der Stirnregion der Großhirnrinde, die lange als Sitz von Seele, Ego oder Persönlichkeit galt (nehmen Sie nur den Fall des Phineas Gage auf Seite 25 dieses Buches), und stützt seine Theorie auf neurologische Untersuchungen von Menschen mit Verletzungen der Stirnregion. Diese Men-

(nehmen Sie nur den Fall des Phineas Gage auf Seite 25 dieses Buches)

René Descartes (1596–1650), einer der frühesten Philosophen der Moderne, lieferte wichtige Beiträge zu Naturwissenschaft und Mathematik. Er entwickelte eine eigene rationale Methode – die Methode des Zweifels –, in der er alles in Frage stellte, das nicht zweifelsfrei war. Alles, was er hörte oder sah, konnte eine Illusion sein, doch das einzige, was er nicht bezweifeln konnte, war, daß er zweifelte. Im Zentrum seines Denkens stand ein Bewußtsein, ein »Ich«, auch wenn dieses »Ich« nur zweifelte. Das faßte er in einem der berühmtesten Sätze der Philosophie zusammen: cogito ergo sum – ich denke, also bin ich.

schen erscheinen unfähig, Gedanken mit Gefühlen zu verbinden; doch statt kaltblütig und besonnen sind sie durch ihren Mangel an Gefühl unfähig, Entscheidungen zu fällen oder mit den Dingen des Lebens fertig zu werden. Damasio hat jedoch auch Kritiker, z. B. Daniel Dennett von der Tufts University, USA, die meinen, das Bewußtsein sei nicht in einem begrenzten Gebiet der Großhirnrinde angesiedelt, sondern gehe aus der Gesamtheit der Gehirnaktivitäten hervor.

Homo sapiens heißt »wissender Mensch«. In unserem Gattungsnamen ist also die Idee des Bewußtseins, die Fähigkeit zu »wissen«, als wesentlich für unsere Identität verankert und unterscheidet uns von anderen Formen des Lebens. Doch was läßt uns so sicher glauben, daß wir das Bewußtsein nur mit unseren Mitmenschen teilen – und nicht mit anderen Tieren, Pflanzen und unbelebten Dingen? Erstaunlicherweise gibt es auf diese Frage keine überzeugende Antwort. Wir können nur

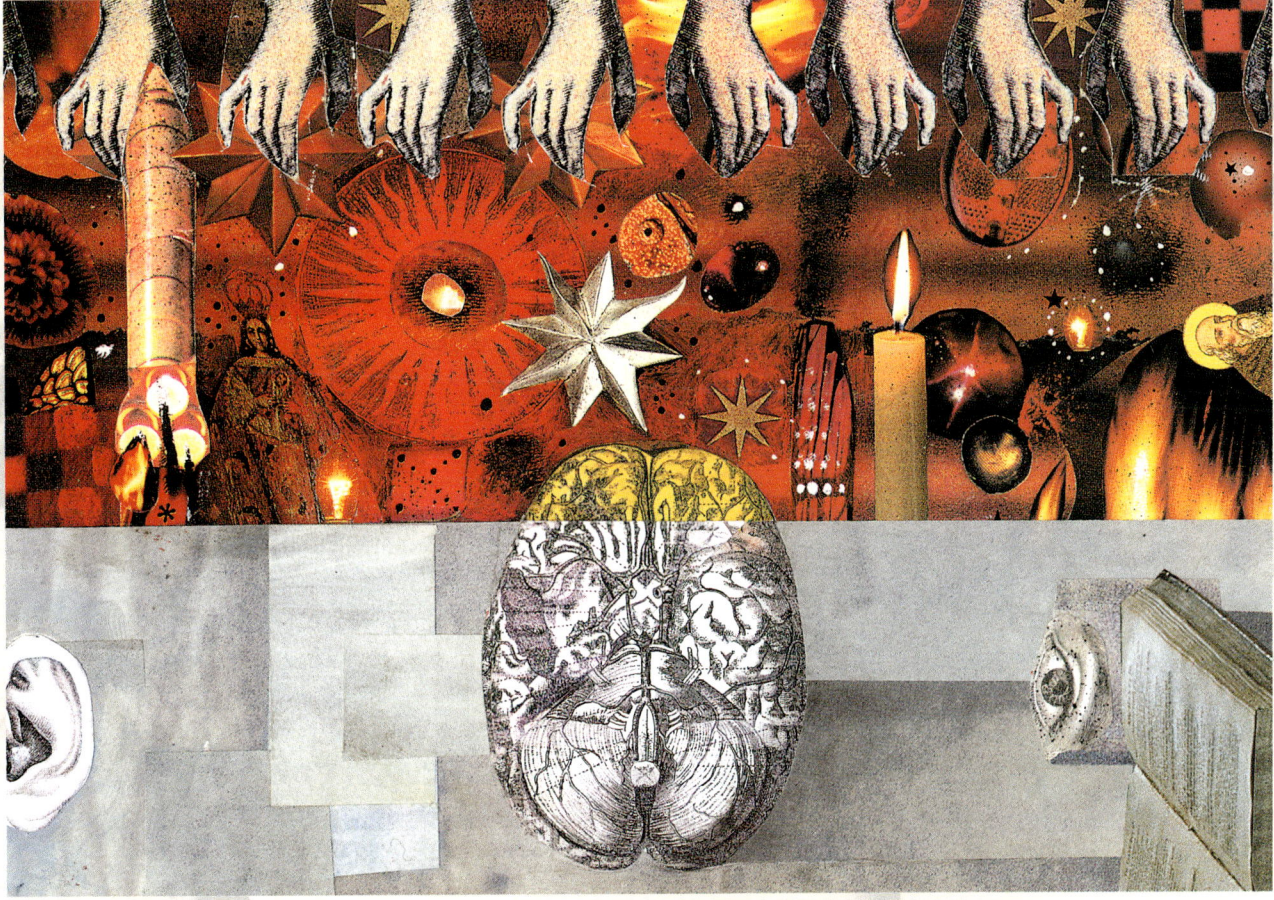

Analogieschlüsse ziehen, etwa: Da mein Geist und Bewußtsein von meinem Gehirn herkommen und da Sie ein Gehirn haben, vermute ich, daß auch Sie ein Bewußtsein haben. Ein hirnloser Kiesel hat keines. Oder: Weil Sie sich rational verhalten (auf Reize in der gleichen Weise reagieren wie ich), Informationen so weitergeben wie ich und Gefühle zeigen ähnlich wie ich, nehme ich an, daß auch Sie ein Bewußtsein haben. Daß das Beimessen von Bewußtsein von der Ähnlichkeit des Verhaltens abhängt, schlägt sich in der Art nieder, wie wir Tiere behandeln: Ein warmblütiges Säugetier wie eine Maus halten wir für »bewußter« als eine Eidechse, denn es besitzt mehr physiologische Ähnlichkeit mit Menschen.

Manche Neurologen lokalisieren Bewußtsein in den Stirnlappen des Gehirns; andere halten es für eine Leistung des Gesamthirns.

Ähnlichkeitstests werden bei der Arbeit mit künstlicher Intelligenz eingesetzt: Wenn ein Computer überzeugend wie ein Mensch reagiert, gilt er als intelligent. Doch »fühlt« der Computer bewußt? Sollten wir den Computer nur wegen seiner Intelligenz mit dem gleichen Respekt wie andere Menschen behandeln? Diese Frage wirft uns zurück auf die Frage nach der Natur des Bewußtseins und dem langen, oft bitteren Streit von Philosophen und Wissenschaftlern hierüber. Wir sollten Wittgensteins Warnung nicht vergessen.

Sprache

Angeblich unterscheidet die Sprache den Menschen vom Tier. Unser Glaube in unsere Überlegenheit wurde in den letzten 30 Jahren jedoch in Frage gestellt, als Enthusiasten zu zeigen versuchten, daß manche Primaten (und auch Delphine) entweder Sprache haben oder sie erwerben können. Ihre Arbeiten führten zu Berühmtheiten wie den »sprechenden« Schimpansen Washoe und Nim Chimpsky (eine Anspielung auf den Sprachwissenschaftler Noam Chomsky), doch trotz der intensiven Bemühungen, einzelne Tiere dazu zu bringen, zu sprechen oder Zeichensprache zu verwenden, sind die Ergebnisse enttäuschend. Nim Chimpsky z. B. konnte Zwei- oder Drei-Wort-Sätze in amerikanischer Zeichensprache verstehen und bilden; doch sein Einsatz der Sprache basierte auf Nachahmung und Wiederholung, und wenig wies darauf hin, daß er die Regeln der Grammatik begriffen hatte – nicht die einfachen Regeln von Zeichensetzung und Subjekt-Verb-Beziehung, die wir alle in der Schule lernen, sondern das Grundgerüst der Sprache, das nötig ist, um neue Sätze und Gedanken zu bilden.

Sprache ist augenscheinlich eine besondere und fast völlig

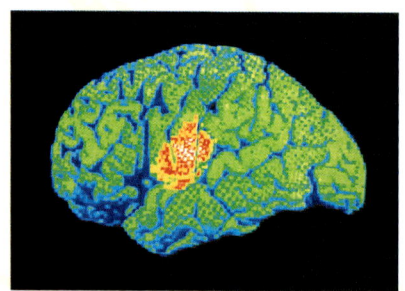

Der Gedanke, Grammatik sei angeboren, mag zunächst befremden, er stimmt jedoch mit unserem Wissen über das Gehirn überein. Seit dem 19. Jahrhundert kannten Neurologen Sprachzentren im Gehirn, wie das Brocasche und das Wernickesche Zentrum, und die moderne Technologie ermöglicht uns, die Gehirnzonen sichtbar zu machen, die beim Sprechen arbeiten. Dieses Positronen-Emissions-Tomographie-Scan zeigt die Aktivität von Sprech- und Sprachzentren im Gehirn einer Person, die eine verbale Aufgabe löst.

auf den Menschen beschränkte Leistung, und dazu eine, die sich sehr früh im Leben entwickelt. Im Alter von zwölf Monaten bringt ein helles Kleinkind ein paar Worte hervor, und mit vier Jahren sind die meisten schon in der Lage, recht komplizierte Sätze zu bilden, die sehr genau Absicht, Einsicht und Empfinden ausdrücken. Die frühe Entwicklung sprachlicher Fähigkeiten warf die Frage auf, wie sie erworben werden. Wird Sprache erlernt wie jede andere unnatürliche Handlung, z. B. Fahrrad fahren, oder ist sie irgendwie in unserem Gehirn verankert, so wie die Fähigkeit zu fliegen im Gehirn und Körper eines frischgeschlüpften Vogels?

Einige Psychologen meinten, Kinder schnappen Sprache auf, indem sie ihre Eltern und andere Menschen in ihrer Umgebung nachahmen, die in einfachen, klar modulierten Sätzen sprechen. Sicher, Nachahmung ist für manche Bereiche der Kommunikation wichtig, etwa für das Begreifen der Syntax beim Sprechen (siehe S. 80) die fast unmerklichen Zeichen, die den Rhythmus eines Gesprächs ausmachen. Doch Nachahmung ist eine zu einfache Erklärung für viele Beobachtungen: Warum beginnen

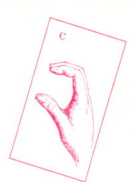

Kinder z. B. in Ein- und Zwei-Wort-Phrasen zu sprechen anstatt in ganzen Sätzen?

Nach einer Theorie des führenden Behavioristen B. F. Skinner wird Sprache (Skinner bestand auf »verbales Verhalten«) durch Konditionierung gelernt. Kinder hören andere sprechen und verbinden Laute mit bestimmten Dingen; wenn sie anschließend selbst versuchen, diese Laute auf die richtigen Dinge anzuwenden, werden sie belohnt. Durch wiederholte Belohnungen werden ihre Äußerungen den Worten und Sätzen der Sprache der Erwachsenen immer ähnlicher. Tatsächlich lehren Eltern ihre Kinder, wie man spricht. Doch eine vertraute Tatsache widerspricht diesen Lern-(und Nachahmungs-)Theorien als einzige Erklärungen für Spracherwerb: Kinder bilden oft neue und eigene Sätze, die sie nie zuvor gehört haben und für deren Verwendung sie nie belohnt wurden – sie können diese Sätze also nicht im Skinnerschen Sinne »gelernt« haben.

Im Alter von etwa sieben oder acht Monaten beginnen die meisten Babys, sinnlose Silben zu bilden. Diese sind bei allen Kindern die gleichen, egal welche Sprache ihre Eltern sprechen – es sind die Geräusche, die sprachübergreifend am weitesten verbreitet sind. Wie erklären wir dies?

Der amerikanische Linguist Noam Chomsky gab eine Antwort. In seinem wichtigen Buch »Strukturen der Syntax« (1957) zeigte er, daß es in allen menschlichen Sprachen gewisse konstante Elemente gibt, wie die Unter-

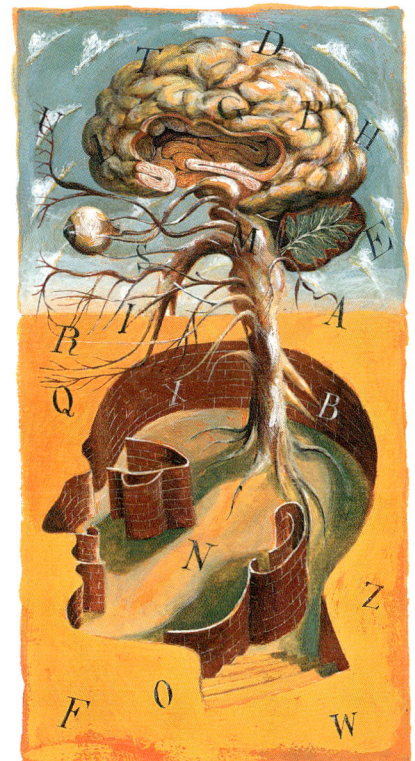

scheidung zwischen Subjekt und Objekt und zwischen Substantiven und Attributen. Für Chomsky bedeutete das Vorhandensein dieser gemeinsamen Elemente, daß die Grundstruktur aller Sprachen die gleiche ist.

Aus Chomskys Theorie folgt, daß das Gehirn eines Kindes so gebildet ist, daß es in präziser, vorgegebener Form auf diese Grundstrukturen reagiert. Das Gehirn hat die angeborene Fähigkeit, aus der gehörten Sprache erst Wörter und dann Syntaxregeln zu erkennen. Umgekehrt wird Sprache, als geistiges Konstrukt, auch um diese Grundstrukturen herum aufgebaut.

Chomskys Theorie wird durch viele Beobachtungen gestützt. Kinder aus sehr verschiedenen Elternhäusern und mit sehr unterschiedlichen Fähigkeiten lernen etwa gleich schnell sprechen, was dann zu erwarten wäre, wenn Sprache teilweise angeboren ist und nicht ausschließlich erlernt wird. Außerdem lernen taube Kinder Zeichensprache in Stadien, die denen von Kindern mit normalem Gehör beim Sprechenlernen ähneln. Und alle Kinder zeigen die Fähigkeit, ungelernte Regeln der Sprachstruktur auf neue Gegenstände und Ereignisse anzuwenden, um neue und sinnvolle Sätze zu bilden.

Menschliches Bewußtsein beruht weitgehend auf unserer Fähigkeit, symbolische Entsprechungen der Außenwelt zu bilden und zu deuten. Offenbar ist diese Fähigkeit – wie Sehen, Hören und Erinnern – nur zum Teil eine Frage des Lernens.

Wissenszustände

Die verschiedenen Bedeutungen, die wir mit »Bewußtsein« verbinden, lassen es als einen recht vagen Begriff erscheinen. Wenn wir z.B. sagen, »Hans ist nicht bei Bewußtsein«, heißt das, Hans schläft oder liegt im Koma; »Hans ist sich nichts richtig bewußt« bedeutet, er ist ein Tagträumer und paßt nicht auf; »Hans ist sich der Feindseligkeit seiner Frau nicht bewußt« besagt, daß er ihre Gefühlslage nicht spürt. Offenbar ist Bewußtsein weniger ein Seinszustand als ein Wissenszustand.

Selbst die Trennung zwischen bewußten und unbewußten Zuständen ist alles andere als scharf. Wenn ich schlafe, würden die meisten Leute meinen, bin ich nicht bei Bewußtsein. Doch ich kann träumen, daß ich eine Straße entlanggehe und mein Spiegelbild im Schaufenster sehe. In meinem bewußtlosen Zustand bin ich meiner selbst bewußt. Beim Erwachen bin ich mir der Dinge bewußt, die ich in dem bewußtlosen Zustand gedacht habe. Diese Mehrdeutigkeiten haben Psychologen dazu gebracht, von einem Kontinuum des Bewußtseins zu sprechen.

Innerhalb dieses Kontinuums ist es jedoch sinnvoll, drei Verhaltensarten zu unterscheiden. Ein Extrem ist voll bewußtes Verhalten, wenn wir die reflektive Fähigkeit des Geistes bis

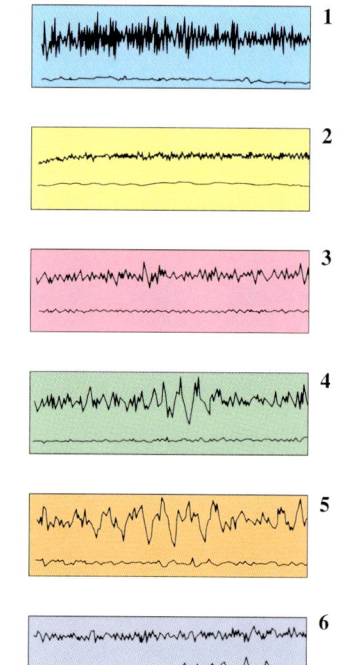

Die Schlafforschung, die in den 1930er Jahren einsetzte, zeigte, daß verschiedene Bewußtseinsstadien mit deutlichen Veränderungen der elektrischen Gehirnaktivität einhergehen. Diese Aktivität läßt sich durch Elektroden messen, die am Kopf der Testperson befestigt werden; sie registrieren die feinen elektrischen Spannungen, die die feuernden Neuronen im Gehirn erzeugen und leiten das Ergebnis an einen Oszillographen. Die dabei entstehende Zackenlinie wird Elektro-Enzephalogramm genannt, kurz EEG. Bei vollem Bewußtsein (1) registriert das EEG Gehirnströme, die 8- bis 12mal je Sekunde oszillieren. In der ersten Phase des Schlafes, einem Zwischenstadium zwischen Wachheit und Schlaf (2), werden die Wellen rascher und unregelmäßiger. In dem Maße, wie die Testperson in tieferen, traumlosen Schlaf sinkt (3, 4, 5), werden die Ausschläge immer größer und langsamer. In der Tiefschlafphase (4, 5) läßt sich die Testperson kaum aufwecken. Während des REM-Schlafes (siehe S. 114), also beim Träumen (6), ähneln die Gehirnwellen stärker denen des Wachzustands. Während des Schlafens wechseln wir rasch von einer Phase zur nächsten, und wir wiederholen dies während der ganzen Nacht.

Während des traumlosen Tiefschlafes ist der Körper entspannt und der Geist ruhig. Beim Träumen dagegen sind Gehirn, Herz und Augen sehr aktiv, der übrige Körper aber wie gelähmt.

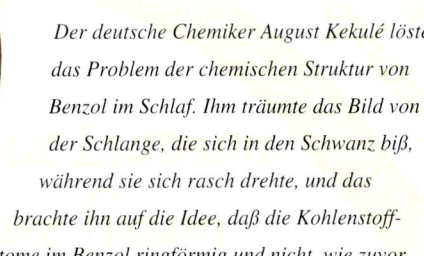

zur Grenze einsetzen, wenn wir beim Schreiben eines Briefes nach dem richtigen Wort suchen oder wenn wir einer praktischen oder mathematischen Aufgabe volle Aufmerksamkeit widmen.

Bei automatischem Verhalten sind wir bei Bewußtsein, uns aber nicht der fraglichen Handlungen oder Gedanken bewußt. Das wird manchmal vorbewußte Ebene genannt. Gehen ist ein gutes Beispiel. Ich gehe von A nach B. Wenn Sie mich fragen, ob ich von A nach B gehen wollte, werde ich das bestätigen, obwohl ich nicht auf jeden einzelnen Schritt oder das Gehen selbst geachtet habe. Nur wenn ein unerwartetes Ereignis mein Gehen unterbrochen hätte, wäre ich aufmerksamer, meiner Aktionen voll bewußt geworden. Wäre ich z. B. auf meinen Schnürsenkel getreten, hätte ich mich nach etwas zum Festhalten umgesehen, um meinen Sturz zu mildern.

Die Gedanken und Handlungen, die beim automatischen Verhalten eine Rolle spielen, sind irgendwie vom Rest des Bewußtseins getrennt. Sie sind nicht »unbewußt« im Sinne Freuds, indem sie unterdrückt sind und nur durch Psychoanalyse oder Traumarbeit zugänglich werden (siehe S. 114), da sie jeden Moment ins Bewußtsein gebracht werden können. Sie sind sich z. B. beim Sprechen oder Lesen der Bedeutung jedes einzelnen Wortes nicht bewußt, aber Sie sind in der Lage, sich bei Bedarf die Bedeutungen bewußt zu machen. Oder wenn Sie Auto fahren, sagen Sie sich auch nicht jeden einzelnen Schritt vor, doch wenn Sie das Autofahren detailliert beschreiben sollten, wären Sie dazu fähig. Automatisches Verhalten kann auch

Der deutsche Chemiker August Kekulé löste das Problem der chemischen Struktur von Benzol im Schlaf. Ihm träumte das Bild von der Schlange, die sich in den Schwanz biß, während sie sich rasch drehte, und das brachte ihn auf die Idee, daß die Kohlenstoffatome im Benzol ringförmig und nicht, wie zuvor angenommen, als gerade Kette angeordnet waren.

neben bewußtem Denken existieren: Wir können gleichzeitig Autofahren und uns unterhalten oder den Tag planen. Manchen Psychologen zufolge konzentrieren wir uns sogar besser auf kreative Aufgaben, wenn wir mit automatischem Verhalten befaßt sind. Agatha Christie erklärte, sie habe sich die meisten Krimis beim Abwaschen ausgedacht. Hercule Poirot und Miss Marple erwachten zum Leben, während sie die Hände in Seifenwasser hatte.

Die dritte Verhaltensart ist unbewußt. Freud zufolge sickert ständig Unbewußtes ins Bewußtsein, und Unbewußtes kann bisweilen die Oberhand über unser Verhalten gewinnen. Ich kann etwas tun, an das ich mich später nicht erinnern kann, einen unerklärlichen Fehler machen oder außerstande sein, zu erklären, warum ich etwas tat oder sagte. Das Unbewußte dringt auch in Gestalt von erinnerten Träumen ins Bewußtsein ein. Unbewußte Prozesse sind manchmal konstruktiv. Der französische Mathematiker Jules Henri Poincaré (1854–1912) z. B. erwachte eines Morgens und hatte als Lösung für eine Reihe komplexer mathematischer Probleme die später sogenannten Fourierschen Transformatoren entdeckt: Es kann sein, daß ihm die Antwort unbewußt kam.

Der Strom des Bewußtseins

Im Laufe der Jahrhunderte haben viele Philosophen und Psychologen versucht, die Natur des Bewußtseins zu charakterisieren. Wenige waren dabei so einflußreich wie William James (1842–1910), der seine Untersuchungen und Analysen bewußter Erfahrung 1890 in seinen »Principles of Psychology« veröffentlichte, die auch noch 100 Jahre später anregend sind.

James zufolge hat Bewußtsein vier wesentliche Eigenschaften. Erstens ist es persönlich. Jeder Gedanke gehört zu einer Person. Zweitens verändert es sich ständig. Wir können nicht zweimal in genau demselben Bewußtseinszustand sein, oder, wie James es formulierte: »Kein vergangener Zustand kann wiederkehren und mit dem, was war, identisch sein.« Dies sei an einem Beispiel erläutert. Angenommen, ich denke am Sonntag an Anna im rosa Kleid. Wenn ich am Montag wieder an Anna in Rosa denke, muß mein zweiter Bewußtseinszustand irgendwie den ersten Bewußtseinszustand von Anna in Rosa enthalten, so daß sie nicht genau gleich sein können. Drittens, argumentierte James, ist das Bewußtsein fortlaufend, und diese Kontinuität ist es, die uns unser Selbstgefühl vermittelt.

Er faßte dies im sehr passenden Bild vom Bewußtseinsstrom zusammen. So wie ein Strom ein Strom bleibt, obgleich sich das Wasser, das ihn bildet, ständig ändert, so wird unsere Identität durch den Strom der Gedanken oder des Bewußtseins gebildet. Und so, wie der Strom unaufhaltsam in eine Richtung fließt, so steht auch das Bewußtsein niemals still, sondern ist dynamisch und verändert sich von einem Augenblick zum nächsten.

Schließlich, so James, ist unser Bewußtsein selektiv, das heißt, es filtert aus den Hunderten von Eindrücken, die unser Gehirn ständig bombardieren, das Unwichtige heraus. In diesem Punkt hat sich James allerdings geirrt: Diese Filter arbeiten auf einer unbewußten und vor-bewußten Ebene (siehe S. 38).

Überzeugt, daß das Bewußtsein die Persönlichkeit zusammenhielt, ist es kein Wunder, daß James von außergewöhnlichen Fällen von Persönlichkeitsspaltung fasziniert war, in denen dieser »Kleber« offenbar versagte. 1889 erhielt er die Chance, einen solchen Fall genau zu untersuchen – die überraschende Geschichte von Ansel Bourne.

Bourne lebte als Prediger in Greene auf Rhode Island. Im Juli 1887 ging er aus dem Haus und hob 551 Dollar von der Bank ab. Seine Familie erwartete am Abend seine Heimkehr, doch er kam nicht zurück. Als sie nach ihm suchten, erfuhren sie, daß er einen Zug nach Pawtucket bestiegen hatte. Doch trotz aller Suchanzeigen in den Lokalzeitungen fanden sie keine Spur von Bourne und fingen an zu befürchten, er sei ermordet worden.

Siebzehn Tage später merkten die Bewohner des nahegelegenen Norristown, daß ein unscheinbarer Mann, Mr. Brown, einen kleinen Schreibwarenladen übernommen hatte. Er besuchte die Kirche des Ortes und überraschte die Gemeinde durch seine Beredsamkeit. Am 19. September desselben Jahres erwachte Brown in Panik. Er hatte keine Ahnung, was er in Norristown in einem Laden machte. Er erzählte den Kunden, sein wirklicher Name sei Ansel Bourne, und er sei aus Greene. Sie waren total verblüfft, doch als sie nach Greene telegraphierten, stellte sich seine Geschichte als wahr heraus.

William James interviewte Ansel Bourne. Indem er den

Robert Louis Stevensons Klassiker »Der seltsame Fall von Dr. Jekyll und Mister Hyde« erschien 1886, als die ersten Berichte über Persönlichkeitsspaltungen aus den Irrenanstalten drangen. Seine Geschichte war geprägt davon und beeinflußte zweifellos die Art, wie wir solche Fälle sehen.

Prediger hypnotisierte, nahm er rasch Kontakt mit Brown auf, der sich an alles erinnerte, was nach seiner Ankunft in Norristown geschehen war. Brown sagte, er kenne Bourne, habe aber nichts mit ihm zu tun und benahm sich dem Prediger gegenüber recht herablassend. Bourne dagegen erklärte, der Names Brown sei ihm zwar vertraut, er wisse aber nicht, wer das sein könnte. James war überzeugt, daß Bourne nicht schauspielte: Sein Geist enthielt tatsächlich zwei getrennte Persönlichkeiten.

Das Interesse an Bewußtseinsspaltungen ist in den letzten 40 Jahren gewachsen, und viele dramatische Fälle wurden bekannt. Dazu gehört der von Chris Sizemore, deren drei »andere« Persönlichkeiten – Eve White, Eve Black und Jane – Stoff des Hollywoodfilms »The Three Faces of Eve« wurden. In manchen Fällen unterscheiden sich die anderen Persönlichkeiten nicht nur im »Charakter«, sondern auch in körperlichen Eigenschaften wie Haltung, Stimme, Handschrift und sogar Gehirnströmen, Pulsfrequenz und Blutdruck. Eine der Erklärungen für diese Bewußtseinsspaltungen stammt von Frank Putnam vom National Institute for Mental Health in den Vereinigten Staaten. Er hält sie für eine Reaktion auf Kindheitstraumen. Das mißbrauchte Kind wird mit dem, was mit ihm geschieht, nicht fertig und erzeugt unbewußt eine zweite Figur. Diese wird die Person, die leidet, die geschlagen oder sexuell mißbraucht wird, und auf diese Weise muß die normale Persönlichkeit des Kindes nicht mit Angst und Schmerz fertig werden.

Selbstbeobachtung

Es gibt keine Nerven im Gehirn, die sensorische Information über Gehirnaktivitäten liefern. Das bedeutet, daß wir nicht körperlich spüren können, was wir denken. Wir selbst wissen sehr wohl, daß wir bei Bewußtsein sind. Es gibt jedoch keine Möglichkeit, das jemandem anderen überzeugend zu beweisen. Jahrelang haben Philosophen und Psychologen mit diesem Problem gekämpft und suchten nach Wegen, die Gedanken und Denkprozesse anderer Menschen – also das Bewußtsein – objektiv zu untersuchen.

Das Fehlen eines direkten Zugangs zum Gehirn ihrer menschlichen Testpersonen machte Wissenschaftlern lange zu schaffen. Sie mußten sich darauf beschränken, diese über ihre

Denkprozesse möglichst objektiv zu befragen – und das Ergebnis war unweigerlich subjektiv.

Einer der ersten, der einen wissenschaftlichen, experimentellen Zugang zur Erforschung des Bewußtseins suchte, war Sir Francis Galton (siehe S. 169). Er setzte Testpersonen einer Reihe von Reizen aus und bat sie, sich die Bilder, die sie damit verbanden, zu merken. Dann fragte er sie, wie klar und lebhaft diese Bilder waren und wie lange sie anhielten. (Dies war der erste Einsatz eines standardisierten Fragebogens in der Psychologie.) In den 1890er Jahren verfolgte eine Gruppe deutscher Psychologen einen ähnlichen Ansatz. Sie glaubten, unmittelbare Sinneswahrnehmungen seien die Grundbausteine des

Bewußtseins. Daher versuchten sie, die Eindrücke von Testpersonen, die kurzzeitig einem Reiz ausgesetzt waren (oft ihre eigenen bestens geschulten Studenten), zu beschreiben. In einem typischen Experiment sah die Testperson das Bild eines gelben Kreises aufblitzen und sollte dann ihren Eindruck beschreiben. Diese frühen Experimente ließen keine einheitlichen Schlußfolgerungen zu, denn es zeigte sich, daß nicht zwei Personen auf irgendeinen Reiz genau die gleichen Reaktionen zeigten. Wenn jemandes Mutter immer einen gelben Hut trug, reagierte er z. B. anders auf den gelben Kreis als jemand, der einen goldenen Ring als Zentrum beim Meditieren verwendete.

Mit dem Aufstieg des Behaviorismus zu Beginn des 20. Jahrhunderts kam die Selbstbeobachtung bei der Masse der Psychologen aus der Mode, denn es war nur zu deutlich, daß die Daten, die sie lieferte, auf persönlicher Erfahrung beruhten und nicht objektiv meßbar oder verifizierbar waren. Die Behavioristen trennten die Untersuchung des Bewußtseins von der Psychologie und konzentrierten sich bei ihrem Versuch, eine »richtige« Wissenschaft zu betreiben, auf Verhaltensforschung.

Andere Psychologen verwendeten weiterhin introspektive Methoden. Selbstbeobachtung wurde z. B. die Grundlage der Psychoanalyse. Freuds Methode bestand fast nur darin, den Patienten zuzuhören. Obgleich er wußte, wie leicht der Analytiker seine Objektivität verlieren konnte, sah er keinen anderen Weg zum Studium des Bewußtseins. Er verzichtete auch dar-

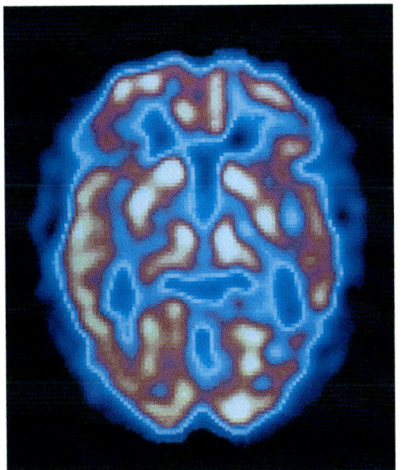

Bilder der Positronen-Emissions-Tomographie (PET) zeigen, welche Gehirnzonen zu einem bestimmten Zeitpunkt am aktivsten sind, indem sie den Energieaufwand messen – aktivere Zonen sind gelb gefärbt.

auf, den Inhalt analytischer Sitzungen objektiv zu kodieren. Carl Rogers, der Begründer einer patientenzentrierten Therapie, nahm therapeutische Sitzungen auf und analysierte sie, um den Prozeß der Therapie zu verstehen. Die Abschriften, die er in »Die nicht-direktive Beratung. Counselling and Psychotherapy« 1942 veröffentlichte, enthalten eine Fülle von Material darüber, was im Geist von Patienten vorgehen könnte. Der Rohrschach-Test (siehe S. 165) ähnelt den Untersuchungen des 19. Jahrhunderts: Patienten werden einem Reiz – dem Tintenfleck – ausgesetzt, der mehr oder minder frei ist von persönlichen Assoziationen, und aufgrund ihrer Schilderung der dadurch hervorgerufenen Gedanken wird ihre Persönlichkeit und ihr Geisteszustand beurteilt.

Seit 1960, als Psychologen klar wurde, daß ihr Fach mit den Feinheiten des Menschseins zu tun hatte, findet die Erforschung des Bewußtseins neues Interesse. Gleichzeitig waren neue Techniken zu einer quantitativen Untersuchung des Bewußtseins entwickelt worden. In den 1920er Jahren erstmals entwickelt und seither verfeinert, messen EEGs sehr genau Gehirnströme (siehe S. 72), auch wenn zu deren Interpretation noch viel zeitraubende Grundlagenarbeit nötig ist. Mit MRIs und PET-Scans (siehe S. 182 f.) lassen sich Gehirnaktivitäten bildlich festhalten. Diese Techniken können jene Art von objektiven Informationen liefern, die auch die sorgfältigste Selbstbeobachtung nie erreichte – doch ohne sehr menschliches, subjektives Denken bleibt die Bedeutung dieser Scans dunkel.

Wie Babys Bewußtsein entwickeln

Ein Neugeborenes kann kaum sehen. Es weiß nichts, kann kein Wort sprechen und hat keine Vorstellung davon, was eine Vorstellung ist. Es hat kein Gefühl für Identität. Innerhalb von 36 Monaten verwandelt sich dieses Wesen in ein redendes Kleinkind, das Gefühle hat, Pläne macht und Regeln einhält (oder, irritierender Weise, nicht einhält). Es weiß, was es jetzt will und was es in fünf Minuten will. Die meisten definieren das so: Das Kind hat Bewußtsein.

Es gibt viele Beschreibungs- und Erklärungsversuche für diesen Wandel. Sigmund Freud erklärte ihn mit der psychosexuellen Entwicklung (siehe S. 41 und S. 91), die ein Kind in Form bestimmter Phasen durchmacht, deren jede ein beherrschendes Thema hat. An Entwicklungsstufen dachte auch der große Schweizer Psychiater Jean Piaget (1896–1980), der unsere Vorstellungen darüber prägte, wie sich »Geist« und Intelligenz äußern.

Piaget hielt motorische Bewegungen für die ersten Schritte zu Bewußtsein. In den ersten zwei Lebensjahren, wenn die Babys berühren, greifen, sitzen und krabbeln, lernen sie durch diese Bewegungen, ihre Augen, Hände und andere Glieder zu koordinieren, und beginnen Intelligenz zu entwickeln. Und Koordination befähigt die Babys, Absichten zu haben: Ein Kind von neun Monaten kann mit großer Entschlossenheit zu diesem interessanten roten Ballon krabbeln. Piaget nannte diese Entwicklungsstufe die »sensorimotorische« Phase. Natürlich macht aber Koordination allein noch kein Bewußtsein aus. Auf Piagets nächster Stufe (die mit etwa 18 Monaten einsetzt) werden Kinder fähig, symbolische geistige Entsprechungen ihrer Handlungen zu setzen: Sie entwickeln Schemata oder interne Theorien darüber, wie die Welt funktioniert. Wenn das Kind auf neue Gegenstände oder Erlebnisse stößt, versucht es sie in ein bereits bestehendes Schema einzuordnen – Piaget nennt diesen Prozeß

Assimilation. Wenn der Gegenstand nicht assimiliert werden kann, wird das Schema so abgewandelt, daß die neue Information hineinpaßt – der Prozeß der Akkommodation. Kinder sehen, berühren und hören nicht passiv: Das Kind reagiert auf seine Umgebung und organisiert sich selbst als Folge der eingehenden Information ständig neu.

Menschliches Denken wäre unmöglich ohne diese Fähigkeit, Dinge und Ereignisse symbolisch wiederzugeben (besonders durch Worte und Sprache). Dank dieser Fähigkeit können wir über die reine Wahrnehmung, über das Hier und Jetzt hinaus denken. Piaget unterschied zwischen Symbolen und Zeichen. Während ein Zeichen festgelegt ist (drei rote Fahnen bedeuten immer »feindliche Schiffe am Horizont«), ist ein Symbol nicht so streng. Wenn ein Kind ein Geräusch lernt (oder erfindet), das »Flasche« symbolisiert, kann es dieses Geräusch machen, auch wenn keine Flasche da ist, etwa, um Freude oder ein Verlangen auszudrücken. Und für ein spielendes Kind kann ein Baustein gleichermaßen Auto oder Soldat sein (nicht alle Symbole sind Worte).

Piaget zufolge beruhen Intelligenz und Bewußtsein eines Babys auf Assimilation, Akkommodation und einer wachsenden Fähigkeit zu symbolisieren. Er betrachtet das Kind als kleinen Wissenschaftler, der interne Hypothesen überprüft, indem es seine Umgebung manipuliert, und das dann auf der Grundlage der Ergebnisse seiner Versuche Ideen (Schemata) bildet. Piaget entwickelte diese Theorien nach jahrelanger Beobachtung von Kindern, auch seiner eigenen, und er hielt Kleinkinder für Egozentriker, die anderer nicht wirklich bewußt sind. Viele Kritiker halten sein Modell jedoch für einseitig, da es ignoriere, daß Babys soziale Wesen sind. Studien zufolge können Babys sehr früh schon echte Sozialkontakte mit ihren Eltern und anderen Kindern aufbauen und

Die Bewußtseinsbildung beim Kind erfolgt über etliche klare Meilensteine:

1. *Das Kind lernt, seine Bewegungen zu koordinieren und zu kontrollieren, indem es Dinge anfaßt und fallen läßt.*

2. *Das Kind lernt, daß es eine Grenze zwischen sich und anderen gibt.*

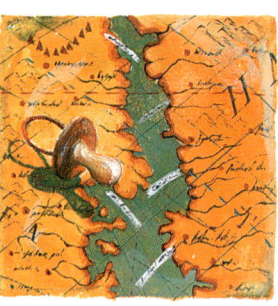

sind viel sensibler gegenüber anderen und weniger egozentrisch, als Piaget glaubte. Selbstgefühl und Bewußtsein eines Kindes entwickeln sich nicht nur durch Versuch und Schemabildung, sondern auch in Interaktionen mit seinen Eltern, Geschwistern und anderen Menschen.

Erst in den 70er Jahren griffen psychologische Theorien die Bedeutung der Sozialkontakte für die Entwicklung auf. Viele halten diesen Ansatz für wesentlich lebensnäher. Schließlich leben Menschen meist nicht isoliert. Wir leben in Gruppen, wir wachsen in Familien auf, wir bilden als Kinder mit unseren Freunden »Banden«. Da wir soziale Wesen sind, ist es kein Wunder, daß unser Selbstgefühl durch die Art unserer Beziehungen zu anderen heranwächst.

Es gibt Anzeichen dafür, daß wesentliche Schritte bei der Entwicklung von Bewußtsein von Sozialkontakten abhängen.

Die Fähigkeiten zur Wahrnehmung von Dingen, von der Grenze zwischen sich und anderen, zu kommunizieren, zu argumentieren und Ziele zu haben, werden zum Teil durch die Gegenwart anderer vermittelt. Z.B. sehen die meisten Eltern (mit gewissem Stolz), daß ihr Neugeborenes ihren Gesichtsausdruck nachahmt, und mit drei Monaten kann das Baby auf eigenartiges, ungewohntes Verhalten mit dem »passenden« Ausdruck von Angst oder Weinen reagieren. Das läßt darauf schließen, daß Babys schon sehr früh lernen, feinste Stimmungsschwankungen wahrzunehmen und auszudrücken.

Ein Kind lernt von seinen Eltern auch die verborgenen Gesprächsregeln – wann es reden und wann es zuhören muß, den Rhythmus eines Gesprächs –, die genauso wichtig sind wie einzelne Wörter, die es allmählich lernt. Diesen Rhythmus bestimmen viele feine Hinweise – Blickkontakt und leichtes

5. *Das Kind entwickelt ein Körperbild und erkennt sein eigenes Spiegelbild wieder.*

6. *Das Kind fängt an zu zeigen – was für das Sprechen elementar sein dürfte, denn erst zeigen wir, dann benennen wir.*

3. *Das Kind lernt, Mutter, Vater und andere wichtige Menschen wiederzuerkennen.*

4. *Das Kind erkennt seinen eigenen Namen.*

Kopfnicken –, die das Baby lernt, wenn es mit Mutter und Vater Babysprache »spricht«. Analysen solcher Dialoge ergaben, daß das Kind bereits mit zwei Monaten einige Muster von Erwachsenengesprächen zu begreifen scheint.

Bei Untersuchungen des »Kuckuck«-Spiels zeigte sich, wie Kinder durch spielerischen Kontakt mit ihren Eltern Wünsche und Pläne entwickeln. Jerome Bruner beobachtete 1983 Jonathan vom fünften bis zum neunten Lebensmonat beim Spielen. Mit fünf Monaten reagierte er, wenn seine Mutter mit dem Kuckuck-Spiel begann, fing jedoch nicht von sich aus damit an. Mit neun Monaten konnte Jonathan seiner Mutter zeigen, daß er spielen wollte: Er wurde sich seines Wunsches zu spielen und seiner Fähigkeit bewußt, seine Mutter zum Spielen zu bringen.

Die Rolle von Nachahmung und Spiel ist für die Bewußtseinsbildung wesentlich (siehe S. 83). Wie der Psychoanalytiker D. W. Winnicott sagte: »Weitgehend durch das Spielen ... beginnt das Kind, anderen eine unabhängige Existenz zuzugestehen.« Spiele helfen Kindern festzustellen, daß es eine Grenze zwischen ihnen, ihren Eltern und dem Rest der Welt gibt. Danach sind sie bereit für den nächsten wesentlichen Schritt – zu merken, daß andere Menschen sich ihrer selbst genauso bewußt sind wie sie selbst und eigene Ansichten, Gedanken und Wünsche haben. Der amerikanische Psychologe Henry Wellmann konstatierte diese Fähigkeit bei Dreijährigen, die fähig sind, Situationen aus dem Blickwinkel der anderen zu sehen, wenn sie ihnen erklärt werden.

Diese Tatsachen bestätigen, daß Kinder weniger egozentrisch sind, als Piaget glaubte, und daß sie viel früher als lange angenommen erwachsenes Bewußtsein entwickeln, auch wenn sich dieser Übergang nicht eindeutig festmachen läßt.

7. *Das Kind beginnt Sätze zu verwenden, die mit »Ich« anfangen.*

8. *Das Kind merkt, daß andere Menschen Gedanken und Ziele haben, die sich von seinen eigenen unterscheiden.*

Lügen und Rollenspiele

Als Shakespeares König Richard III. grübelte, »Wie, ich kann lächeln und morde doch dabei«, bestätigte er die extreme Natur unserer Fähigkeit zu lügen. Lügen ist einer der großen Triumphe des menschlichen Selbstbewußtseins, denn dazu müssen mindestens drei widersprüchliche Elemente gleichzeitig im Gehirn präsent sein. Wenn ich eine Unwahrheit sage, muß ich wissen, daß ich A sage; ich muß wissen, daß ich A nicht glaube; und ich muß wissen, daß ich in Wirklichkeit B glaube.

Die meisten Kinder beginnen im dritten Lebensjahr zu lügen. Zunächst leugnen sie einfach: Auf die Frage, ob es seinen Bruder geschlagen habe, antwortet das Kind mit »Nein«. Oft verrät es sich, indem es in dem Moment, in dem es die Lüge ausspricht, nervös lacht, und die Körpersprache entlarvt seine Lügen auch dann noch, wenn es älter wird. Drei- und Vierjährige halten beim Schwindeln oft die Hand vor den Mund – der Mund muß versteckt werden, denn er sagt nicht die Wahrheit. Fünfjährige wissen bereits, daß etwas so Offenkundiges deutlich macht, daß sie lügen, doch viele verraten sich immer noch durch Signale der Körpersprache – sie sehen auf ihre Füße oder vermeiden Blickkontakt, fast als wären sie nicht fähig, zwei verschiedene Gedanken gleichzeitig im Kopf zu haben. Überzeugende Lügner werden Kinder erst mit acht Jahren oder später.

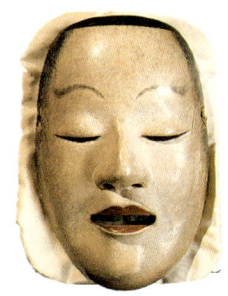

Auch bei Erwachsenen bietet der Körper Hinweise darauf, ob eine Person lügt oder nicht. Wie Kinder sehen viele beim Lügen weg; oft schauen sie nach unten und ein wenig links oder rechts neben ihre Füße. Zusätzlich verrät der Gesichtsausdruck den Lügner, wie Studien zeigten. Während ein ehrlicher Gesichtsausdruck symmetrisch ist, sind falsche asymmetrisch –

doch selbst die genauesten Beobachter erkennen das nicht jedesmal.

Trotz derartiger Schwierigkeiten kann der Gesichtsausdruck ein besseres Anzeichen für Ehrlichkeit sein als Polygraphen (Lügendetektoren). Diese Geräte messen physische Anzeichen von Streß wie Pulsschlag, Atmung und die elektrische Leitfähigkeit der Haut. Polygraphentests messen das Streßniveau, das meist durch verschiedenartige Fragen erzeugt wird, von denen einige offenkundig harmlos sind (Wann wurden Sie geboren?) und manche etwas schwieriger (Haben Sie die Bank überfallen?), und die Ergebnisse werden von geschultem Personal ausgewertet. Doch garantieren Streßgefühle nicht, daß jemand lügt, und auch der erfahrendste Leser kann einen ausgekochten Lügner nicht erkennen, der völlig streßfrei lügt.

Eng verbunden mit unserer Fähigkeit zu lügen ist unsere Fähigkeit zum Rollenspiel, obgleich es einen wichtigen Unterschied gibt. Lügen hat mit Heimlichkeit zu tun, während Rollenspiel eine offene Verschwörung ist, und es spielt in unserer Entwicklung eine wichtige Rolle. Kinder lernen, Rollen zu spielen und bei anderen zu erkennen, noch ehe sie lügen lernen – im Alter von etwa 15 Monaten. Oft sieht man, wie das Kind zu Beginn eines Rollenspiels ein übertriebenes Spielgesicht aufsetzt, ein nonverbales Signal: »Dies ist jetzt nicht echt.« Auch Erwachsene haben ihre »Rollenspiele« zum Festigen enger emotionaler Beziehungen. Oft sind sie kindhaft, vielleicht da Erwachsene in einer engen Beziehung die Vertrautheit anstreben, die sie als Kinder mit ihren Eltern verband.

Ab einem Alter von etwa 15 Monaten können die meisten Kinder Rollen spielen und auf die Rollen anderer angemessen reagieren.

Psychologen hielten Rollenspiele für ein interessantes, doch relativ unbedeutendes Verhalten, doch inzwischen wird seine zentrale Bedeutung für das Erlernen vieler sozialer und Erkenntnisfähigkeiten deutlich. In Rollenspielen testen Kinder ihre eigene Persönlichkeit aus – wenn ein Kind spielt, es sei Superman, dabei aber weiß, daß es spielt, dann lernt es etwas darüber, wer es wirklich ist.

Dieser Gedanke wird durch neueste Arbeiten über Autismus (wörtlich »Selbstbezug«) bestätigt, an dem 0,04 Prozent der Kinder leiden. Autistische Kinder entwickeln sich meist normal, bis sie etwa zwei Jahre alt sind, dann ziehen sie sich extrem zurück (vermeiden Blickkontakt, umarmen sich selbst und zucken vor Berührungen zurück) und entwickeln keine normalen sozialen und sprachlichen Fähigkeiten.

Frühe Theorien über Autismus, die ihn auf Gefühlskälte der Mütter zurückführten, die ihre Kinder nie umarmt haben, sind längst widerlegt, doch es ist weiterhin ungeklärt, ob Autismus seelische oder körperliche Ursachen hat. Einer Theorie zufolge fürchten sich autistische Kinder vor den typischen Spielanreizen – besonders vor Lärm. Und während sie mit Spielzeug ziemlich normal spielen, ist es ihnen unmöglich, eine Rolle zu spielen. Forscher wie Uta Firth und Simon Baron Cohen von der Cognitive Development Unit in London meinen, dies sei ein Kern des Autismus, denn eine Methode, durch die wir Sozialverhalten lernen, ist durch Rollenspiele: Die mangelnde Fähigkeit hierzu verhindert unsere soziale und emotionale Entwicklung.

Gedächtnis und Vergessen

Wie kann ich wissen, wer ich bin, wenn ich vergessen habe, was ich tat? Diese Frage weist auf die zentrale Rolle hin, die das Gedächtnis für unser Identitätsgefühl spielt. Es verbindet Bewußtseinsfragmente und befähigt uns, Geschichten aus unserem Leben zu formen. Kein Wunder: Es hat das Interesse von Psychologen und Neurologen geweckt, die seine Besonderheiten beschreiben und seine biologische Basis finden wollten.

Einer der ersten, die das Gedächtnis wissenschaftlich untersuchten, war der deutsche Psychologe Hermann Ebbinghaus zu Ende des 19. Jahrhunderts. Ebbinghaus experimentierte mit sich selbst, untersuchte, wie er »neutrale« Informationen behielt und vergaß, z. B. sinnlose Silben – Buchstabengruppen wie VRA und GOJ, die er für bedeutungslos hielt. Er glaubte, durch die Trennung der Erinnerungen von Bedeutung einige Grundgesetze aufstellen zu können, die den Prozeß des Erinnerns und Vergessens beschreiben und quantifizieren würden.

Ebbinghaus' Ansatz wurde deshalb kritisiert, weil Gedächtnis deutlich von unserer intellektuellen und emotionalen Reaktion auf Reize beeinflußt wird, die Assoziationen in uns wecken – wir merken uns den Namen einer flüchtigen Partybekanntschaft viel wahrscheinlicher, wenn sie wie unsere Mutter heißt. Es ist unmöglich, alle derartigen Assoziationen aus Wortgebilden zu entfernen, auch nicht aus scheinbar neutralen wie sinnlosen Silben. Dennoch basieren die meisten Untersuchungen bis heute auf dieser Methode; nur wenige gehen einen anderen Weg. Z. B. untersuchte Marigold Linton von der University of Arizona das Gedächtnis anhand ihres eigenen Lebens und fragte kritisch alltägliche Ereignisse ab. – Mit wem spielte sie Tennis? Ging sie zum Zahnarzt oder auf die Bank? (Siehe gegenüber.)

Obgleich die Existenz »neutraler« Reize heute bezweifelt wird, trug Ebbinghaus viel zu einer wissenschaftlichen Untersuchung von Gedächtnis bei, und diese führte zu einigen wichtigen Ergebnissen.

Wohl das bekannteste darunter ist die Trennung zwischen Langzeit- und Kurzzeitgedächtnis. Das Kurzzeitgedächtnis behält Informationen rasch und vorübergehend. Hier speichere ich Ihre Telefonnummer, wenn Sie sie mir sagen, weil ich Sie sofort zurückrufen will. Wenn ich vor dem Rückruf auch nur ein paar Sekunden lang abgelenkt werde, kann die Nummer sehr wohl aus meinem Bewußtsein verschwinden. Genau das ist nicht der Fall, wenn ich sie auswendig lerne und leise immer wieder wiederhole.

Psychologen wie Ebbinghaus zeigten einige Eigenheiten des Kurzzeitgedächtnisses auf. Erstens scheint es nur fünf bis neun Informationen gleichzeitig aufnehmen zu können (meistens sieben). Das ist fast so, als wäre es ein Brieffach mit sieben Schlitzen; sobald es voll ist, wirft jeder Neuzugang eine ältere Information hinaus und löscht sie endgültig. Die Gesamtmenge an Informationen im Kurzzeitgedächtnis läßt sich durch Verknüpfungen erhöhen. Das Speichern und Behalten der trockenen Buchstabenfolge SELETOTSIRA fällt uns leichter, wenn wir merken, daß sie von hinten gelesen ARISTOTELES ergibt, denn so können wir sie als eine Information speichern. Nicht

8 7 6 5 4 3 2

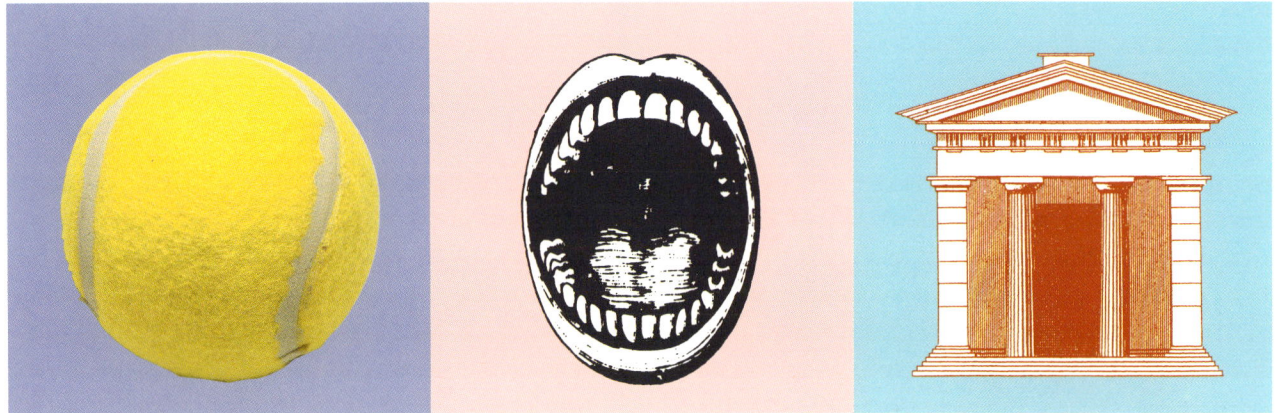

benötigte Informationen verschwinden mit der Zeit aus dem Kurzzeitgedächtnis – sofern sie nicht durch Wiederholung eintrainiert und dadurch mit »voller Kraft« gespeichert werden.

Zweitens arbeitet das Kurzzeitgedächtnis weitgehend akustisch. Um uns eine Telefonnummer zu merken, merken wir uns die Ziffern nicht nach ihrer Form (die 4 als eckig) oder durch Assoziationen (3 goldene Haare), sondern durch den Klang der gesprochenen Zahlenfolge. Das unterscheidet Kurz- von Langzeitgedächtnis, wo Information über ihre Bedeutung gespeichert wird.

Nonverbale Reize wie Bilder und Symbole lassen sich im Kurzzeitgedächtnis nicht wie Klänge speichern, daher werden sie anders verarbeitet. Wenn wir ein Foto kurz ansehen, können wir einige Sekunden später einige Details wie von einer »geistigen Skizze« abrufen. Daß optisches und akustisches Gedächtnis offensichtlich getrennt existieren, veranlaßte Experten

Marigold Linton untersuchte das Gedächtnis, indem sie bei sich selbst objektive Methoden anwandte. Täglich schrieb sie drei wichtige Ereignisse auf und wollte Monate später nachschauen, ob sie sich daran erinnern konnte. Sie stellte fest, daß sie nur sechs Prozent der Information im Laufe eines Jahres vergaß, daß sie aber den Rest allmählich durcheinanderbrachte. Offenbar vermischen wir Informationen im Langzeitgedächtnis allmählich, ohne sie aber völlig zu vergessen.

Ein eigenartiges Phänomen ist das situationsabhängige Lernen. An Dinge, die wir in einer besonderen Umgebung gelernt haben, erinnern wir uns etwas besser, wenn wir wieder im gleichen Umfeld sind wie beim Lernen. Experimente zeigten, daß Tiefseetaucher sich an Tatsachen, die sie unter Wasser lernten, besser erinnern, während sie tauchen – und im Suff erhaltene Informationen fallen einem leichter ein, wenn man wieder betrunken ist.

7

wie Alan Baddeley dazu, Modelle vom Kurzzeitgedächtnis zu entwickeln. Baddeley zufolge besteht es aus drei Teilen. Der erste ist eine artikulatorische Schleife, in der Worte und Klänge bis zu zwei Sekunden lang gespeichert werden. Wenn Sie mir Ihre Telefonnummer geben, wird sie zuerst hier gespeichert. Wenn ich sie mir wiederhole, füttere ich sie neu in die Schleife und steigere die Stärke der Erinnerungsspur. Der zweite Teil ist der visospatiale Notizblock, der optische Eindrücke etwa fünf Sekunden lang speichert. Der dritte ist eine Zentrale, die die Gesamtaktivität des Kurzzeitgedächtnisses koordiniert.

Im Langzeitgedächtnis speichern wir Informationen, die wir Minuten, Stunden oder Jahre zuvor aufgenommen haben. Vom Kurzzeitgedächtnis unterscheidet es sich dadurch, daß sie hier statt akustisch vielmehr semantisch, also nach ihrem Sinn gespeichert werden. Ein Student merkt sich den Sinn des Inhalts seiner Skripten und nicht so sehr deren Klang oder Schriftbild. Und es ist jedem vertraut, daß sich Informationen, die mit Sinn verbunden sind, leichter behalten lassen. Um einzelne Fakten zu behalten, verwenden viele Menschen mnemonische Techniken, die isolierte Einzelinformationen zu einem Satz oder einer Geschichte verweben (siehe Kasten rechts). Das heißt nicht, daß das Langzeitgedächtnis nur Inhalte speichert (wir können Gedichte auch auswendig lernen, ohne ihre Bedeutung zu erfassen), sondern lediglich, daß es sinnvolle Zusammenhänge am besten speichern kann.

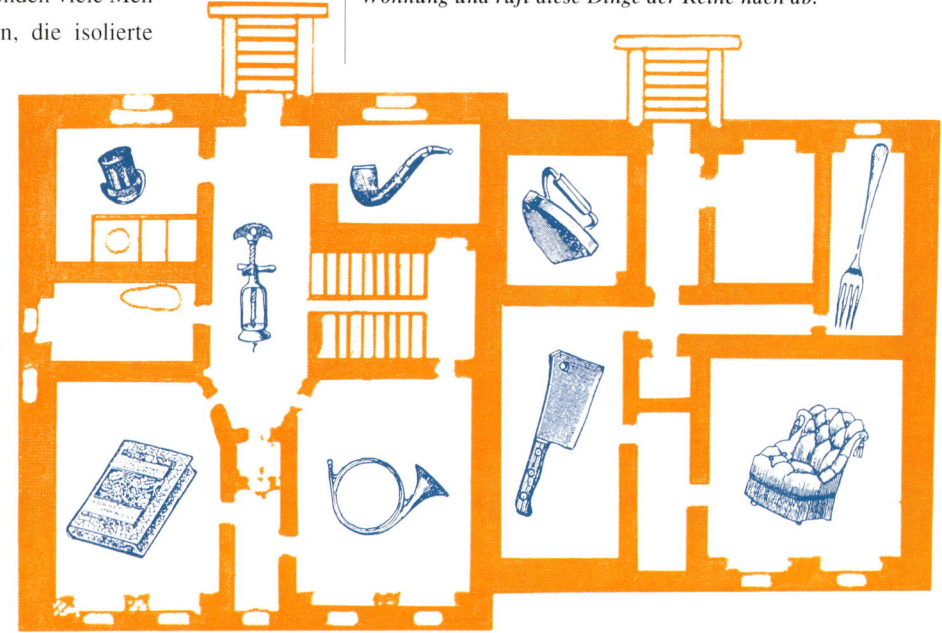

Lang- und Kurz-zeitgedächtnis arbeiten nicht isoliert, sondern müssen irgendwie ver-bunden sein, sonst könnten wir keine neuen Informationen speichern. Manche glauben, Inhalte werden durch Wiederho-lung vom Kurz- ins Langzeitgedächtnis übertragen: Wenn wir etwas im Kurzzeitgedächtnis wiederholen, bleibt es länger haf-ten und hat größere Chancen, in den Langzeitspeicher über-nommen zu werden. Andere meinen, wichtig seien sinnvolle Verknüpfungen zwischen den Dingen im Kurzzeitgedächtnis und unserem vorhandenen Wissen: Sie erleichtern den Einbau neuer Fakten in bestehende Informationshierarchien im Lang-zeitgedächtnis.

Auch wenn noch nicht klar ist, wie diese Übertragung funk-tioniert, wissen wir etwas über ihre Neurologie. Richard Morris von der Universität Edinburgh machte Versuche mit Ratten, die zeigten, daß der Hippocampus, eine Struktur unterhalb des Großhirns, eine wesentliche Rolle bei der Bewahrung von Erinnerungen spielt. Ratten wurden in ein großes Wasser-becken gesetzt, in dessen Mitte eine Insel versteckt war. Da Ratten nicht gern schwimmen, waren die meisten erleichtert, die versteckte Insel zu finden, auf der sie stehen konnten. Beim ersten Mal, wenn sie ins Wasser gesetzt wurden und die Insel fanden, merkten sich normale Ratten eine Art »Karte« des Tanks, so daß sie die Insel beim nächsten Mal wesentlich schneller fanden. Doch wenn ihr Hippocampus operativ ent-fernt wurde, brauchten sie bei jedem neuen Versuch wieder gleich lang, um sie zu finden – sie waren offenbar unfähig, sich die Anordnung des Beckens zu merken, was die Aufgabe beschleunigt hätte.

Nur wenige Leute vergessen ihren ersten Kuß. Erinnerungen im Langzeitgedächtnis sind erstaunlich hartnäckig, vor allem, wenn sie emotionsgeladen sind.

Der Physiologe und Nobelpreisträger Sir John Eccles berichtete mir ein Ereignis von vor 88 Jahren, als er kaum drei Jahre alt war und im australischen Busch lebte. Er erinnert sich genau, wie er mit seinem Vater rasch das Haus verlassen mußte und wie sie den Arzt trafen, der auf ihr Haus zuritt. Es zeigte sich, daß an diesem Tag seine Schwester zur Welt kam. Vielleicht bleiben solche Erinnerungen bestehen, weil wir sie ständig hervorholen, doch manche Psychologen glauben, daß emotionale Erinnerungen anders gespeichert werden als neutrale.

Trotz der deutlichen Unterschiede zwischen Lang- und Kurz-zeitgedächtnis ist keineswegs gesagt, daß sie in verschiedenen Gehirnteilen »sitzen« müssen. Die Frage, ob Gedächtnis an bestimmten Teilen des Gehirns lokalisiert ist oder über das gesamte Organ verteilt ist, ist noch nicht schlüssig beantwortet. Es gibt grob gesagt zwei rivalisierende Theorien. Die »Feld«-Theorie entwickelte Karl Lashley, ein Schüler von John B. Wat-son (dem Begründer des Behaviorismus), der Ratten beibrachte, ein Labyrinth zu durchlaufen. Als kleine Bereiche seiner Groß-hirnrinde entfernt wurden, vergaß das Tier den Weg durch das Labyrinth nicht völlig, sondern proportional zur entfernten Menge an Großhirnrinde, was darauf schließen läßt, daß die Erinnerung an das Labyrinth nicht in einer bestimmten Neuro-nengruppe, sondern über das ganze Gehirn verteilt gespeichert war. Lashleys Modell wurde damit verglichen, wie eine Holo-gramm-Platte ein dreidimensionales Bild speichert (Informatio-nen über jeden Teil des Bildes werden in allen Teilen der Platte

gespeichert, so daß Schäden an einem kleinen Teil der Platte nicht zum Verlust eines kleinen Teils des Bildes führen, sondern das ganze Bild wird schwächer). Diese Theorie wird eher von Informatikern als von Neurologen gestützt; von diesen würden viele die »Gruppen«-Theorie unterschreiben, die Donald Hebb und Wilder Penfield in den 40er Jahren entwickelten.

Hebb glaubte, Erinnerungen würden in Neuronengruppen bewahrt, die untereinander durch Synapsen verbunden sind (siehe S. 27), und diese Kombination könne durch Erfahrung modifiziert werden. Ein bestimmter Inhalt (wie der Name Ihres Hundes) wäre in einer bestimmten Gruppe bewahrt. Hebb sprach von Zellgruppen, wir würden heute neuronales Netzwerk sagen. Die Arbeit des Neurochirurgen Wilder Penfield unterstützte Hebbs Gruppentheorie. Im Zuge einer Operation zur Linderung von Epilepsie stimulierte Penfield Teile des Schläfenlappens elektrisch und stellte fest, daß dies bei seinen nur örtlich betäubten Patienten, die also bei Bewußtsein waren, bestimmte Erinnerungsreihen auslöste.

Wenn es zutrifft, daß bestimmte Erinnerungen an bestimmte Zellgruppen geknüpft sind, könnte man erwarten, daß es in diesen Zonen biologische Veränderungen gibt, wenn eine neue Erinnerung aufgenommen wird. Ein Lernversuch bei Küken zeigte genau solche Veränderungen. Vom Moment des Schlüpfens an erkunden Küken ihre Umgebung. Beim Aufpicken von Gegenständen vom Boden lernen sie, Eßbares von Ungenießbarem zu unterscheiden. Eine Gruppe von Neurologen bemerkte, daß dieser Lernprozeß von einer erheblichen Zunahme der Vesikel – der Neurotransmitter enthaltenden Bläschen in der Synapse – in Teilen des Vorderhirns begleitet wird. Wenn diese Teile operativ entfernt werden, kann das Küken nicht mehr

Früher wurde geglaubt, Erinnerungen seien besondere Moleküle und durch Übertragung dieser Substanzen von einem Gehirn zum anderen könnten Erinnerungen buchstäblich transplantiert werden. Das Gedächtnis hat zum Teil eine biochemische Basis, ist aber schwerer zu verstehen und zu manipulieren.

zwischen Nahrung und Nicht-Nahrung unterscheiden lernen. Das bestätigt die Hypothese, daß dieses Unterscheiden-Lernen neue Neuronengruppen im Vorderhirn des Kükens bildet.

Lernen erhöht also einerseits die Zahl der Vesikel in einer bestimmten Synapse, Lernen bewirkt aber auch biochemische Veränderungen, die es einem Neuron erleichtern zu feuern. Es ist, als würde sich das Neuron an ein vertrautes Muster »erinnern«, gemäß dem es mit hoher Wahrscheinlichkeit wieder feuert. Einige Neurologen wollen hierin einen Ansatz von Gedächtnis erkennen. Der präzise biochemische Mechanismus, der hier wirkt (die Langzeiterregung), wurde bereits auf Seite 29 beschrieben. Hier sei dazu nur gesagt, daß dazu die Anwesenheit bestimmter Rezeptoren (NMDA-Rezeptoren) an den betroffenen Synapsen erforderlich ist. Diese Rezeptoren sind in Neuronen der Großhirnrinde und besonders zahlreich im Hippocampus vorhanden, der Gehirnstruktur, die eng in die Bildung von Erinnerung eingebunden ist.

Gedächtnis ist eine der höheren Gehirnleistungen und für eine normale Gehirnfunktion und das Phänomen des Bewußtseins wesentlich. Es ist daher ein wichtiger Durchbruch, daß Wissenschaftler erkannt haben, wie biologische und biochemische Veränderungen die Art beeinflussen, in der wir Ereignisse als Erinnerungen speichern, und wie diese Erinnerungen miteinander verknüpft sind.

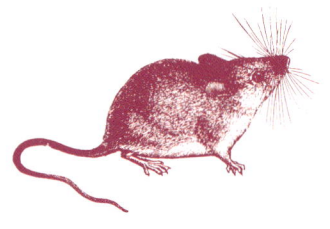

Persönlichkeit

Die Persönlichkeitstheorie ist ein Gebiet der Psychologie, das begeistert von der Populärwissenschaft übernommen wurde. Oft beschreiben Leute ihre Freunde als introvertiert oder extrovertiert (von C.G. Jung verbreitete Begriffe) oder als anal oder oral fixiert (der Freudschen Theorie entlehnt), und viele Zeitschriften laden uns ein: »Testen Sie Ihre Persönlichkeit!«

Unser Interesse an Persönlichkeit – der Begriff, den wir zur Beschreibung des besonderen »Stils« einer Person, zu denken und sich zu verhalten, verwenden – geht auf die alten Griechen zurück. Etwa 400 v. Chr. schrieb der Arzt Hippokrates, die Persönlichkeit werde von den Körpersäften eines Menschen bestimmt, und er stellte vier verschiedene Charaktere heraus: cholerisch (wütend), wegen zuviel gelber Galle; melancholisch (traurig)

Nach Eysencks Theorie der Persönlichkeitsmerkmale sind Extrovertierte sozial, impulsiv, sensationslüstern, optimistisch und neigen dazu, aus Nachlässigkeit Fehler zu machen; Introvertierte sind eher übertrieben genau, zurückhaltend, passiv. Stabile Persönlichkeiten sind ruhig, gute Führer, können Verantwortung übernehmen; instabile sind ruhelos, leiden unter Stimmungsschwankungen, haben wenig Durchhaltevermögen.

wegen zuviel schwarzer Galle; phlegmatisch (träg) wegen zuviel luftigen Schleims; und sanguinisch (heutzutage wäre das »gut angepaßt«) wegen starken Blutes. Die griechische und mittelalterliche Philosophie betrachtete diese Typen als exklusiv: Man war Choleriker, oder man war es nicht; die Vorstellung, daß man es je nach Situation sein konnte, gab es nicht.

PERSÖNLICHKEITSTESTS

Objektive Persönlichkeitstests verwenden Hunderte einfacher Fragen mit Ja/Nein- oder Richtig/Falsch-Antworten. Die Antworten der Testperson werden mit einem Normbeispiel verglichen, um für jedes Persönlichkeitsmerkmal eine eigene Bewertung zu bekommen. Die kombinierte Analyse kann graphisch dargestellt werden, um eine optische Skizze dieser Persönlichkeit zu erhalten. Die Fragen lauten etwa wie folgt: Gehen Sie gern auf Partys? Reden Sie gern mit Fremden? Halten Sie sich für schüchtern?

Manche Psychologen kritisieren diese Fragebögen, denn sie sind vom wirklichen Leben zu weit weg, und die Auswahl der

Antworten ist zu begrenzt. Z. B. kann ich nicht gern auf Partys gehen, weil ich zu faul bin, doch wenn mich jemand unerwartet besucht, bin ich sogar sehr gesellig. Außerdem besteht die Möglichkeit, daß Testpersonen nicht ehrlich antworten, sondern Antworten geben, die sie für »korrekt« halten oder die einen bestimmten Eindruck erwecken sollen. Auch kulturelle Unterschiede können sich in den Antworten einer Testperson niederschlagen.

Andere Tests sind weniger starr. Die Testperson kann gebeten werden, Bedeutung in einen optischen Reiz hineinzulesen, etwa einen Tintenfleck (siehe S. 165). Es liegt am Beurteiler, aus der Antwort Informationen über die Persönlichkeit abzuleiten.

Auch wenn diese Klassifikation mit ihrer eigenartigen Physiologie nicht mehr geglaubt wird, hatten die Griechen damit, wie so oft, etwas Wichtiges erkannt: Es gibt offenbar tatsächlich Persönlichkeitstypen.

Sigmund Freuds Persönlichkeitstheorie betont die Wichtigkeit von Erlebnissen in den ersten fünf Lebensjahren für die Bildung des Charakters. Nach Freud machen wir psychosexuelle Entwicklungsphasen durch – die orale, anale und phallische Phase. Während jeder Phase findet unser Streben nach Vergnügen (siehe S. 41) Befriedigung durch andere Körperteile und die ihnen zugeordneten Funktionen. Ein Trauma oder Problem in einer bestimmten Phase kann unsere Entwicklung hemmen und unsere erwachsene Persönlichkeit beeinflussen. Wenn z. B. jemand zu früh abgestillt wird, kann er eine orale Persönlichkeit entwickeln, übermäßig von anderen abhängig werden und Befriedigung durch orale Freuden suchen, meist durch übermäßiges Essen, Trinken und Rauchen.

Eine solche Klassifizierung der Persönlichkeiten in wenige Typen wird nach Ansicht vieler der menschlichen Vielfalt nicht gerecht. Wilhelm Wundt (1852–1920), einer der Begründer der Experimentalpsychologie, zeigte, daß zuvor als Melancholiker oder Choleriker, als Sanguiniker oder Phlegmatiker eingeordnete Personen auf viele Reize gleich reagierten, sich also weniger als gedacht voneinander unterschieden. Wundts Gedanken beeinflußten moderne Persönlichkeitstheorien, die von Merkmalen – als angenommene Grundeinheiten psychologischer Organisation – ausgehen, die sich entlang eines Kontinuums verschieben, statt zu einzelnen Kategorien zu gehören. Der britische Psychologe Hans Eysenck anerkennt zwei Merkmale – Introversion–Extroversion und Stabilität–Instabilität –

und versucht festzustellen, wo im Kontinuum eine Persönlichkeit liegt. Andere Psychologen unterscheiden sogar 16 Merkmale, darunter auch Faktoren wie Intelligenz, Mut, Sensitivität, Wärme und Gefühl. Dieser Ansatz bildet die Grundlage für »objektive« Persönlichkeitstests, die die Position einer Person auf der variablen Skala für jedes Merkmal ergeben (siehe Kasten gegenüber).

Eysenck hält die Persönlichkeit des einzelnen für biologisch determiniert – das Gehirn eines Introvertierten sehe anders aus als das eines Extrovertierten. Der Unterschied beruhe auf dem Erregungsgrad der Großhirnrinde: Extroversion basiert auf einem niedrigen, Introversion auf einem hohen Erregungsgrad. Auf den ersten Blick klingt dies falsch (von einem aktiven Extrovertierten würde man höhere Aktivität des Großhirns erwarten), doch nach Eysenck besteht eine Funktion der Großhirnrinde in der Kontrolle und Unterdrückung niedrigerer, emotionalerer Gehirnzentren wie des limbischen Systems. Ein hoher Erregungsgrad des Großhirns erzeugt daher ein großes Maß an Kontrolle über die spontane Seite unserer Natur.

Einer anderen Theorie zufolge werde Persönlichkeit durch die Umgebung geformt: Wir erlernen unsere Reaktionen aus eigenen Erfahrungen, wenn wir für unser Verhalten Belohnungen oder Strafen empfangen, oder durch Beobachtung anderer.

In den 40er Jahren führte der amerikanische Arzt William Sheldon Persönlichkeit auf Körperbau zurück. Ektomorphe Menschen (lang und dünn) waren introvertiert und künstlerisch, mesomorphe (wohlproportioniert) aktiv und schwungvoll und endomorphe (klein und rund) umgänglich und sozial. Es gab jedoch nur wenige Belege für diese Behauptungen.

Geschlecht

Nichts dürfte so grundlegend sein wie das Geschlecht. Kinder werden sich ihres Geschlechts mit etwa zwei Jahren bewußt, und Unterschiede in den Geschlechterrollen sind in den formalen und nicht-formalen Regeln und Erwartungen jeder Gesellschaft verankert. Neurologen und Soziobiologen behaupten oft, Geschlechtsunterschiede seien im Gehirn installiert, was männliche und weibliche Gehirne qualitativ unterscheide. Viele Psychologen und Anthropologen dagegen vertreten Theorien des Sozialen Lernens: Wir lernen geschlechtsspezifisches Verhalten durch die Nachahmung des Verhaltens von Vorbildern unseres eigenen Geschlechts, wofür wir belohnt werden.

In der Frühphase der Schwangerschaft weist der Embryo noch keine Geschlechtsmerkmale auf, auch wenn sein Geschlecht genetisch bereits festgelegt ist. Mit acht Wochen beginnen seine Drüsen – Hoden oder Eierstöcke –, Geschlechtshormone zu produzieren. Obgleich männliche und weibliche Hormone vorliegen, wirkt sich nur das männliche, Androgen, auf die Bildung von Geschlechtsmerkmalen aus. Wird genug davon erzeugt, bildet der Embryo männliche Genitalien aus, bei wenig Androgen entwickeln sich weibliche. Dies ist die sichtbarste Auswirkung von Geschlechtshormonen, doch es hat sich gezeigt, daß auch das Gehirn voll davon ist und daß sie seine Entwicklung möglicherweise beeinflussen.

Es gibt geringe Abweichungen zwischen Männer- und Frauengehirnen. In Anbetracht der generellen Gewichtsunterschiede zwischen Männern und Frauen ist die Ungleichheit des Gehirngewichts nicht weiter auffällig. Signifikanter ist die unterschiedliche Gewichtsverteilung: Bei Frauen sind beide Gehirnhälften fast gleich schwer. Psychologen haben versucht, diese Asymmetrie mit der funktionellen Teilung des Gehirns zu erklären (siehe S. 32). Z.B. könnte man erwarten, daß Frauen gleich gut in verbalen und räumlichen Fähigkeiten sind (von der linken bzw. der rechten Hirnhälfte gesteuert). Schultests, in denen Mädchen verbale Aufgaben besser lösten als räumliche, bestätigen das jedoch nicht. Dafür gibt es mögliche physiologische Erklärungen. Funktionelle MRI-Scans (siehe S. 182) zeigen, daß Frauen zur Lösung eines räumlichen Problems beide Gehirnhälften verwenden, während Männer gezielter denken und nur die rechte Gehirnhälfte verwenden. Ähnlich ist bei Frauen die sprachliche Aktivität weniger konzentriert als bei Männern und auf beide Gehirnhälften verteilt; das kann bedeuten, daß es ihnen leichter fällt, die Sprachfunktion mit den Denkaktivitäten zu kombinieren, die zum Produzieren zusammenhängender Rede erforderlich sind.

Die Theorie des Sozialen Lernens bietet eine andere Erklärung dafür, warum Jungen räumliche Aufgaben besser lösen:

Jungen glänzen dort, wo sie von Eltern, Lehrern und Freunden dazu ermutigt wurden. Da die Gesellschaft traditionell den Besitz dieser Fertigkeiten als typisch männlich einschätzt, werden Jungen ermutigt, sie auszubilden, während Mädchen stärker dazu angehalten werden, ihre verbalen Fähigkeiten zu entwickeln. Das gilt auch für andere Verhaltensweisen, z.B. für den Umgang mit Emotionen. Studien zufolge berichten Männer, daß sie komplexe Gefühle empfinden, und sie zeigen die gleichen körperlichen Reaktionen darauf wie Frauen (siehe S. 94), und Entwicklungspsychologen raten, die emotionellen Unterschiede zwischen Jungen und Mädchen nicht überzubewerten. Doch Jungen dürften dahingehend beeinflußt werden, ihre Gefühle zu verbergen, entwickeln

Anhänger der Alchemie, eines okkulten Glaubens, der wohl im alten Ägypten entstand, behaupteten, Aufgeklärtsein könne durch die Vereinigung von Gegensätzen erreicht werden. Diese Idee wird durch das alchemistische Symbol des androgynen Wesens oder Hermaphroditen (links) verkörpert.

daher nicht denselben Ausdrucksstil wie Mädchen, und dieser Unterschied kommt mit den Jahren verstärkt zum Tragen.

Die Bandbreite der Einflüsse ist groß. Zunächst sind die Eltern die primären Vorbilder, doch sobald Kinder sozialer werden, stoßen sie auf Definitionen der Geschlechterrollen, die sich von denen ihrer Eltern unterscheiden. Großen Einfluß hat der Druck Gleichaltriger, und Kinder machen sich in der Tat über die Geschlechterrollen mehr Gedanken als ihre Eltern oder Lehrer. Dabei hat sich jedoch gezeigt, daß Kinder, die lernen, ihr Geschlecht sei ein fixes biologisches Attribut, sich darüber weniger den Kopf zerbrechen als andere. Vielleicht sind sie sich ihrer Geschlechtsidentität sicherer und befürchten nicht, daß sie ihnen genommen wird, wenn sie sich anders verhalten als gängigen Vorstellungen entspricht.

Es gibt eine andere Sicht der Geschlechtsidentität, die männliche und weibliche Eigenschaften nicht als einander ausschließend betrachtet. Sandra Bem, eine amerikanische Psychologin und Autorin von »The Lenses of Gender« (1993) betont, daß es Hinweise darauf gibt, daß Menschen, die nicht durch derartige Klischees eingeengt werden, psychologisch gesünder sind. Indem sie für eine »Depolarisierung der Geschlechter« eintritt, eine Art psychologischer Androgynität, bei der geschlechtsspezifisches Verhalten keine Rolle mehr spielt, greift sie die Philosophie der alten Griechen und Alchemisten und die Psychologie von C.G. Jung auf, die alle wußten, daß wir männliche und weibliche Züge besitzen, die zu einem vollständigen Menschen versöhnt werden müssen.

Gefühle und Emotionen

Wenn wir für ein Foto lächeln sollen, setzen wir meist eine Miene auf, die wenig mit einem wahren Lächeln zu tun hat. Den Grund dafür entdeckte im 19. Jahrhundert der französische Neurologe Guillaume Duchenne. Er fand heraus, daß einer der Muskeln, die beim »natürlichen« Lächeln aktiv werden – der *orbicularis oculi* – nur unabsichtlich aktiviert werden konnte, oder, wie er sagte, durch »die süßen Gefühle der Seele«.

Der Gesichtsausdruck widerspiegelt das Gefühlsleben am deutlichsten. Ein Stirnrunzeln, ein Lächeln, ein grimmiger Blick teilen diese Gefühle anderen mit und rufen eine Reaktion hervor: Sie bieten ihr Mitleid an, teilen Ihre Freude oder meiden eine Konfrontation. Charles Darwin vertrat in »The Expression of the Emotions in Men and Animals« (1872) die Ansicht, viele dieser Ausdrucksformen seien nicht nur quer durch die Kulturen, sondern auch quer durch die Arten gleich. Das veranlaßte viele Psychologen, Grundemotionen zu definieren; trotz Abweichungen enthalten alle Listen Fröhlichkeit, Angst, Trauer, Ekel und Zorn. Diese Gefühle haben offenbar evolutionären Wert: Wir empfinden z. B. Zorn, wenn uns etwas daran hindert, ein Ziel zu erreichen, doch dies kann zu einem Verhalten führen, durch das wir das Hindernis überwinden können.

Auch wenn viele Psychologen im Erkennen von Gefühlen einig sind, haben sie die Natur des Gefühlslebens noch nicht schlüssig definiert. William James entwickelte im 19. Jahrhundert die erste psychologische Theorie der Gefühle. Er hielt Gefühle für die Folge von physiologischer Erregung. Laut James sind wir »traurig, weil wir weinen, wütend, weil wir zuschlagen, furchtsam, weil wir zittern, doch wir weinen, schlagen oder zittern nicht etwa, weil wir traurig, wütend oder furchtsam sind«.

Der Körper ist sicherlich in das Gefühlsleben involviert. Das vegetative Nervensystem wird sehr aktiv. Der Puls steigt, ebenso die Blutmenge, die vom Herzen bewegt wird, der Atem wird rascher, Blutgefäße zu den Skelettmuskeln erweitern sich (wir erröten), Teile des Darms ziehen sich zusammen, und sogar die Reaktion des Immunsystems verändert sich.

Doch tägliche Erfahrung sagt uns, daß James' Erklärung nicht stimmt. Wir sind nicht wirklich wütend, nur weil wir die Fäuste ballen. Zudem sind viele Reize für die Gefühle innerlich – der Gedanke an eine bestimmte Situation kann uns traurig oder froh stimmen. Und viele unserer Gefühle sind komplex, etwa Reue oder Schamgefühl, die sich nicht einfach auf physiologische Reaktionen reduzieren lassen.

Einer von James' Hauptkritikern war sein Schwiegersohn, der Physiologe Walter Cannon. Nach Cannon registriert Gefühle eher das Gehirn als der Körper, und erst, nachdem die Emotion gefühlt wurde, instruiert das Gehirn den Körper, sich physiologisch auf eine Handlung einzustellen.

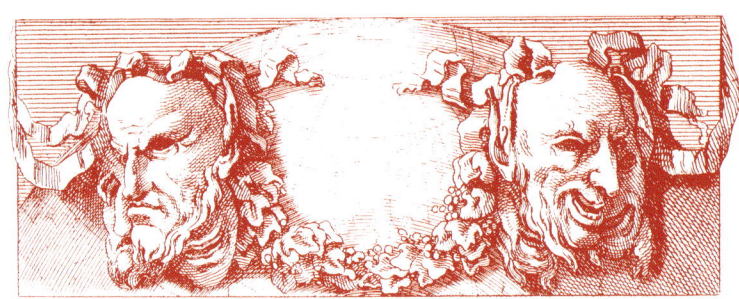

Wenn Cannon recht hat, wäre es sinnvoll, nach einem emotionalen »Kontrollzentrum« im Gehirn zu suchen. Verschiedene anatomische Untersuchungen zeigten die elementare Bedeutung des limbischen Systems für Gefühlsreaktionen. Ein Teil des limbischen Systems, das Septum, wird mit Zorn und Angst verbunden, während ein anderes, die Amygdala, mit Aggression zu tun hat: Jüngste Forschungen in den USA ergaben, daß viele Gewaltverbrecher Schäden in der Amygdala aufweisen.

Möglicherweise haben James und Cannon recht. Wie in James' Modell versetzt ein Reiz unseren Körper in einen Erregungszustand, doch das Gefühl, das wir empfinden, hängt von Wahrnehmung ab – von der Art, wie das Gehirn diese Erregung bezeichnet. Diese Zwei-Komponenten-Theorie der

Gefühle wurde zuerst 1962 von Stanley Schachter und Joel Singer aufgestellt und diente der weiteren Emotionsforschung als Ausgangsbasis.

Das kognitive Modell hilft, komplexe Gefühle zu verstehen. Stellen Sie sich z. B. vor, Sie stehen längere Zeit am Straßenrand und suchen ein Taxi. Jemand anders hält das erste kommende Taxi an und fährt davon. Sie spüren Ärger, einschließlich seiner physiologischen Wirkungen, weil Sie Ihr Ziel nicht erreicht haben. Hätte der andere genauso lange gewartet wie Sie, wären Sie vielleicht weniger böse auf ihn und wütender auf Ihr Schicksal. Da er aber gerade erst ankam, *sind* Sie auf ihn böse. In diesem Fall ist unsere Gefühlsreaktion weniger instinktiv als vielmehr durch eine Wahrnehmung bestimmt.

Täuschungen und Illusionen

Stellen Sie sich eine klare Nacht über dem Mittelmeer vor. Der Vollmond hängt nahe dem Horizont, so riesig groß, daß man meint, ihn greifen zu können. Zwei Stunden später steht er hoch am Himmel und sieht nur noch aus wie eine kleine helle Scheibe. Manche alten Kulturen hielten dieses Phänomen für wahr und glaubten, daß der Mond täglich wuchs und wieder schrumpfte. Heute wissen wir, daß es eine optische Täuschung ist. Alle unsere Wahrnehmungen, nicht nur die optischen, können Irrtümern zum Opfer fallen. Wir nennen diese Irrtümer Sinnestäuschungen, wenn das, was wir wahrnehmen, dem, was wir wissen oder für wahrscheinlich halten, widerspricht.

Es gibt viele verschiedene Arten von Täuschungen, die nicht alle mit einer einzigen Theorie erklärt werden können. Manche sind physiologisch bedingt. Wir sehen ein Nachbild, wenn wir zu lange in helles Licht starren. Jemandem, der eine Stunde im Schnee stand, kommt ein kaltes Bad lau oder warm vor; jemandem, der aus den Tropen kommt, erscheint dasselbe Bad eisig. Interessanter und aufschlußreicher sind kognitive Täuschungen – die auf Fehlern bei der Interpretation von Wahrnehmungen im Gehirn beruhen.

Die Sache mit dem Mond fällt in diese Kategorie, doch es gibt noch mehr Beispiele. Manche werden im täglichen Leben

Wahrnehmung ist zum Teil durch Erwartungen geprägt. Unsere Erwartungen können aber untergraben werden, das Unmögliche kann möglich scheinen, wie in den paradoxen Bildern des Holländers M. C. Escher (1902–1972).

erfahren: So scheint eine Straße in einiger Entfernung enger zu werden, obgleich wir wissen, daß sie gleich breit bleibt. Andere sind ausgetüftelt: Künstler z. B. verwenden optische Täuschungen, um auf einer flachen Leinwand räumliche Tiefe zu erzeugen.

In allen Disziplinen untersuchen die Forscher Fehler und Ausnahmen, um Licht in die normalen Abläufe und Eigenschaften eines Prozesses zu bringen. Daher versuchen seit Jahrhunderten Philosophen, später auch Psychologen und Neurologen, zu verstehen, wie optische und akustische Täuschungen – Wahrnehmungsfehler – entstehen. Menschen sind Geschichtenerzähler, und unser Gehirn ist darauf eingerichtet. Zum Teil deshalb wird Amnesie in diesem Kapitel behandelt, denn diese Störung macht es schwer, schlüssige Erzählungen zu konstruieren, durch die wir uns normalerweise anderen erklären – und uns selbst. Anderen Aufschluß geben die Fähigkeiten und Ausfälle bei Patienten mit verschiedenen Gehirnschäden. Schließlich zeigen die trivialen Fehler im täglichen Leben, etwa die kleinen Fehlleistungen des Gedächtnisses und das bekannte Phänomen des Auf-der-Zunge-Liegens, die Freud in seinem Buch »Zur Psychopathologie des Alltagslebens« (1904) beschrieb, wie uns unser Geist Streiche spielt, unabhängig von äußeren Reizen.

Sinnestäuschungen

Menschen sind Geschichtenerzähler, und ihr Gehirn ist dafür gemacht. Es versucht ständig, Sinneswahrnehmungen in einen Zusammenhang zu bringen, zu einer sinnvollen Geschichte zu verbinden. Meist stimmt die Geschichte, die das Gehirn konstruiert, mit der Realität der Außenwelt überein, doch manchmal ist die Geschichte, die entsteht, eine Fiktion. Manchmal, doch nicht immer, wissen wir, daß wir eine Illusion sehen.

Die bekanntesten und am meisten untersuchten sind fraglos optische Täuschungen, etwa die Sache mit den Eisenbahnschwellen (siehe die Zeichnung unten rechts). Wenn ich diese einfache Skizze ansehe, habe ich ein unheimliches Gefühl (das von den meisten Beobachtern geteilt wird, auch von Wahrnehmungspsychologen): Ich weiß, daß das, was ich sehe, eine Illusion ist, und ich verstehe, wie sie entsteht, aber dennoch falle ich darauf herein, egal wie oft ich sie ansehe. Mein Intellekt und meine Augen können mir also widersprechende Botschaften schicken.

Einige Anhaltspunkte über die Herkunft dieses Paradoxes geben Studien über die menschliche Entwicklung, vor allem die des großen Schweizer Psychologen Jean Piaget (siehe S. 78). Eine seiner interessantesten Entdeckungen war folgende: Bis zum Alter von sieben Monaten weiß ein Kind nicht, daß Gegenstände auch dann vorhanden sind, wenn es sie nicht sehen kann. Ein roter Ball, der hinter ein Kissen gesteckt wird, ist für das Kind – auch wenn es die Bewegung beobachtet hat – verschwunden, als hätte er aufgehört zu existieren. Das Baby versucht nicht, ihn wiederzufinden, und ist überrascht, wenn er wieder auftaucht. Aus den Augen ist nicht nur aus dem Sinn, sondern auch aus dem Sein. Erst mit etwa zwölf

Monaten versteht das Kind, daß der Ball nicht wirklich verschwunden ist.

Piagets Arbeit zeigt das Ausmaß, in dem Kinder Wahrnehmung durch Erfahrung lernen. Beim Lernen verlassen wir uns zunehmend auf funktionierende Arbeitshypothesen (in diesem Fall, daß ein Ding nicht einfach verschwinden kann), und solche Annahmen liegen unserer Wahrnehmungserfahrung zugrunde. Sie werden uns zur zweiten Natur, über die wir nicht nachdenken, bis etwas schiefgeht oder seltsam aussieht; und sie sind so tief verankert, daß wir oft

Es gibt einige Illusionen, denen wir uns bewußt überlassen: Im Kino wissen wir, daß wir 24 ruhige Bilder pro Sekunde sehen, die auf die Leinwand projiziert werden. Doch unser Gehirn konstruiert aus dieser Information eine fließend bewegte Szene. Diese Illusion basiert auf einem physiologischen Phänomen: Das Gehirn nimmt ein Bild auf der Netzhaut auch noch den Bruchteil einer Sekunde nach seinem Verschwinden wahr.

Die Schienentäuschung (rechts) beruht darauf, daß unsere Wahrnehmung Entfernungen automatisch berücksichtigt. Wenn jemand auf uns zukommt, glauben wir nicht, daß er wächst, auch wenn sein Bild auf unserer Netzhaut größer wird. Hier lassen die konvergierenden Linien den oberen Querstrich als weiter weg erscheinen. Obgleich beide Striche gleich lang sind, nehmen wir den »entfernteren« als länger wahr.

All unsere Sinne unterliegen Täuschungen. Ein kleiner Gegenstand erscheint schwerer als ein großer, auch wenn beide genau gleich viel wiegen.

auch weiterhin Bilder auf bestimmte Weise sehen, auch wenn wir wissen, daß sie auf falschen Annahmen beruhen.

Wir lernen zudem, Größe und Entfernung abzuschätzen, wenn auch nicht so bewußt. Einen wesentlichen Teil davon lernt das Baby, wenn sein Auge die Hand zu einem Gegenstand führt, den es sieht, und das Baby dann die Entfernung bestätigt, indem es den Gegenstand berührt. Durch Zusammenfassen der optischen und taktilen Information lernt das Baby langsam, daß die scheinbare Größe einer Sache zum Teil von ihrer Entfernung abhängt, daß die wirkliche Größe aber gleich bleibt. Das ist »Größenkonstanz«: Wir wissen, daß ein Jumbo-Jet am Boden ebenso groß ist wie in der Luft, auch wenn das, was wir sehen, dagegen spricht.

Es gibt andere wesentliche optische Konstanten, die wir früh im Leben lernen. Umrißkonstanz, ebenfalls unbewußt, bestätigt gewöhnlich, daß ein Gegenstand, der aus verschiedenen Winkeln betrachtet anders aussieht, in Wirklichkeit seine Form nicht verändert. Helligkeits- und Farbkonstanz bestätigen, daß Dinge ihre Farbe behalten, auch wenn sie bei verschieden hellem oder farbigem Licht anders aussehen.

Es gibt viele Arten optischer Täuschungen, mit verschiedenen kognitiven oder physiologischen Grundlagen, die mit diesen Konstanten spielen. Bei dem Versuch, sehr verschiedene Phänomene zusammenzufassen, entwickelte der Experimentalpsychologe Richard Gregory eine nützliche Klassifikation der Sinnestäuschungen in vier Grundarten: Doppeldeutigkeiten, Verzerrungen, Paradoxe und Fiktionen.

Doppeldeutigkeiten sind Fälle, in denen das Muster, das wir als Bild »sehen«, vor unseren Augen »umkippt« und eine andere Bedeutung annimmt. Berühmte Beispiele sind der Entenkopf, der zum Hasenkopf wird, oder die Vase, deren Hintergrund zu den Gesichtern zweier Menschen werden kann (siehe S. 100).

Nach Gregory schwankt unsere Wahrnehmung zwischen den verschiedenen Deutungen des Musters, weil es nicht genug Information gibt, um eine davon zu bestätigen. Wir können uns nicht zwischen zwei gleich gültigen »Geschichten« entscheiden. Wesentlich ist, daß Sie entweder die Vase oder die Gesichter, entweder die Ente oder den Hasen sehen, niemals beides gleichzeitig. Manchmal jedoch sind meine Wahrnehmungen noch verwirrter. Manchmal sehe ich beides, und manchmal

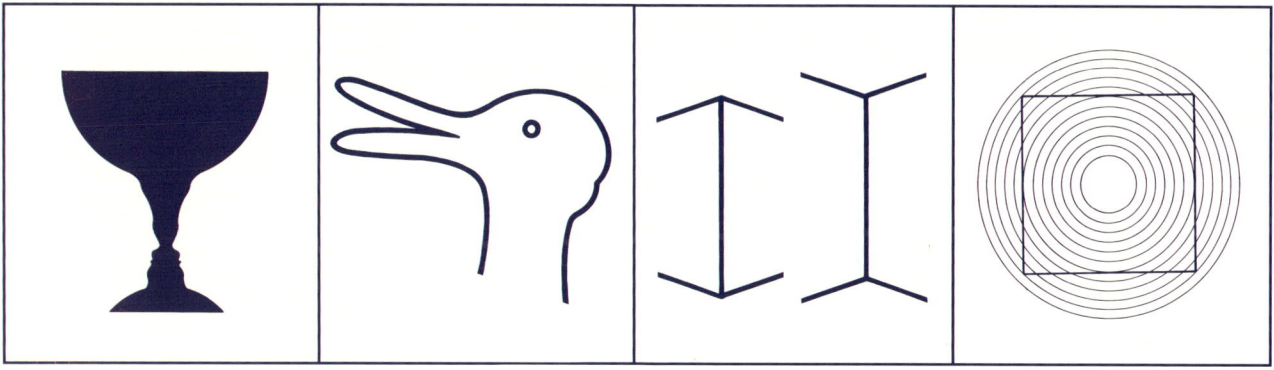

keines davon, als wäre das Bild in einem eigenartigen optischen Gefängnis verschwunden.

Die zweite der Kategorien Gregorys – Verzerrungen von Größe, Form und Länge – sind vielleicht die bekanntesten optischen Täuschungen. Manche haben physiologische Grundlagen, manche beruhen auf Fehlern weiter oben im System – eher in der Großhirnrinde als auf der Netzhaut.

Viele dieser Täuschungen, wie das verbogene Quadrat oben rechts, sind geometrische Tricks aus dem Labor findiger Psychologen. Diese Tricks sind deshalb erfolgreich, weil in der Natur Auge und Gehirn normalerweise nicht präzisen geometrischen Mustern begegnen und daher keine Erfahrung darin haben, zwei klare Muster zu trennen. Bei hellem Licht beeinflußt das Kreismuster scheinbar die Form des Quadrats, doch bei Dämmerlicht (oder wenn Sie blinzeln) erscheint das Qua-

drat frei jeder Verzerrung, obgleich die Information im Bild die gleiche ist. Nach Gregory zeigt das, daß die Täuschung eher auf der Ebene der Wahrnehmungsphysiologie stattfindet als bei der »höheren« Informationsverarbeitung. Läge der Fehler dort (siehe S. 52), müßte das Gehirn die Information in jedem Fall mißdeuten.

Ein anderes Beispiel für Verzerrung ist die Müller-Lyersche Täuschung (oben). Hier erscheinen gleich lange senkrechte Linien je nach der Ausrichtung der Striche an ihren Enden länger oder kürzer. Die Täuschung entlarvt sich als solche, wenn man ein Lineal anlegt, doch egal, wieviel man weiß, und egal, wieviel man schaut, die Täuschung bleibt. Man nimmt an, daß die Striche wie wirkliche oder gemalte Außenkanten von Gebäuden und Innenkanten von Zimmern als optische Hinweise auf Tiefe wirken. Im Unterschied zu dem Beispiel des Quadrats

scheint die Müller-Lyersche Täuschung eine kognitive und nicht so sehr eine physiologische Grundlage zu haben. Sie läßt sich nicht durch Veränderungen der Beleuchtung oder andere Methoden aufheben, in denen die sensorische Information zerlegt wird (wenn z. B. die senkrechten Linien und die Endstriche sich nicht berühren). Eigenartigerweise sind manche Menschen, wie die Buschmänner der südafrikanischen Kalahari-Wüste, für die Müller-Lyersche Täuschung weniger empfänglich. Manche Experten führen das darauf zurück, daß es in ihrem Lebensraum keine architektonischen Ecken und Kanten gibt, wie sie den meisten Menschen vertraut sind, und daß sie daher die Arbeitshypothesen von geraden Linien und rechten Winkeln nicht gelernt haben, die der Müller-Lyerschen Täuschung zugrundeliegen.

Für die dritte Kategorie von Gregory, die Paradoxe, liefern die »unmöglichen« Bilder im Werk C. M. Eschers (siehe S. 97) viele Beispiele. Wir nehmen einen Gegenstand wahr, auch wenn unser Geist uns sagt, daß er nicht existieren könne, weil er den Gesetzen der Logik widerspricht. Gregory weist darauf hin, daß die Fähigkeit, unwahrscheinliche Bilder wahrzunehmen, lebenswichtig sei: Ohne sie wären wir blind für viele neue und vielleicht sogar lebensbedrohende Reize.

Die letzte von Gregorys vier Kategorien der Sinnestäuschungen sind die Fiktionen. Bei diesen Beispielen sind die Fähigkeiten unseres Gehirns, vor-

ausschauend »Geschichten zu erzählen«, besonders offensichtlich. Unsere Augen sehen nur einen Teil eines Objekts, doch unser Gehirn füllt die Lücken aus, und wir nehmen das Objekt als Ganzes wahr. Die Lücken werden oft als »geisterhafte« Oberflächen wahrgenommen wie im Fall des Würfels (unten).

Nirgends wird der absichtliche Einsatz von Illusion offenkundiger als in einer Gemäldesammlung, wo wir die Tricks bewundern können, mit denen Künstler einen Eindruck von räumlicher Tiefe auf einer zweidimensionalen Leinwand erzeugen. Die Techniken dafür wurden im 15. Jahrhundert in Europa entwickelt. Vorher gaben Künstler Dinge und ihre Umgebung frei wieder, eher nach dem, was sie *wußten,* und nicht so sehr nach dem, was sie *sahen.* Von einer menschlichen Figur konnte z. B. der wichtigste Teil, das Gesicht, dem Betrachter zugewendet sein, der Rest des Körpers im Profil erscheinen. Das änderte sich zu Beginn der Renaissance in Europa, als Künstler die Gesetze der Zentralperspektive entdeckten. Sie bemerkten, daß sich parallele Linien im Unendlichen in einem Punkt zu treffen schienen und daß dies auf einer zweidimensionalen Oberfläche durch Hilfslinien simuliert werden konnte, die auf einen einzigen Punkt zuliefen. Der Architekt Filippo Brunelleschi (1337–1446) formulierte die mathematischen Gesetze der Perspektive, und andere Renaissancekünstler griffen sie auf. Erst zum Ende des 19. Jahrhun-

Ein frühes Beispiel für die Verwendung der Zentralperspektive im 15. Jahrhundert ist Piero della Francescas »Veduta di città ideale« (Idealstadt).

derts lösten sich westliche Künstler wieder von der (inzwischen) konventionellen Perspektive.

Außer der Zentralperspektive werden in vielen Bildern seit der Renaissance noch andere Hinweise eingesetzt, die uns helfen sollen, ein Bild dreidimensional zu deuten. Dazu gehören offensichtliche, wie die relative Größe (Gegenstände im Vordergrund erscheinen größer als solche im Hintergrund), und weniger offensichtliche, wie die Genauigkeit der Oberflächenwiedergabe (bei Mauern im Vordergrund erkennen wir die einzelnen Ziegel, Mauern im Hintergrund sind einförmiger gemalt). Die Plazierung in der Bildebene ist ein weiterer wesentlicher Hinweis.

Täuschungen verhexen auch unsere übrigen Sinne. Obgleich optische Täuschungen bereits seit dem 19. Jahrhundert untersucht werden, interessieren sich Wissenschaftler erst seit kurzem für akustische Täuschungen. Der Psychologe David Deutsch zeigte eine akustische Täuschung auf. Er spielte einer Testperson zwei Töne gleichzeitig vor, die genau eine Oktave auseinander lagen, dem linken Ohr den tiefen und dem rechten Ohr den hohen Ton und umgekehrt, und das im raschen Wechsel. Es erklingen also stets zwei Töne gleichzeitig, doch das ist nicht das, was die Testperson hört. Statt dessen hört ein Ohr nur den hohen Ton, abwechselnd mit Stille, das andere nur den tiefen Ton, abwechselnd mit Stille.

Wie kommt es zu dieser Täuschung? Die wahrscheinlichste Erklärung ist, daß zwei unabhängige Gehirnmechanismen beim Hören eine Rolle spielen, der eine beurteilt die Tonhöhe, und der andere sucht die Schallquelle. Die Täuschung entsteht infolge des unnatürlich raschen Wechsels der Quelle eines Tons einer bestimmten Höhe; dies verwirrt die Wahrnehmungsmechanismen des Gehirns, die die Reize vereinfachen und (fälschlich) jeder Tonhöhe eine Quelle zuweisen.

Doch vielleicht die interessanteste akustische Täuschung ist die Art, in der wir Töne verbinden, um sie in eine Geschichte zu verweben. Auf einer lauten Party können Sie sich auf ein Gespräch mit einer Person konzentrieren und andere Stimmen als irrelevant ausschalten. Psychologen nennen dies den Cocktailparty-Effekt und können ihn auch unter Laborbedingungen erfolgreich nachmachen: Eine Testperson mit Kopfhörern hört auf jedem Ohr andere Botschaften und wird nun gebeten, genau auf das zu achten, was sie auf einem bestimmten Ohr hört, vielleicht auch, es laut Wort für Wort zu wiederholen. Testpersonen waren dazu imstande, schienen aber dabei nichts zu hören, was in das andere Ohr drang. Wenn sie nach dem Inhalt der Botschaften im anderen Ohr gefragt wurden, konnten sie nicht antworten. Sie bemerkten nicht einmal, wenn die Botschaft in diesem anderen Ohr in eine fremde Sprache wechselte. Dieses Phänomen wird selektive Aufmerksamkeit genannt. Derartige Versuche wiesen nach, daß Aufmerksamkeit kein Alles-oder-Nichts-Vorgang ist.

Die Farbe einer Trompete

Im Laufe seiner Entwicklung lernt ein Kind, alle Sinne kooperierend zu verwenden. Die Hand greift nach einem Ball, den das Auge gesehen hat, die Ohren nehmen Töne auf, während die Augen nach deren Quelle suchen. Was das Kind von einem Sinn erfährt, kann auf einen anderen übertragen werden; diesen Prozeß nennt man cross-modalen Transfer. So kann ein Kind, das einen Gegenstand mit verbundenen Augen berührt, ihn danach mit den Augen identifizieren. Babys können das mit sechs Monaten, mit 24 Monaten sind sie darin Meister.

Obgleich die Integration von Informationen verschiedener Sinne lebenswichtig ist, betrachten wir unsere Sinne als grundsätzlich separat – Sehen ist etwas ganz anderes als Riechen, und wir verwechseln einen Klang nicht mit einem Geschmack. Dennoch gibt es Hinweise, anekdotische und wissenschaftlichere, daß unsere Sinne wirklich verknüpft sind. Diese Idee der sensorischen Einheit ist alt. Der griechische Philosoph Aristoteles sagte, die fünf Sinne werden durch einen »gemeinsamen Sinn« zusammengeführt, der im Herzen sitze. Und die Anatomiezeichnungen von Leonardo da Vinci spiegeln die Überzeugung des 15. Jahrhunderts wider, daß die Sinne einen gemeinsamen Mechanismus hätten. In jüngeren Zeiten haben viele Menschen von Wahrnehmungen berichtet, die sie mit einem anderen Sinn als dem üblichen gemacht haben, oder von Situationen, in denen Eindrücke eines Sinnes auch Eindrücke eines anderen auszulösen schienen. Von dieser Verbindung der Sinne, der Synästhesie, berichten auch viele berühmte Geister. Der Physiker Sir Isaac Newton schrieb, daß für ihn jeder Ton einer eigenen Farbe des Spektrums entspreche; wenn er eine Farbe sah, hörte er manchmal den zugehörigen Ton. Und im 17. Jahrhundert berichtete der Philosoph John Locke (siehe S. 45) von einem Blinden, der erklärte, daß er als Offenbarung erlebte, wie Scharlachrot aussieht, als er zum ersten Mal eine Trompete hörte. Jüngere Untersuchungen umfassen den Fall eines Mädchens, das Farben mit dem Lied der Vögel verband, und einer Person, die Druck in den Zähnen verspürte, wenn sie kalte Kompressen auf die Arme erhielt. In einer Gruppe von Studenten dachten 13 Prozent beim Hören von Musik bewußt an Farbbilder, da das den Genuß steigere. Als diese Studenten gebeten wurden, zu zeichnen, was sie »sahen«, während sie den Ton einer Klarinette ansteigen und abklingen hörten, enthielten ihre Bilder Lippen, Linien, Dreiecke und ein Haus in den Hügeln. Es ist kaum überraschend, daß Synästhesie bei Künstlern und Schriftstellern immer wieder Anklang fand, denn sie ist maßgeschneidert für Metaphern.

Die Arbeiten des Russen Wassily Kandinsky (1866–1944), z. B. Kosaken (1910–1911) belegen seine Auffassung, Farbe wirke auf den Geist. Seine Aussage, »Farbe ist eine Macht, die direkt auf die Seele wirkt; Farben sind die Tasten, die Augen sind die Hämmer, die Seele ist das Klavier mit vielen Saiten«, zeugt von einer authentischen Erfahrung von Synästhesie.

Die Symbolisten, eine europäische Bewegung in den letzten Jahren des 19. Jahrhunderts, machten besonders Gebrauch von solchen vermuteten »Entsprechungen« zwischen den Sinnen. In einer der berühmtesten Erzählungen der Bewegung, in Joris Karel Huysmans »Against Nature« (1884), hört der zügellose Aristokrat des Esseintes beim Probieren verschiedener alkoholischer Getränke eine Symphonie: Jedes Getränk entspricht einem bestimmten Instrument des Orchesters.

Für Neurologen ist das Phänomen Synästhesie rätselhaft. Es ist bekannt, daß die Information von einzelnen Sinnen in gesonderten Zonen des Gehirns verarbeitet wird, und wir können vermuten, daß Leute, die Synästhesie erleben, Verbindungen zwischen diesen Zonen besitzen, die bei den meisten Menschen entweder gehemmt sind oder schlicht fehlen. Die Tatsache, daß manche Drogen zu »Verwirrungen« der Sinne führen können, spricht für die Annahme, daß wir alle solche Verbindungen besitzen, sie aber normalerweise unterdrückt sind.

a	schwarz
e	weiß
i	rot
o	blau
u	grün

Amnesie

Auch der Laie weiß etwas über Amnesie, meist aus Filmen oder Romanen. Gewöhnlich ist die ganze Vergangenheit einer Figur auf unerklärliche Weise ausradiert, mitunter so weit, daß sie keine Erinnerung an ihre Familie oder ihren Namen hat, und die Geschichte strotzt nur so von dramatischen Rückblenden, die eine groteske Folge von Ereignissen aufrollen. In Wirklichkeit ist Amnesie oder Gedächtnisverlust weit weniger romantisch, als die Filme unterstellen – sie ist eine ausgesprochen traurige neurologische Störung. Doch wissenschaftlich ist sie von großem Interesse, denn sie wirft Licht auf die Struktur des Gedächtnisses und auf unsere Art zu lernen.

Obgleich einige Fälle von Amnesie psychologische Ursachen haben – jemand reagiert auf extremen Streß, indem er unfähig (oder unwillig) wird, sich an Vergangenes zu erinnern –, haben die meisten handfeste physische Ursachen. Gehirnschäden, ein Schlaganfall, zuviel Alkohol, eine Operation, alle können zu Gedächtnisverlust führen, und bei dieser Vielfalt an Ursachen bezeichnet der Begriff Amnesie wahrscheinlich nicht eine, sondern mehrere neurologische Störungen.

Psychologen kennen zwei Hauptarten der Amnesie. Bei der retrograden Amnesie führt ein Trauma (oft eine Kopfverletzung infolge eines Verkehrsunfalls) zum Verlust der Erinnerung an Ereignisse aus den Jahren vor dem Unfall. Die meisten Patienten erlangen ihr Gedächtnis innerhalb von Wochen oder Monaten zurück, wobei die frühen Erinnerungen zuerst wiederkehren. Allmählich schrumpft die »fehlende« Zeit bis auf die paar Minuten vor dem Unfall. Diese Information, so nimmt

Fälle von anterograder Amnesie gehen oft mit Schäden am Hippocampus einher, was darauf schließen läßt, daß dieser Teil des Gehirns mit der Umwandlung von Kurz- in Langzeiterinnerungen zu tun hat.

ARTEN DES WISSENS

In den 50er Jahren untersuchten kanadische Neurochirurgen einen 29jährigen Mann, H. M., der wegen unkontrollierbarer Epilepsie operiert worden war. Nach der Operation litt H. M. an extremer anterograder Amnesie mit den üblichen Symptomen – vor allem der Unfähigkeit, Informationen aus dem Kurz- in das Langzeitgedächtnis zu transferieren, obgleich sein bestehendes Langzeitgedächtnis nicht betroffen war. Erstaunlicherweise war H. M. aber sehr wohl in der Lage, völlig neue Fähigkeiten zu lernen, etwa Spiegelschrift zu lesen oder einen Weg durch ein Labyrinth zu verfolgen. Diese Entdeckung legt nahe, daß unsere Erinnerung an Handlungsabläufe (das

Wissen, wie man etwas macht, etwa Radfahren oder ein Puzzle lösen) im Gehirn anders organisiert ist als Aussagen (die Kenntnis einer bestimmten Tatsache).

man an, wurde im Kurzzeitgedächtnis nicht fest genug eingeprägt, um in den Langzeitspeicher zu gelangen (siehe S. 87). Die allmähliche Rückkehr der Erinnerung legt nahe, daß es im Gehirn beträchtliche Redundanz gibt. Wenn ein neurales Netz durch das Trauma »lahmgelegt« wird, baut sich ein anderes auf (durch die Aktivierung neuer Verbindungen zwischen Zellen) und kann auf »alte« Erinnerungen zugreifen.

Die zweite Art ist die anterograde Amnesie. Betroffene erinnern sich problemlos an Fakten, die sie vor dem Trauma lernten (sofern diese Störung nicht mit retrograder Amnesie einhergeht, was oft der Fall ist), doch haben sie größte Schwierigkeiten, Neues zu lernen. Intelligenz und Kurzzeitgedächtnis sind so weit intakt (sie können sich z. B. eine Weile eine Tele-

fonnummer merken), diese Patienten scheinen aber unfähig, Informationen ins Langzeitgedächtnis zu übertragen. Anterograde Amnesie mindert die Lebensqualität: Die Patienten spüren, daß mit ihnen etwas nicht stimmt, sind daher ständig beunruhigt, können aber das Problem nicht fassen oder irgend etwas gegen die Risse in ihrem Gehirn tun. Sie können wütend werden oder andere Persönlichkeitsveränderungen zeigen.

Wenn die Patienten gesund werden, kehren ihr altes Selbst und ihre alte Persönlichkeit zurück. Doch genau untersuchte Fälle wie H. M. (siehe linke Seite) und J. zeigen die Probleme langfristiger Amnesie. Ich filmte J. für die Fernsehdokumentation »Memories are Made of This« (1993). Eine Stunde nach den Aufnahmen seines Gespräches mit seiner Psychologin, die ihn seit acht Jahren behandelte, erinnerte er sich nicht daran, wer sie war, und auch nicht an die Filmaufnahmen. J. lebt in ewiger Gegenwart. Er kann sein Leben nicht durch die Art von Erzählungen strukturieren, die wir normalerweise über uns selbst, unsere Beziehungen, unsere Vergangenheit und unsere Hoffnungen erzeugen. Er ist verbittert, im Hier und Jetzt gefangen zu sein: Er klagte, daß es keine Medizin für ihn gebe.

Auch wenn es bis zum vollkommenen Verstehen der Amnesie noch ein weiter Weg ist, haben Untersuchungen von Patienten geholfen, einige Geheimnisse des Gedächtnisses zu enthüllen. Sie überzeugten Psychologen, daß es einen Unterschied zwischen Kurz- und Langzeitgedächtnis gibt, und gaben Aufschluß über die Art, wie unsere Erinnerungen gefestigt werden.

Geistige Ausrutscher

Wir alle machen Fehler. Fehlbarkeit ist Teil der *conditio humana*. Der griechische Dramatiker Euripides schrieb: »Menschen sind Menschen, sie müssen irren.« Unser Geist kann auf viele Arten getäuscht werden, und auch wenn die Folgen unserer Irrtümer manchmal hart sind, meist sind sie nur verwirrend oder komisch.

Wir alle kennen »unbewußte« Fehler – Ausrutscher der Zunge; zu einem vertrauten Gesicht fällt uns der Name nicht ein; etwas ist weg, das wir gerade erst hier hingelegt haben – und halten sie für zu trivial, um uns darüber Gedanken zu machen. Doch einige Fachleute halten diese kleinen Fehler für hochinteressant. Sigmund Freud z. B. untersuchte unbewußte Fehler, die er Parapraxen nannte, in einem seiner frühen Bücher, »Zur Psychopathologie des Alltagslebens« (1904). Er akzeptierte, daß einige offenbar zufällige Versprecher auf Müdigkeit beruhen, doch er glaubte, daß die meisten »Fehlleistungen« verborgene Bedeutungen haben, unsere verbotenen Wünsche, Ängste und Abneigungen enthüllen. Parapraxen zeigen, so Freud, daß der unbewußte Geist die Oberherrschaft über das Bewußtsein bekommen könne. Ein berühmter Ausrutscher passierte einem höflichen Wiener, der Freud berichtete, er habe mit einem Freund »tête-à-bête« diniert – natürlich hatte er *tête-à-tête* (Verabredung zu zweit) sagen wollen, doch mit dem *bête* (= französisch für dumm) war ihm

Sigmund Freud, geboren 1856 in Freiberg in Mähren, beendete sein Medizinstudium mit 26 Jahren. Seine Arbeit bei dem Neurologen Jean-Martin Charcot im Pariser Salpêtrière-Krankenhaus weckte sein Interesse für »funktionale« nervöse Störungen – also jene, für die keine physiologische Grundlage bekannt ist. Freuds Untersuchungen der Ursachen dieser Störungen (besonders der Hysterie) führten zur Entwicklung seiner umstrittenen Persönlichkeitstheorie, die die Rolle der psychosexuellen Entwicklung in der frühen Kindheit betont (siehe S. 40 und S. 78). Er glaubte, diese infantilen Wünsche würden durch eine Analyse von Material aus dem Unbewußten zugänglich, das im Traum, in alltäglichen Fehlleistungen (Parapraxen) und in der Psychoanalyse an die Oberfläche kam. Diese Technik, von Freud entwickelt, braucht einen ausgebildeten Analytiker, um das Material zu deuten, das hervorkommt, während ein Patient frei assoziiert. Freud wirkte in Wien bis zur Invasion der Nazis im März 1938, die ihn zwang, nach London zu fliehen, wo er 1939 starb.

zugleich seine wahre Meinung über diesen Freund herausgerutscht. Bei anderer Gelegenheit stritt sich Freud mit einem Freund über die Zahl der Hotels in einem Feriengebiet. Obgleich Freud sieben Jahre lang in der Nähe Urlaub gemacht hatte, behauptete er, es gebe dort nur zwei Hotels, obgleich es drei waren. Wieso hatte er das vergessen? Freud führte es darauf zurück, daß das dritte »Hochwartner« hieß – ein Name, der ihn an einen Wiener Konkurrenten erinnerte – und daß er diesen aus Eifersucht verdrängt hatte. Ähnlich stellte er einmal fest, daß seine ärztlichen Kollegen manchmal versuchten, die

Klinik mit ihrem Haustürschlüssel aufzusperren. Seine Erklärung dafür war einfach: Sie wären viel lieber zu Hause gewesen als bei der Arbeit.

Eine andere bekannte Parapraxe stammt von einer Frau, die bei dem ungarischen Psychologen Sandor Ferenczi in Behandlung war. Einmal fiel ihr der Name des Psychoanalytikers C. G. Jung (siehe S. 41) nicht ein, der ihr aber sehr wohl vertraut war. Ferenczi schloß daraus, daß dieser Lapsus mit ihrer Verbitterung darüber zusammenhing, daß sie mit 39 Jahren Witwe geworden war, sich aber für zu alt hielt, um wieder zu heiraten. Die Unfähigkeit, sich an den Namen Jung zu erinnern, war eine Art, Gedanken über ihre verlorene Jugend aus dem Weg zu gehen.

Freud liebte solche Ausrutscher der Zunge und der Feder und brachte es auf eine beachtliche Sammlung witziger und peinlicher Irrtümer – die heute als Freudsche Fehlleistungen in aller Munde sind. Eine Wiener Zeitung etwa hatte einmal aus dem »Kronprinz« einen »Kornprinz« gemacht, und eine andere mußte eine Entschuldigung abdrucken, nachdem sie frühere Soldaten als »schlechterprobte Veteranen« statt »schlachterprobte Veteranen« bezeichnet hatte. Leider hatte auch bei der Entschuldigung der Druckfehlerteufel seine Hand im Spiel.

Freud glaubte, daß Witze in einer ganz ähnlichen Weise mit Unbewußtem arbeiten und so in der steifen, förmlichen Gesellschaft des Wien zu Beginn des 20. Jahrhunderts eine Möglichkeit zum Abreagieren von aggressivem oder gefährlich erotischem Material eröffneten. Witzen war etwas eigen, was Freud als »psychische Ökonomie« bezeichnete, und so konnten sie durch die Grenzen der Verdrängung schlüpfen. Humor verschafft Erleichterung, indem er Energie von unangenehmen Gefühlen ableitet, und weitaus eher als eine »Gefühlsreaktion des einfachen Mannes« (so die Sicht einiger Psychologen in den 50er Jahren) stellt er einen wichtigen psychologischen Schutzmechanismus dar.

Veränderte Bewußtseinszustände

Seinszustände lassen sich nicht einfach in die klaren Kategorien bewußt und unbewußt scheiden. Zu viele interessante Zustände liegen dazwischen und stellen einfache Definitionen in Frage. Diese Seinszustände entziehen sich objektiver Beschreibung, da sie hochgradig persönlich sind. Dennoch haben diese Erfahrungen, die von sanfter Zerstreutheit im Tagtraum bis zu wilden Halluzinationen im Drogenrausch reichen, gewisse Dinge gemeinsam. Wahrnehmungen des Ichs und der Außenwelt verändern sich – manche Drogen ändern radikal das Erleben von Raum und Zeit. Wissenschaftler und Künstler waren lange von Bewußtseinsveränderungen fasziniert, und viele experimentierten mit Drogen, um ihre

Der Schamane oder Medizinmann war (und ist zum Teil bis heute) ein Schlüsselmitglied von Gesellschaften in der Arktis und Zentralasien. Doch er ist nicht nur ein Arzt, er wirkt auch als Priester und Seelenführer, der die Seelen der Toten in eine andere Welt begleitet. Diese Aufgaben übt der Schamane aus, indem er sich selbst in Trance versetzt, oft verbunden mit Krämpfen und vortretenden Augen, in der er den Körper verläßt und Weisheit aus der Geisterwelt erwirbt. Ob wir das glauben oder nicht – klar ist, daß er willentlich einen veränderten Bewußtseinszustand erreichen kann.

einem fast hypnotischen Zustand, halluzinierend, hörten Stimmen und führten scheinbar von den Göttern kommende Anweisungen aus. Nur allmählich warf die Menschheit diese Fesseln ab, und wenn wir heute Bewußtseinsveränderungen erleben, ist das nur ein Relikt unserer vorbewußten Vergangenheit.

Jaynes Ideen sind umstritten, doch es trifft sicher zu, daß sich ein roter Faden durch viele, wenn nicht alle, Phänomene zieht, die in diesem Kapitel behandelt werden. In Stadien veränderten Bewußtseins haben wir einen Zugang zu Wahrheiten, der uns normalerweise versperrt ist, und zu grundlegenden Aspekten unseres Selbst. Auch wenn es eigenartig erscheint, in diesen Wahrheiten ein altes Echo der Götter zu sehen, rechtfertigen

Auswirkungen auf den Geist zu erleben. Die Erfahrungen des Briten Aldous Huxley (1894–1963) mit Mescalin sind in seinem Buch »Die Pforten der Wahrnehmung« (1954) nachzulesen. Drogen – legale und illegale – können den Geist schärfen oder einlullen, können Hemmungen abbauen, aber auch Paranoia erzeugen.

In seinem 1976 erschienenen provokanten Buch »Der Ursprung des Bewußtseins« erklärt der Psychologe Julian Jaynes Bewußtseinsveränderungen als Rückfall in unsere primitive Vergangenheit. Jaynes glaubt, Menschen seien bis etwa 4000 v. Chr. nicht bewußt wie wir heute gewesen, sondern lebten in

die Arbeiten von Jung wie von Freud die Ansicht, daß unterhalb des Bewußtseins wertvolle Einsichten im Selbst vergraben liegen, die auf ihre Freilegung warten.

Der Begriff »Bewußtseinsveränderung« umfaßt mehrere Phänomene. Manche treten ganz natürlich und von selbst auf (z. B. das Träumen bei wohl allen Säugetieren). Andere werden durch erlernte Techniken wie Meditation erreicht. Manche werden durch Drogen erzeugt. Wieder andere – die paranormalen Zustände – sind höchst umstritten, und viele Menschen bezweifeln ihre Existenz. Die Verschiedenartigkeit dieser Bewußtseinszustände wirft viele Fragen über die Arbeitsweise des

Künstler und Schriftsteller des Symbolismus, einer Bewegung im Europa der 20er und 30er Jahre des 20. Jahrhunderts, experimentierten mit veränderten Bewußtseinszuständen, um zu »höheren Wahrheiten« zu gelangen, um bewußte und unbewußte Realitäten zu einer »Surrealität« zu vereinen. »Automatisches« Schreiben – eine unsichtbare Macht führt die Hand des Schreibenden –, Selbst-Hypnose oder Simulation von Verrücktheit waren Wege hierzu. Thomas Lowinskys Bild »The Breeze at Morn« (1930, oben) verwendet den surrealistischen »Trick«, eine irrationale Landschaft in realistischem Stil wiederzugeben.

Es gibt einen veränderten Bewußtseinszustand, den wir alle kennen: den Traumschlaf. Träume weichen so sehr von unserem normalen Bewußtseinszustand ab, daß sie früher als übernatürlichen Ursprungs und als Mittel der Vorhersage galten. Der Traum des Pharaos in der Bibel von sieben fetten und sieben mageren Kühen wird von Josef als sieben Jahre der Fülle, gefolgt von sieben Jahren Hungersnot gedeutet (unten). Sigmund Freud leitete die moderne Erforschung der Psychologie des Traums ein, indem er Träume als »Königsweg« zum Verständnis des Unbewußten bezeichnete.

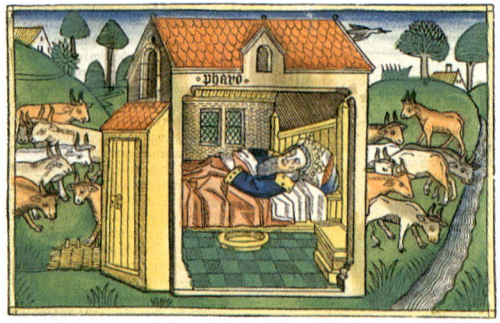

menschlichen Geistes auf. Z. B. meint einer der renommiertesten Physiologen der letzten 30 Jahre, Michel Jouvet von der Universität Lyon: »Intuitiv ist der Traum unnötig« – was sind also die biologischen oder psychologischen Gründe für das Träumen? Viele Psychologen und Psychotherapeuten – nicht nur Freudianer – würden Jouvet vehement widersprechen: Freud betrachtete Träume als wesentliche Pflege des Geistes, und manche Psychologen halten sie heute für Mittel zur Festigung von Langzeiterinnerungen.

Das Gebiet des Paranormalen ist noch komplexer, denn es läßt sich noch schwerer dokumentieren als andere Formen von verändertem Bewußtsein. Wenn jedoch nachgewiesen werden kann, daß an paranormalen Zuständen wie Telepathie und Psychokinese irgend etwas »dran« ist, dann wird es buchstäblich unmöglich, nicht-materielle Bewußtseinstheorien herabzusetzen (siehe S. 38).

Um veränderte Bewußtseinszustände zu verstehen, muß man subjektive Schilderungen des Erlebnisses bewerten, wie auch objektive Forschungen, die ihre psychologische Basis und Wirkungen zu identifizieren versuchen. Diese subjektiven und objektiven Wirklichkeiten können sehr verschieden sein. Z. B. glauben die Mekeo, ein Stamm in Neuguinea, daß ihre Seele während des Träumens fortgeht und im Land des Schlafs Abenteuer erlebt – eine von der christlichen völlig abweichende Vorstellung. Die Seele gehört zwar einem bestimmten Körper, doch dessen Gehirn kann ihre nächtlichen Taten nicht steuern. Wenn ein Mekeo aufwacht, ist er oft beunruhigt, was seine Seele angestellt hat, denn die Folgen ihres Tuns können auf sein waches Ich zurückwirken. Für einen Physiologen ist dieses

Jahrtausendelang wurden Drogen wie Opium (gewonnen aus Mohn, papaver somniferum, links) eingesetzt, um veränderte Bewußtseinszustände zu erreichen. Viele Künstler glaubten, daß Drogen kreative Kräfte freisetzen. Der Brite Samuel Taylor Coleridge (1772–1834) schrieb sein mysteriöses kurzes Gedicht »Kubla Khan« angeblich im Opiumrausch. Die Franzosen Arthur Rimbaud (1854–1891) und Charles Baudelaire (1821–1867) wurden beide süchtig. In den 60er Jahren verkündeten Timothy Leary und andere Beat-Gurus, Drogen wie LSD eröffneten ihnen sonst unzugängliche Bereiche der Psyche. Diejenigen, die die Wirkungen von Drogen fürchten, erklären diese romantischen Behauptungen jedoch für Täuschungen und die Einnahme von Drogen für Flucht aus der Realität.

Modell von verschiedenen Bewußtseinsebenen reiner Aberglaube; doch für den Mekeo sind es Erfahrungswerte. Da der Geist in einem veränderten Bewußtseinszustand weniger kritisch ist, ist es schwer, wenn nicht unmöglich, diesen Zustand in einer Sprache zu beschreiben, die von jemandem verstanden wird, der sich nicht im gleichen Zustand befindet.

Je mehr wir über solche Bewußtseinsveränderungen erfahren, desto deutlicher wird, daß die Grenzen zwischen bewußt und unbewußt, willkürlich und automatisch, wach und schlafend fließend sind. Jüngste Untersuchungen von Peter Hampson und Peter Morris stellen z. B. in Frage, daß »unbewußtes« Verhalten außerhalb von »bewußten« Einflüssen liege: Testpersonen können den Inhalt hypnagogischer Halluzinationen steuern – die lebhaften Bilder, die wir im Übergangsstadium zwischen Schlaf und Wachen »sehen« (siehe S. 119).

Schlaf, Träume und Symbole

Jahrhundertelang hielten Menschen ihre Träume für bedeutsam. Im alten Ägypten glaubte man, die Götter sprächen durch die Träume der Pharaonen, und auch in anderen Kulturen wurde den Träumen übernatürliche Bedeutung beigemessen, oft galten sie als nächtliche Besuche der Seele in anderen Welten. In der jüdisch-christlichen Tradition erscheinen oft Engel im Traum als Verkünder. Im Traum können wir scheinbar die Welt, die Götter oder uns selbst verstehen; und die Entschlüsselung der oft bizarren Ereignisabläufe und Symbole, die unsere Träume bevölkern, hat stets diejenigen beschäftigt, die die Natur unseres Geistes erforschen wollten.

In Freuds Traumtheorie spielten übernatürliche Kräfte keine Rolle. In »Die Traumdeutung« schildert Freud 1899 Träume als Ausdruck von Material, das so erschreckend und schuldbeladen ist, das es nicht bewußt heraus kann und im Unbewußten unterdrückt wird (siehe S. 41); im Traum erfüllen sich unsere unterdrückten kindlichen Bedürfnisse. Durch die Deutung wird der Traum zum »Königsweg zum Verständnis des Unbewußten«.

Anstatt direkt in unseren Träumen zu erscheinen, sei das unterdrückte Material (nach Freud der

Der Inhalt unserer Träume vertritt traditionell eine höhere geistige Ordnung. »Die Jakobsleiter« (oben) des Künstlers und Mystikers William Blake (1757–1827) zeigt den Traum Jakobs aus der Genesis: »Und siehe, eine Leiter stand auf Erden, die rührte mit der Spitze an den Himmel, und siehe, die Engel Gottes stiegen daran auf und nieder.«

latente Trauminhalt) in komplexe Symbole verwoben (den manifesten Inhalt), die seine wahre Natur verbergen. So vor der Begegnung mit unbewußten Wünschen und Ängsten geschützt, können wir die psychologisch und physiologisch wohltuende Wirkung des Schlafes genießen. Der Traum war für Freud daher der »Hüter des Schlafes«.

Freud verließ sich auf die Technik der freien Assoziation, um den latenten Inhalt der Traumsymbole zu erkennen. Er glaubte, die im Traum auftauchenden Symbole seien von persönlichen Erfahrungen und aktuellen kulturellen Strömungen geprägt. Diejenigen, die frei von persönlichen Assoziationen zur Gänze auf kulturellen Einflüssen beruhen, sind die klassischen Freudschen Symbole, Quelle unzähliger Witze und Kommentare. Z.B. ist alles, was aufgerichtet werden oder irgendwo eindringen kann – Schwert, Pistole, Turm – ein Phallussymbol, und alles, das etwas aufnehmen kann – Handtasche, Schmuckkasten, Höhle – ist ein Vaginasymbol. Zugleich hat jeder Mensch seine eigene Geschichte und damit eigene Symbole. So etwa hatte meine Mutter eine Krokodilledertasche. Wenn ich davon träume, ein Krokodil zu streicheln, drücke ich damit vielleicht meine

Sehnsucht aus, meine Mutter zu streicheln – ein unterdrückter ödipaler Wunsch.

Die Traumtheorien von C. G. Jung (siehe S. 42) verdanken Freud eine Menge. Auch Jung hielt Träume für den Ausdruck des Unbewußten, doch er definierte die Bedeutung und Herkunft der Traumsymbole ganz anders. Auch seine Theorien, ebenso interessant wie einflußreich, lassen sich weder beweisen noch widerlegen.

Die Jungsche Schule kennt drei Traumebenen. Träume der Ebene 1 haben keine tiefe symbolische Bedeutung und geben nur die letzten Gedanken und Gefühle des bewußten Geistes wieder. Träume der Ebene 2 drücken Inhalte des persönlichen Unbewußten in Symbolen aus (siehe S. 42) – Inhalte, die sich primär auf unsere körperlichen und sexuellen Sorgen beziehen –, und in diesem Sinn spielen die Symbole eine ähnliche Rolle wie bei Freud. Träume der Ebene 3, oder, wie Jung sagte, »große Träume« sind qualitativ anders. Sie enthalten emotionsgeladene und machtvolle Symbole, die die zutiefst menschlichen angeborenen Eigenschaften und Verhaltensweisen verkörpern – die Jung als Archetypen bezeichnete. Die Archetypen sitzen tief im kollektiven Unbewußten jeder Person und

können nur in symbolischer Form herauskommen, denn sie entwickelten sich noch vor der Sprache; und da sie so alt sind, sind Archetypen allen Menschen gemeinsam. Viele glauben, Jungs Konzept des kollektiven Unbewußten entbehre jeder faktischen Grundlage. Wie konnten diese Archetypen, so fragen sie, über die Jahrhunderte weitergegeben werden? Für diese Skeptiker ist die einzige Erklärung – unendlich prosaischer als die Jungs –, daß in unseren Träumen kulturelle Einflüsse zum Tragen kommen.

Freud und Jung glaubten, Träume hätten eine psychologische »Absicht«; andere lehnen sie als trivial ab und sehen in ihnen nur geistige Abfallprodukte der täglichen Gehirntätigkeit.

Dies erscheint jedoch unwahrscheinlich seit Untersuchungen nachwiesen, daß Traumschlaf auch bei einer Fülle von Tierarten auftritt. Seine lange evolutionäre Geschichte verweist nachdrücklich auf seine biologische Bedeutung. Auch Versuche mit Schlafentzug, die zeigen, daß Leute, die nach einer langen Wachphase endlich schlafen dürfen, als erstes mit Traumschlaf beginnen, lassen darauf schließen, daß Träume irgendwie notwendig sind.

Von der ersten Auflage von Freuds »Traumdeutung« wurden weniger als

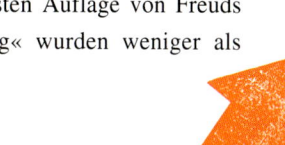

1 000 Exemplare verkauft – eine bittere Enttäuschung für den Autor –, doch bis 1905 hatte das Buch ein ernsthaftes Publikum gewonnen und für ein erhebliches Interesse an der Traumdeutung gesorgt. Doch erst in den 50er Jahren erregten Träume die Aufmerksamkeit von Experimentalpsychologen, die sich nun an die Entwirrung ihrer physischen und experimentellen Eigenheiten machten.

Einige frühe Traumexperimente führten William Dement und Nathaniel Kleitman durch. In ihrem Traumlabor weckten sie Personen in verschiedenen Schlafphasen und befragten sie nach ihren Träumen. Sie bemerkten, daß diejenigen, die während der Schlafphasen mit raschen Augenbewegungen (rapid eye movements = REM) geweckt wurden, fast immer besonders lebhafte Träume erzählten, während in Nicht-REM-Schlafphasen geweckte Schläfer weitaus weniger bunte Träume hatten (die normalem Denken viel ähnlicher waren), und das auch nur in 25 Prozent der Zeit. Diese Beobachtungen führten einige Forscher zu dem Schluß, daß REM-Schlaf und Nicht-REM-Schlaf so unterschiedlich sind wie Wachen und Schlafen: Jeder ist ein eigener Bewußtseinszustand.

Während des REM-Schlafs steigt der Puls, und die im EEG gemessene Gehirntätigkeit (siehe S. 72) ähnelt stark der des wachen Zustandes (dies ist einer der Gründe, weshalb der REM-Schlaf auch als paradoxer Schlaf bezeichnet wird). Trotz der Augenbewegungen (die nicht etwa besagen, daß der Schläfer seinen Traumerlebnissen »zusieht«) ist der Rest der willkürlichen Muskulatur des Körpers wie gelähmt. Während des REM-Schlafes ist das Gehirn also sehr aktiv, aber in einem trägen Körper gefangen. Seine motorischen Zonen können mit den Muskeln nicht kommunizieren, und seine sensorischen Zonen erhalten keine Reize vom Körper. Wenn wir also träumen, daß wir gehen, erscheint das »willkürlich«, weil die gleichen Gehirnzonen verwendet werden wie beim Gehen im Wachzustand – nur werden die Muskeln nicht verwendet, und

WOVON TRÄUMEN KATZEN?

In einem der erstaunlichsten Traumexperimente entfernte Michel Jouvet chirurgisch die Pons einer Katze – jene Gehirnstruktur, die die Körperbewegungen während des REM-Schlafes unterdrückt. Als die Katze nach der Operation in REM-Schlaf fiel, konnte sie sich bewegen und ihre Träume buchstäblich ausleben. Jouvet beobachtete ihr Verhalten und berichtete zum Mißfallen von Katzenfreunden folgendes: »Was die Katze zeigt, ist fast immer aggressives Verhalten. Sehr stereotyp, extrem einförmig. Sehr liebe, sanfte Katzen werden zu reißenden Tigern, wenn sie träumen und sich auf imaginäre Beute stürzen. Die Katze in meinem Büro hat die Leute entsetzt, wenn sie träumte.«

wir spüren nicht, daß wir sie nicht verwenden. Der französische Neurologe Michel Jouvet führte erstaunliche Experimente an Katzen durch, um dieses Phänomen zu untersuchen. Sie ergaben, daß die Unterdrückung der Muskeln und Sinne im REM-Schlaf durch die Pons in der Formatio reticularis erfolgt (siehe Kasten gegenüber).

Keine dieser Entdeckungen beantwortet die grundlegende Frage, warum wir träumen, und bis heute gibt es keine überzeugende biologische Erklärung für unser Traumleben, nur mehrere widersprüchliche Theorien. Dazu gehören die Ansichten, daß Träume Gedächtniswege festigen, daß sie der Eiweißerneuerung im Gehirn dienen und daß sie irgendwie zur Bewahrung der Integrität der Persönlichkeit notwendig sind. Diese letzte Theorie wird von Michel Jouvet unterstützt, der sagt, daß der REM-Schlaf der DNS des Individuums (seinem genetischen Material) die Zeit gibt, sich neu zu programmie-

C. G. Jung glaubte, daß unbewußte Archetypen in unsere Träume einbrachen, oft in Gestalt von Fabelwesen. Der animus z. B., den Jung für die männliche Energie im weiblichen Unbewußten hielt, könnte als Idealmann, etwa als Ritter in schimmernder Wehr, auftreten (links). Der Schwindler, die rebellische, spöttische Energie des kollektiven Unbewußten, erscheint oft als Possenreißer oder Narr (unten).

ren. Jouvet betont, daß »durch Drogen, die das Träumen unterdrücken, die genetische Programmierung, aggressiv zu sein, man selbst zu sein, einen freien Willen zu haben, verschwinden kann«. Wenn er Recht hat, dann ist Träumen nicht nur eine andere Bewußtseinsebene, sondern eher eine, von der unser normales, bewußtes Verhalten abhängt. Jouvets Ideen sind umstritten und bereichern die Diskussion zum Thema.

Derzeit können wir von einem Ende der Diskussionen über das Träumen nur träumen.

Tagträume

Wenige Psychologiebücher behandeln Tagträume im Detail. Doch viele Studien zeigen, daß normale Männer und Frauen – weder gestört noch neurotisch – einen Großteil jedes Tages mit einer Art Phantasie, Träumerei oder Tagtraum verbringen. In einer ungewöhnlichen Untersuchung hielt der britische Psychologe E. J. Dearnley fest, was er innerhalb von 24 Stunden gerade dachte oder tat, wenn in regelmäßigen Abständen ein Summer ertönte. Er bemerkte, daß Phantasien oder Tagträume erstaunliche 11 Prozent seiner wachen Zeit ausmachten.

Auch Menschen, deren Arbeit hohe Konzentration erfordert, können in Tagträume abgleiten. Michael Czikzentmihalyi von der Universität Chicago wies nach, daß sogar Chirurgen während einer Operation in finanzielle oder sexuelle Phantasien gleiten können. Diese raschen Träumereien haben selten eine Erzählstruktur. Es sind Momente, in denen wir nicht mehr auf das achten, was wir sehen oder hören, und in eine innere Vorstellungswelt wechseln, in der unsere Wünsche erfüllt werden. In vielen von Dearnleys Tagträumen z. B. saß er in seinem Lieblingslokal.

Doch es gibt Träumereien, die qualitativ anders sind als diese »Wäre es nicht schön, wenn ...«-Geschichten. Es sind anhaltende Phantasien, die ausgefeilt und wieder und wieder bearbeitet wirken, um einem tieferen psychologischen Bedürfnis zu entsprechen. Anhaltende Phantasien haben meist die Form längerer, zusammenhängender Geschichten und sind typischerweise klarer und leichter deutbar als Träume. In »The House of Make Believe« verfolgt Jerome Singer von der Yale University die Verbindungen zwischen Kindheitsphantasien und denen des späteren Lebens. Singer glaubt, daß anhaltende Phantasien, die länger als 60 Sekunden dauern können, ein Weg sind, mit tiefsitzenden Kindheitsängsten fertig zu werden. Singer hält alle Träumereien für heilsam und kreativ; solche zum Thema Schuld sind ein Weg, Schuldgefühle abzubauen. Psychiater, die bestimmte Gewalttäter behandeln, wären anderer Ansicht. Beim Tagträumen werden normale Hemmungen umgangen: Für viele Kriminelle ist dies die geistige Bühne, um gewalttätige Szenarien zu proben. Das Beweismaterial der eher makabren Biographien von Serienmördern zeigt, daß sie vor neuen Morden häufig wiederholte Gewaltphantasien hatten.

*In hypnagogischen Halluzinationen, die wir kurz vor dem Einschlafen
erleben können, haben die Bilder lebhafte, satte Farben.*

Eine dritte Art von Tagtraum ist die hypnagogische Halluzination. Dieser Typ eines lebhaften Bildes kann an den Grenzen zum Wachsein erlebt werden, wenn man gerade einschläft oder – seltener – gerade aufwacht. Hypnagogische Halluzinationen sollen ein übertriebenes Maß an Realismus aufweisen, alle Farben sind übersättigt. Sie sind besonders faszinierend, da sie, anders als Träume, der Steuerung des Willens unterliegen. Der belgische Psychologe Jan Varendock gab sich große Mühe, das Phänomen der hypnagogischen Halluzinationen in die Psychoanalyse einzubinden, in der gleichen Art, wie Freud Licht in den Trauminhalt gebracht hatte. Doch viele Bilder, die seine Testpersonen sahen, waren verworren, ließen sich nur sehr schwer als Erfüllung von Wünschen deuten und längst nicht so leicht »lesen« wie die Geschichten, die wir uns selbst in Tagträumen erzählen.

Phantasie und Sex

Unsere Fähigkeit, Phantasien erotisch einzusetzen, ist bemerkenswert. Das 20. Jahrhundert bot zunehmend die Möglichkeit, Fetische und sexuelle Phantasien im privaten wie im öffentlichen Bereich zu erforschen. Die kulturelle Einstellung zu sexuellen Phantasien hat sich enorm verändert. Im 19. Jahrhundert waren sexuelle Themen tabu (manche glauben, daß deshalb die Pornographie florierte), doch heute leben wir im Westen in einer durch und durch sexuellen Kultur. Anstelle des Puritanismus von Freud, der Phantasien für ein Zeichen der Unreife hielt, meinen viele Therapeuten jetzt, daß es völlig normal ist, sexuelle Phantasien zu haben, und manche glauben sogar, daß sie zu einem erfüllteren Sexualleben beitragen können.

Alfred Kinsey stellte in seinen epochemachenden Reporten über das Sexualverhalten seit 1938 fest, daß die meisten Befragten sexuelle Phantasien hatten, die knapp vor Beginn der Pubertät einsetzten und sich durch das Erwachsenenleben fortsetzten, auch bei Leuten mit erfüllten sexuellen Beziehungen. Wie sich zeigte, dachten die meisten Leute überraschend oft an Sex, was von anderen Untersuchungen bestätigt wurde. Einer Befragung in den 70er Jahren in Chicago zufolge hatten die Leute etwa achtmal am Tag einen sexuellen Tagtraum.

Innerhalb der einzelnen Kulturen gibt es weite Unterschiede zwischen den sexuellen Phantasien

Die erotische Kunst erfüllt in vielen Kulturen tiefsitzende menschliche Bedürfnisse. »Liebende« ist aus der Serie »Gedicht des Kissens« von Kitagawa Utamaro (1753–1806).

und Fetischen. Etliche Fetische haben viel von ihrer Wirkung verloren, da wir ihnen ständig begegnen. Gummiwäsche und Piercing, einst mit dem Reiz des Verbotenen umgeben, werden heute nicht nur als Fetisch, sondern mit einer gewissen Ironie als Mode gehandelt. Das Viktorianische Zeitalter hätte das nicht verstanden – damals war der Fetisch schockierend und gefährlich, die wahre finstere Seite der Sexualität. Für Freud waren Fetische Produkte der Kopplung ungelöster kindlicher Triebe an »sicher« scheinende Gegenstände – man durfte zwar nicht auf seine Mutter scharf sein, aber sehr wohl auf ihren Stöckelschuh.

Die Grenze zwischen dem, was eine Gesellschaft akzeptiert und was nicht, ist nicht immer deutlich. Die meisten Menschen würden sie dort sehen, wo Gewalt gegenüber sich selbst oder anderen ins Spiel kommt –

doch die renommierten Sexualforscher Masters und Johnson fanden heraus, daß eines der häufigsten Themen in sexuellen Phantasien von Männern wie Frauen Sex unter Zwang ist (andere beliebte Themen sind Partnerwechsel und das Beobachten anderer beim Sex). Es gibt auch juristische Debatten darüber, wie weit jemand sich selbst oder andere – auch mit deren Einverständnis – verletzen darf. Untersuchungen sexueller Phantasien sind kompliziert und auf das angewiesen, was Patienten ihren Therapeuten er-

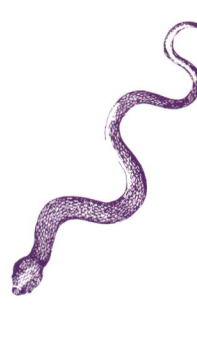

zählen. Einige Studien fanden Verbindungen mit Kindheitserlebnissen – entweder Vergewaltigungen oder einer strengen, repressiven Erziehung. Es gibt eine deutliche Trennung zwischen Phantasie und Praxis – eine Phantasie tut niemandem weh. Einige Leute, deren Phantasien ernsthafte Verletzungen von sich selbst oder anderen enthalten, gaben allerdings zu, daß sie diese auch ausleben wollten.

Leute mit weniger extremen Phantasien setzen sie manchmal in die Tat um. Vier Faktoren beeinflussen die Entscheidung: wie stark diese Phantasien erotisch wirken, wie der Partner dazu steht, wie selbstsicher der Phantasierende ist und wie bizarr die Phantasie ist. Viele inszenieren auch nur einen kleinen Teilbereich: Eine Frau z. B., die von Fesselungen träumt, kann Halstücher lose um die Handgelenke ihres Partners schlingen. Manche Sexualtherapeuten lassen als Teil der Behandlung Phantasien ausleben, mit dem Argument, daß ein Teil der Ängste beim Sex darauf beruht, nicht zu wissen, was dem Partner Spaß macht, doch sie warnen davor, daß eine ausgelebte Phantasie ihre animierende Wirkung verlieren kann: Die Vorstellung ist mitunter erfüllender als die Wirklichkeit.

Hypnose

Die Hypnose hat eine bunte Geschichte. Seit der Wiener Arzt Franz Anton Mesmer Paris mit seinen Demonstrationen »magnetischen Einflusses« in den 1780er Jahren im Sturm nahm, litt ihr Ruf in den Händen von Variété-Künstlern und Schwindlern. Doch der Augenschein weist klar darauf hin, daß Hypnose ein echter veränderter Bewußtseinszustand ist, der klinisch eingesetzt werden kann.

Das Wort Hypnose wurde im frühen 19. Jahrhundert durch den britischen Chirurgen James Braid geprägt, der das Phänomen als erster ernsthaft untersuchte. Braid hielt die Hypnose zunächst für eine Art »nervösen Schlaf«, normalem Gehirnschlaf vergleichbar, ausgelöst von Ermüdung des Gehirns

Der Wiener Arzt Franz Anton Mesmer war der erste, der mit Hypnose experimentierte (daher »mesmerisieren«). Er glaubte, er könne heilen, indem er durch Handauflegung den »animalen Magnetismus« einer Person kanalisiere. Diese Kraft wurde für eine Art physikalischen Magnetismus gehalten, so daß die Patienten um eine große magnetisierte Wanne herumsaßen, während Mesmer seine Kunst ausübte. Diese Theorie entpuppte sich bald als falsch; Mesmers Erfolge wurden wohl durch seinen direkten Kontakt mit dem Patienten bewirkt.

alles außer der Stimme des Hypnotiseurs, sie entwickelt keine Eigeninitiative, sondern wartet auf Anregungen des Hypnotiseurs, und sie akzeptiert phantastische Ideen oder Situationen leichter als Wirklichkeit. Der amerikanische Psychologe Arnold Waxman definiert Hypnose als »veränderten Bewußtseinszustand, der durch totale Konzentration auf die Stimme des Therapeuten erreicht wird«; fast, als ob die willige, entspannte Testperson dem Hypnotiseur die Kontrolle über einen Teil ihres Bewußtseins abtritt. Andere meinen, Hypnose sei nur eine Art Rollenspiel, das Ergebnis des sozialen Zwangs zur Kooperation mit dem Hypnotiseur. Sie tun sich allerdings schwer, die posthypnotische Wirkung und die

durch volle Konzentration auf die Stimme oder Bewegungen des Hypnotiseurs. Doch in seinen späteren Arbeiten stellte Braid fest, daß Testpersonen unter Hypnose Dinge weiterhin festhielten: Ihre Muskeln entspannten sich nicht wie im normalen Schlaf. Daraufhin spielte er die Rolle der Physiologie herunter und erklärte Hypnose für ein rein psychologisches Phänomen. Neueste Studien zeigen, daß die Gehirnströme unter Hypnose denen des Wachzustands sehr ähnlich sind.

Wenn jemand hypnotisiert ist, kann er reden, gehen und Anweisungen ausführen. Dennoch gibt es ein paar bemerkenswerte Veränderungen gegenüber normalem Bewußtsein: Die Aufmerksamkeit wird sehr selektiv, die Testperson ignoriert

Art zu erklären, in der Hypnose echte Erinnerungen wecken kann, zwei Phänomene, die die Hypnose tatsächlich als einen veränderten Bewußtseinszustand belegen.

Die »klassische« Technik besteht darin, eine Person in entspannte Stimmung zu bringen und sie zu bitten, sich z. B. auf eine pendelnde Taschenuhr zu konzentrieren. Doch selbst das ist nicht nötig. Einer der frühen Erforscher der Hypnose, George Estabrooks, nahm einmal die üblichen Anweisungen auf, die zur Hypnotisierung verwendet wurden, und wollte sie einer Testgruppe vorspielen. Er erwischte das falsche Band, und sie hörten Schweizer Jodler. Zu seiner Überraschung fiel dabei eine Testperson in tiefe Hypnose. Diese Geschichte zeigt, daß sich

manche Menschen viel leichter hypnotisieren lassen als andere. Dabei gibt es keine meßbaren Unterschiede zwischen Männern und Frauen oder verschiedenen Altersgruppen (nur Kinder zwischen acht und zwölf Jahren lassen sich extrem leicht hypnotisieren). Es gibt jedoch Hinweise darauf, daß Menschen, die für Märchen empfänglich sind und sich leicht mit den Helden in Büchern oder Filmen identifizieren, sich auch leichter hypnotisieren lassen.

Drei Phänomene, die mit Hypnose einhergehen, sind besonders spannend. Zwei davon – die schmerzstillende Wirkung der Hypnose und die posthypnotische Wirkung – wurden in Hunderten Versuchen nachgewiesen. Auf welche Art Hypnose Schmerzerleichterung bewirkt, ist mysteriös. Im Unterschied zu anderen psychologischen Methoden zur Schmerzsteuerung, etwa Visualisation, bewirkt Hypnose im Körper keine Aus-

schüttung von Endorphinen, den Neurotransmittern, die Schmerzrezeptoren blockieren. Schmerzbefreiung und andere Botschaften bleiben nachweislich über das Ende der Hypnose hinaus bestehen.

Die posthypnotische Wirkung ist das zweite verblüffende Phänomen. Der Hypnotiseur kann einer Person während der Trance zwei Arten von Suggestionen einprägen: negative, etwa keine Schmerzen zu spüren oder sich an nichts zu erinnern, was während der Sitzung geschah, und positive, die den geistigen Gesamtzustand der Person verbessern.

Das dritte Phänomen – der Einsatz von Hypnose, um Erinnerungen hervorzuholen – ist umstrittener. Zwar haben einige Testpersonen Kindheitserlebnisse wiedererlebt und Details von flüchtigen Ereignissen ausgegraben, doch manche Fachleute glauben, das komme vom Wunsch, dem Hypnotiseur zu gefallen.

Meditation

Eine Aufgabe des Bewußtseins ist es, unser Identitätsgefühl zusammenzuhalten. Doch viele Religionen glauben, Erleuchtung sei nur möglich, wenn die Fesseln des Selbst gesprengt werden, wenn durch Meditation ein »reinerer« Bewußtseinszustand erreicht werde.

Obgleich meditative Techniken meist mit östlichen Religionen assoziiert werden, gehören sie auch zum christlichen Glauben und werden zunehmend in weltlichem Zusammenhang eingesetzt. Die transzendentale Meditation, die in den 60er Jahren im Westen populär wurde, hat z. B. fast keine religiösen Merkmale. Viele Spitzensportler verwenden meditationsähnliche Techniken, um ihre Bewegungsabläufe zu verbessern; und Psychologen berichten, daß religiöse wie nicht-religiöse Menschen durch Meditation ihr Selbstwertgefühl verbessern und mit bis dahin unterdrückten Gefühlen umgehen lernen.

Neben den positiven psychologischen Folgen wirkt sich Meditation auch physiologisch aus – in meßbaren, wiederholbaren Phänomenen, die sich wissenschaftlich untersuchen lassen. Dabei kamen bemerkenswerte Auswirkungen ans Licht: Meditation senkt den Pulsschlag, den Blutdruck und die Muskelspannung eines Menschen und verlangsamt seinen Stoffwechsel. In der angesehenen Zeitschrift »Nature« erschien die Untersuchung eines indischen Gurus, der seine Sauerstoffaufnahme auf ein Drittel des normalen Ruhezustands reduzieren

konnte – eine außergewöhnliche Leistung, da die Atmung ja durch das Zentralnervensystem gesteuert wird, das normalerweise nicht unserer bewußten Kontrolle unterliegt. Anderen Untersuchungen zufolge kann Meditation Bronchialasthma, Bluthochdruck und Schlaflosigkeit lindern und Streß abbauen – in der Tat ähneln die Hirnströme während der Meditation den Alpha-Wellen, die die Entspannungsphase im Frühstadium des Schlafens charakterisieren (siehe S. 72).

Die zahlreichen Meditationstechniken lassen sich in zwei große Gruppen gliedern – konzentrative Meditation und öffnende Meditation. Die konzentrative Meditation, bei der die

Yoga, die indische Meditationstechnik (rechts) reicht mindestens ins 2. Jahrhundert v. Chr. zurück. In ihrer reinsten Form ist sie ein achtfacher Pfad zur Erleuchtung, die nur dann erreicht wird, wenn der Meditierende sich selbst in Einheit mit dem Gegenstand der Meditation erlebt. Yoga-Übungen verstärken die Entspannung, stabilisieren den Atem und verbessern die Körperbeherrschung. Heute bilden von Sportpsychologen entwickelte Meditationsmethoden international einen wichtigen Teil des Trainings. Der Sportler soll sich jeden Teil eines Wettkampfes vorstellen und so seinen Körper auf das Ereignis selbst vorbereiten (unten).

Konzentration auf einen einzelnen Gegenstand oder Gedanken dem Meditierenden hilft, alles andere aus seinem Bewußtsein zu verbannen, liegt vielen Traditionen zugrunde. Im Zen-Buddhismus kann das Zentrum ein simples, sich wiederholendes Ereignis sein, wie Atem oder Herzschlag des Meditierenden, das Ticken einer Uhr oder ein *koan* (paradoxer Gedanke), etwa »Wie klingt das Klatschen einer Hand?«. Im 15. Jahrhundert meditierten Christen wie Thomas von Kempen über das Bild des gekreuzigten Christus, während indische Yogi ein Mantra oder eine Gruppe von Wörtern als Zentrum ihrer Meditation verwenden. In der tantrischen Tradition dient die Körperstellung als Fokus. In

Die regelmäßige geometrische Form des Mandala (oben) dient manchen östlichen Traditionen als Zentrum der Meditation. Das Mandala ist eine optische Wiedergabe des Universums, und beim geistigen Vordringen in sein Zentrum offenbaren sich dem Meditierenden tiefere Bedeutungsebenen. Interessanterweise zeichnen im Laufe einer Psychotherapie auch Menschen ohne Kenntnisse östlicher Mystik spontan mandala-ähnliche Symbole.

Psychologen zufolge ist das Körperbild einer Person eng mit ihrem Selbstgefühl verbunden. Das Körperbild – das Seinsgefühl »aus dem Bauch« – wird durch die konstante Flut von Sinneswahrnehmungen geformt, die den Körper erreichen. Verharrt man längere Zeit in einer Haltung, so erhält das Gehirn einen gleichförmigen, anhaltenden Informationsstrom, der zu Gewöhnung führt; und diese wiederum reduziert das Körperbewußtsein und löst damit angeblich die Fesseln des Selbst.

Öffnende Meditation dagegen verwendet die Techniken der konzentrativen Meditation, geht aber über sie hinaus. Der Meditierende soll ohne bewußte Konzentration aufmerksam werden für das, was

der Symbolsprache des Tantra schlummert die Kundalini oder Schlangenenergie an der Basis der Wirbelsäule; die meditative Haltung hilft, diese Energie zu wecken, und eröffnet dem Meister den Zugang zu höheren Bewußtseinszuständen.

geschieht, um sich all jenen Wahrnehmungen zu öffnen, die das surrende Durcheinander erzeugen, das das Gehirn normalerweise wegfiltert. Dies soll in Bewußtseinserweiterung und größerer geistiger Klarheit münden.

Visionen und Trance

Seit jeher haben Menschen ernsthaft berichtet, daß sie Visionen hatten, und selbst skeptische Psychologen akzeptieren diese Berichte als wahr. William James, ein Psychologe im 19. Jahrhundert, war von Visionen fasziniert und sammelte 1902 viele in seinem Buch »Die Vielfalt der religiösen Erfahrung«. Eine Untersuchung von Visionen im Labor ist buchstäblich unmöglich, denn sie kommen nicht auf Befehl; folglich sind Berichte der Leute, die Visionen hatten, der einzige Beweis für ihre Existenz.

Oft treten Visionen in Folge von Streß auf. Leute in der Wüste »sehen« oft die Oase, nach der sie suchen, und Schiffbrüchige glauben, das ersehnte Rettungsboot erspäht zu haben. Ähnlich berichten Witwen und Witwer oft, daß sie ihren Ehepartner kurz nach seinem Tod gesehen oder gespürt haben; doch das wird in dem Maße seltener, in dem der Schmerz über den Verlust und das Bedürfnis nach Trost nachlassen.

Visionen sind oft wesentlicher Bestandteil religiöser Erfahrung. An vielen Bekehrungserlebnissen waren Visionen oder andere Arten göttlicher Offenbarung beteiligt. Dies wird durch einige

Engel und andere Himmelsboten erscheinen in Visionen als Übermittler göttlicher Botschaften. In diesem Gemälde von Giotto (1276–1337) erfährt Joseph durch den Engel, daß Maria den Sohn Gottes gebären werde.

religiöse Praktiken gefördert: Phasen der Meditation z. B. machen einige Menschen offenbar für Visionen empfänglich, auch wenn der Mechanismus dahinter unbekannt ist. Auch der Einsatz von bewußtseinsverändernden Substanzen, von Wein und Weihrauch bis zu halluzinogenen Drogen, fördert mystische Visionen.

In manchen Kulturen gibt es Schamanen, Priester, die in Trance Visionen haben. Vielfach heißt es, die Seele des Schamanen verlasse seinen Körper und reise in die Geisterwelt. Dieser Trancezustand ist jedoch ein anderer als bei einer Meditation: Während meditierende Menschen ihren Geist auf ein Bild konzentrieren, um tiefe Ruhe zu erreichen, sind Schamanen sehr konzentriert und zugleich extrem aktiv, wenn sie zwischen Welten reisen und Geistern begegnen. Manche Psychologen vergleichen den Geisteszustand eines Schamanen mit dem eines Schizophrenen. Doch während der Geist eines Schizophrenen typisch verwirrt ist, ist der des Schamanen klar, und die integrale Rolle des Schamanen in seiner Gemeinschaft ist etwas anderes als die Isolation der Schizophrenie.

Das Erlebnis, außerhalb des eigenen Körpers zu stehen, ist nicht auf religiöse Praktiken beschränkt, es tritt offenbar auch als Reaktion auf eine Notsituation auf. Dies ist bei Fast-Toten der Fall. Es gibt Tausende Berichte von Fast-Toten, von denen viele ähnliche Empfindungen schildern: Sie fühlen sich, als hätten sie ihren Körper verlassen, und viele sehen zu, wie Ärzte

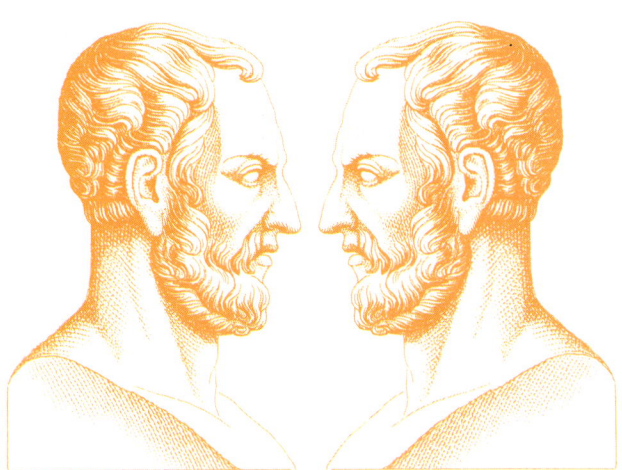

sie operieren oder Familie und Freunde um sie trauern – und dabei verspüren sie nur inneren Frieden und ein intensives Glücksgefühl. Manche berichten, sie seien durch einen Tunnel einem hellen Licht entgegengereist, in dem sie gutgesinnte Wesen erwarten; manche treffen seit langem verstorbene Freunde oder Verwandte oder einen Fremden, der sie drängt, zu ihrem Körper zurückzukehren. Viele berichten auch, daß ihre Erfahrung der Körperlosigkeit ihre Wertschätzung ihres eigenen Lebens und des Lebens anderer erhöht habe.

Obgleich solche Berichte über das Verlassen des eigenen Körpers nichts Ungewöhnliches sind, können Wissenschaftler sie noch nicht schlüssig erklären. Sie könnten physikalische Ursachen besitzen: Einige Physiologen meinen, daß Hypoxie, also zu wenig Sauerstoff im Gehirn, bei allen Betroffenen ein gleichartiges Halluzinationsmuster erzeugt. Andere glauben, das Verlassen des eigenen Körpers sei ein rein psychologischer Weg, den Tod zu leugnen. Wieder andere betrachten es als alternativen Bewußtseinzustand, als Brücke zwischen Leben und Tod.

Drogen

Zu Ende des 17. Jahrhunderts schrieb der berühmte englische Arzt Thomas Sydenham: »Ich kann nicht umhin, dankbar die Güte des Höchsten zu nennen, der die Menschheit zu ihrer Erleichterung mit Opiaten versah.« Viele machtvolle Rauschmittel kommen in der Natur vor: Bufotenin im Fliegenpilz (*Amanita muscaria*, oben links), LSD wurde aus Mutterkorn erzeugt, einem Pilz, der Weizen und Roggen befällt, und Mescalin kommt im Peyote-Kaktus vor (*Lophophora williamsii*).

Würde ein moderner Sydenham Opium loben, so könnte er seine Lizenz als Arzt verlieren, und es wurden Fälle bekannt, in denen sterbenden Patienten Morphiumgaben verweigert wurden, aus Angst, sie könnten darauf süchtig werden. Dieser Vergleich läßt tief blicken, denn er zeigt unsere Haßliebe zu Rauschmitteln: Einerseits können sie Schmerzen lindern oder uns auf neue Bewußtseinsebenen heben; andererseits sind sie als Ursachen geistiger und körperlicher Abhängigkeit gefürchtet und verteufelt.

Es ist eigenartig, daß wir gegenüber Drogen so konfus reagieren, denn als Art haben wir viel Erfahrung mit ihrem Gebrauch und Mißbrauch. Seit dem Beginn überlieferter Geschichte wurden Drogen zum Erreichen veränderter Bewußtseinszustände eingesetzt. Sumerische Tafeln von ca. 4000 v. Chr. erwähnen Opium; schon 2700 v. Chr. kannten die Chinesen die Wirkung von Cannabis; und in Mittelamerika wurden mindestens seit 1000 v. Chr. bestimmte Pilze und Kakteen wegen ihrer halluzinogenen Eigenschaften gegessen. Früher hatten Drogen meist rituelle Funktionen oder wurden vor Schlachten genommen. Einige Historiker glauben, der Kampfesmut der Wikinger sei zum Teil auf die Einnahme von Fliegenpilzen zurückzuführen, und das Wort »Assassine« hat die gleiche arabische Wurzel wie Haschisch, eine Form von Cannabis: Den Assassinen, einer Kriegergruppe im 12. Jahrhundert in Persien und Syrien, sagte man nach, daß sie Haschisch nahmen, bevor sie töteten, vielleicht um sich Mut zu machen oder um sich von ihren Taten zu distanzieren.

Viele Drogen werden heute ähnlich eingesetzt: um der Wirklichkeit zu entfliehen, Hemmungen abzubauen und das Unbegreifbare zu begreifen. In den letzten 50 Jahren waren wir einer ungeheuren Fülle psychoaktiver Drogen ausgesetzt,

die Stimmung, Verhalten oder Bewußtsein verändern. Manche Leute betrachten diese Substanzen inzwischen als schnelle Spritze gegen physische und psychische Probleme. Die Medizin trug zum Entstehen dieser Sichtweise bei: Besonders in den 70er Jahren verschrieben Ärzte Antidepressiva und Tranquillizer an depressive oder ängstliche Leute und bewirkten, daß die routinemäßige Einnahme von Psychopharmaka ganz normal wurde. Aus diesen und anderen sozialen Gründen ist der – legale und illegale – Drogenkonsum in den letzten Jahren ausgeufert, und wir müssen uns damit abfinden, daß wir heute in einer Drogengesellschaft leben.

Drogen, die das Bewußtsein betreffen, lassen sich in vier Hauptgruppen teilen – Opiate, Depressiva, Stimulantien und Halluzinogene. Sie wirken verschieden auf das Gehirn und haben unterschiedliche psychologische Wirkungen. Opiate werden aus den getrockneten Samen des Schlafmohns oder synthetisch gewonnen, wie Heroin, Kodein und Morphium. Alle wurden irgendwann wegen ihrer schmerzstillenden Wirkung medizinisch eingesetzt, und Kodein und Morphium werden bis heute verschrieben. Aus ähnlichen Gründen werden sie illegal genommen: Heroin macht »high«, nimmt die Angst und erzeugt ein vorübergehendes Hochgefühl.

Opiate imitieren die natürlichen Schmerzkiller des Gehirns: Endorphine. Endorphine sind Neurotransmitter (siehe S. 27), Moleküle, die von einem Neuron zum nächsten wandern. Sie haben die richtige Größe und Form, um sich an Opiat-Rezeptoren zu binden, und dadurch sorgen sie für eine Blockade von Schmerz und erzeugen ein angenehmes Gefühl. Auch Opiate binden sich an Opiat-Rezeptoren und erhöhen so das Gefühl des Wohlbefindens.

Der wiederholte Gebrauch von Opiaten hat jedoch eine Fülle schmerzhafter und psychologisch unangenehmer Folgen: Das Gehirn gewöhnt sich an die Zufuhr von Schmerzstillern von außen und senkt so seine eigene Endorphinproduktion. Der Benutzer kompensiert das, indem er die Dosen erhöht und schließlich eine tödliche Überdosis riskiert. Wenn die Wirkungen der Opiate abklingen, mangelt es dem Hirn an natürlichen wie künstlichen Schmerzstillern. Entzugserscheinungen sind die Folge: Magenkrämpfe, Brechreiz, intensive Kopfschmerzen, die leicht durch eine neue chemische Spritze gelindert werden können. Das anfängliche Hochgefühl weicht dem Teufelskreis der Sucht. Thomas

de Quincey, ein Schriftsteller des 19. Jahrhunderts, beschrieb als erster das Erlebnis der Opiumsucht in seinen Memoiren »Bekenntnisse eines englischen Opiumessers« (1821).

Depressiva oder Betäubungsmittel umfassen Tranquillizer wie Valium und Barbiturate wie Seconal, die zum Abbau von Ängsten und gegen Schlaflosigkeit benutzt werden. Doch das bei weitem am häufigsten benutzte Depressivum ist Alkohol.

Da er in vielen Ländern konsumiert, toleriert und sogar aktiv beworben wird, vergißt man leicht, daß Alkohol eine süchtig machende Droge ist, und aus verschiedenen Gründen neigen wir oft dazu, die ungeheuren körperlichen und sozialen Probleme zu ignorieren, die er direkt verursacht. Die psychologischen Wirkungen des Alkohols auf das Gehirn sind recht komplex: Gemäßigtes Trinken scheint unsere Spannungen und Hemmungen abzubauen, wir fühlen uns »gut drauf«, doch größere Mengen erzeugen Reizbarkeit und Stimmungsschwankungen, und wir fühlen uns »down«. Eine 1995 erschienene Studie zeigte, daß die meisten Morde an Unbekannten im Alkohol- oder Drogenrausch verübt worden waren.

Unser normaler nüchterner Zustand ist das Ergebnis eines empfindlichen Gleichgewichts zwischen Anregung und Hemmung der Nervenaktivität im Gehirn. Alkohol unterdrückt beide Prozesse, doch zuerst die Hemmung. Daher empfinden wir ein paar Drinks zunächst als anregend. Erst später unterdrückt Alkohol auch die Anregung der Neuronenaktivität. Nun fühlen wir uns »down«, und diese Wirkung dauert meist länger an.

Stimulantien oder Aufputschmittel sind Drogen wie Amphetamine, Kokain, Nikotin und Koffein. In mehr oder minder großem Ausmaß erzeugen sie Euphorie, erhöhen die Wachsamkeit und Ausdauer und steigern das Selbstvertrauen. Es gibt sogar Anzeichen dafür, daß sie unsere Leistungen bei kognitiven (Denk-) Aufgaben steigern. Stimulantien wirken entweder, indem sie die Freisetzung von Neurotransmittern, wie Noradrenalin, Dopamin und Serotonin, im Gehirn fördern (oder deren Wirkung verlängern) oder indem sie die natürlichen Depressiva des Gehirns stören (Koffein z. B. unterdrückt die Tätigkeit von Adenosin, einem der natürlichen »Dämpfer« im Gehirn).

Kokain, das aus den Blättern der Coca-Pflanze gewonnen wird, ist das wirksamste natürliche Aufputschmittel und wurde seit frühesten Zeiten verwendet. Es erzeugt nicht nur Wohlbefinden, sondern wirkt auch als Aphrodisiakum, besonders bei Männern. Doch es hat seinen Preis: Es macht sehr schnell süchtig, und der Gewöhnungseffekt ist groß, so daß immer größere Mengen benötigt werden. Auf das Kokain-Hoch folgen Phasen der Reizbarkeit und Depression, und längerer Gebrauch kann zu Halluzinationen führen, denn die Neuronen fangen an, unkontrolliert zu feuern (immer wieder wird über die Halluzination von Kokain-Wanzen berichtet, dem widerlichen Gefühl von krabbelnden Insekten unter der Haut).

Halluzinogene Drogen ändern grundlegend die Art, in der der Anwender seine innere und äußere Welt sieht. Töne und

ZWÖLF-STUFEN-PROGRAMME

Zwölf-Stufen-Programme wie die Anonymen Alkoholiker (AA) und die Anonymen Narkotiker bieten vielen Menschen Hilfe bei Drogenmißbrauch und anderen Süchten, auch Spielsucht. Es sind Selbsthilfegruppen: Menschen arbeiten zusammen an einer positiven Umgebung, in der sie mit ihrer Sucht fertig werden und sie überwinden können. Meist besuchen sie drei bis fünf Treffen pro Woche. Die zwölf Stufen beziehen sich auf die Stadien der Selbsterkenntnis, die man erlangen muß, um seine Sucht kontrollieren zu können.

Farben können verändert oder intensiviert werden (Mescalin führt z. B. zu einem Bild wie mit dem Weichzeichner), und das Zeitgefühl kann stark gestört sein, indem Stunden wie Minuten erscheinen. Verwender von LSD (Lysergsäurediäthylamid) oder Ecstasy berichten oft über ein verringertes Selbstgefühl, fast als würden sie mit ihrer Umgebung verschwimmen, oder erleben tiefe, bedeutsame Einsichten in ihr Ich und ihre Seele. Trips sind nicht immer angenehm: Manche verlieren die Orientierung, werden paranoid und geraten in gefährliche Panik.

Obgleich die psychologische Wirkung von psychedelischen Drogen wie LSD meist negativ eingeschätzt wird, glauben einige Psychiater, daß sie Zutritt zu ansonsten blockierten Teilen des Bewußtseins bieten und daher therapeutischen Wert haben. Der letzte Arzt, der LSD verschreiben durfte, war Jan Bastiaans, Professor für Psychiatrie an der Universität Leiden. Er behandelte holländische Soldaten, die in den 50er Jahren aus dem Indonesienkrieg zurückkehrten und Schwierigkeiten hatten, sich wieder in das normale Leben einzugliedern, da sie im Unbewußten Erinnerungen an die Grausamkeiten dieses Krieges, die sie erlebt hatten, verdrängt oder vergraben hatten. Bastiaans verwendete LSD, um diese Verdrängungen freizulegen: In einer Reihe von Fällen glaubte er, die Droge senke den Schutzwall der Soldaten und mache es möglich, daß sie geheilt würden. Die Medizin toleriert die Verwendung von Halluzinogenen in der Psychiatrie jedoch nicht mehr, da die Gefahr negativer Folgen groß ist.

Die Macht der Suggestion

Wie wir denken, wird durch unser soziales Umfeld beeinflußt. Das ist nicht nur eine Frage von bewußtem Aufnehmen von Informationen und Wissen von den Leuten um uns. Manchmal kann uns der Druck anderer die Dinge von ihrem Standpunkt aus sehen lassen oder uns zu Verhaltensweisen bringen, die wir vorher nicht gezeigt hätten, so als hätten wir einen Teil unseres Bewußtseins aufgegeben. In gewisser Weise ist jeder von uns beeinflußbar. Wir alle befolgen einige gesellschaftliche Normen; und das Verhalten von Leuten, die in großen Firmen arbeiten, wird oft durch einen »Gemeinschaftsgeist« geprägt. Psychologische Untersuchungen von Beeinflußbarkeit weisen darauf hin, daß dabei mehr als ein Prozeß zum Tragen kommt.

Zwei einfache Versuche zeigen die Macht der Suggestion in verschiedenem Zusammenhang. Beim ersten geht es um die Reaktion eines Individuums auf eine Autoritätsperson. Der Versuchsleiter suggeriert der Testperson immer wieder das gleiche: Er erzählt ihr z. B., ihr Körper schwanke. Alsbald beginnt ihr Körper zu schwanken. Nicht jeder ist für diese Art der Suggestion empfänglich (die manchmal primäre Suggestibilität genannt wird), und neurotische Leute reagieren darauf leichter als ausgeglichene Individuen. In einem anderen berühmten Versuch aus den 50er Jahren untersuchte der Sozialpsychologe Solomon Asch Gruppendynamik. Er zeigte einer Gruppe von sieben bis neun Personen eine Karte mit drei verschieden langen Strichen. Sie sollten herausfinden, welcher Strich genauso lang war wie der auf einer zweiten Karte. Die richtige Antwort war klar – ein Strich paßte genau –, doch bis auf eines waren alle Gruppenmitglieder von Asch »geimpft« worden, eine falsche Antwort zu geben. Der Witz bei diesem Versuch bestand darin festzustellen, wie weit sich die einzige »echte« Versuchsperson von den anderen beeinflussen lassen würde. Es zeigte sich, daß nur jede vierte Testperson beharrlich gegen den Druck der anderen durchhielt, was zeigt, daß die Macht der Suggestion manchmal das Zeugnis unserer eigenen Sinne übersteigen kann. Der Druck der Gruppe sinkt, wenn sie sich nicht einig ist, auch wenn es nur einen weiteren Abtrünnigen gibt. Und auch wenn dieser eine weitere Abtrünnige Unrecht hat, fühlt sich die Testperson dadurch freier, ihre eigene Meinung zu äußern.

Aschs Experiment mag künstlich sein und kaum Parallelen im täglichen Leben haben – doch wenn bereits das, was wir sehen, sozialem Druck unterliegt, dann unterliegen unsere alltäglichen moralischen und sozialen Urteile (bei denen wir meist viel unsicherer sind) fast sicher dem gleichen oder einem noch größeren Druck.

Beeinflußbarkeit kann schwere Folgen haben, besonders bei Verhören. Gerichtspsychologen befaßten sich in den 70er Jahren mit der Macht der Suggestion, nachdem in mehreren namhaften Fällen der Polizei vorgeworfen worden war, Verdächtige auf unfaire Weise zu Geständnissen zu bringen. Personen wurden aufgrund von Geständnissen für schuldig befunden, die ihnen auf dubiose Weise entlockt worden waren, und ver-

brachten Jahre im Gefängnis, ehe ihre Urteile in der Berufung aufgehoben wurden. Den Berufungen lag der Geisteszustand zugrunde, in dem die Geständnisse entstanden. Den Verdächtigen wurde immer wieder gesagt, daß sie diese Verbrechen begangen hätten, und schließlich begannen einige an ihrer Unschuld zu zweifeln. Gelegentlich wurden Verdächtigen angeblich der Schlaf, das Licht oder das Essen entzogen und sie verprügelt. Waren die Verdächtigen so beeinflußbar, daß sie nur nachplapperten, was die Polizei hören wollte? In gewissen Fällen traf das zu. Die Verdächtigen berichteten später, daß sie sich nicht mehr sicher waren, was sie zum Zeitpunkt der Tat gemacht hatten oder wo sie gewesen waren.

Verhörende Polizisten wissen, wie sie die Situation ausnutzen. Barrie Irving von der UK Police Foundation bemerkte: »Der wichtigste psychologische Faktor bei einem erfolgreichen Verhör ist eine private Atmosphäre – mit dem Verhörten allein zu sein.« (In diesem Zusammenhang ist ein erfolgreiches Verhör eines, das mit einem Geständnis endet.) Unter solchen Bedingungen werden manche Verdächtige zugänglicher, auch wenn sie wissen, daß sie am Ende eines Verbrechens überführt werden können. Doch nicht alle Verdächtigen beugen sich dem Druck: Gisli Gudjuddson, Autor von »The Psychology of Interrogations, Confessions and Testimony« (1992) hat gezeigt, daß es eine Reihe von Faktoren gibt, die eine unschuldige Person zu einem Geständnis bringen, wie niedrige Intelligenz, ein hohes Maß an Angstgefühlen und Gedächtnisschwäche. Ein Persönlichkeitsfaktor kann hinzukommen: die Neigung, sich zu fügen und Konfrontationen zu vermeiden.

Körpersprache

Die Erkenntnis, daß Worte unsere wirklichen Gefühle verbergen können, ist kaum revolutionär. Es geht dabei nicht nur um das Lügen; es kann sein, daß man zu angespannt, furchtsam oder besorgt ist, um die Wahrheit zu sagen. Unter solchen Umständen zeigt sich die Wahrheit meist in nonverbaler Form, einem Wechsel in Haltung, Gesten oder Gesichtsausdruck.

Manche Kommentatoren zogen Parallelen zwischen menschlicher Körpersprache und Übersprungshandlungen von Tieren. Übersprungshandlung ist ein Begriff, den Verhaltensforscher wie Konrad Lorenz und Niko Tinbergen entwickelten. Im Prinzip bezeichnet er ein Verhalten, das ein Tier zeigt, um sexuelle oder aggressive Energie abzuladen, oft dann, wenn widersprüchliche Instinkte es beherrschen. Es möchte um ein neues Weibchen kämpfen, doch als es sieht, wie groß der Rivale ist, will es fliehen. Statt dessen hüpft es oder pickt am Boden. Auch Menschen zeigen Übersprungshandlungen. Statt jemanden zu schlagen, balle ich die Fäuste oder kaue meine Nägel. Wenn ich ängstlich bin, es aber nicht zeigen will, oder wenn ich mir meiner Angst vielleicht gar nicht bewußt bin, berühre ich mehrmals mein Gesicht (es ist da, also gibt es mich) oder schlage meine Fersen zusammen.

Eine der wichtigsten Arten der nonverbalen Kommunikation ist der Augenkontakt. Intensiver Blickkontakt hat meßbare physiologische Auswirkungen – erhöhter Puls, Veränderungen des

Das menschliche Gesicht kann sehr ausdrucksstark sein und feinste Gefühlsnuancen mitteilen. Trotz der Tatsache, daß Mienen wesentliche Hinweise in sozialen Interaktionen sind, sind sie wahrscheinlich weitgehend angeboren, denn die Fähigkeit, erkennbare Mienen zu bilden, teilen wir mit anderen Primaten (links). Charles Darwin meinte, Mimik habe zunächst eine biologische Rolle gespielt: Stirnrunzeln schützte die Augen vor zuviel Sonne, Aufreißen der Augen verbesserte die Sicht bei Streß usw.

Hautwiderstands (das Streßmaß bei Lügendetektortests) –, aber in verschiedenen Situationen unterschiedliche Bedeutungen. In einem hierarchischen Umfeld, z. B. am Arbeitsplatz, kann intensiver Blickkontakt Überlegenheit oder Feindseligkeit bedeuten, und Wegsehen signalisiert Schwäche oder Ausweichen. Doch in romantischen Situationen ist Augenkontakt ein Vorspiel für Intimitäten. Viele bekannte Bücher haben Fälle wie das Spiegeln von Haltungen erforscht – dabei imitieren zwei Personen die Gesten des jeweils anderen. Wenn jemand mehr über den Eindruck seiner Körpersprache weiß, kann er sich eine bestimmte Körpersprache »anziehen« und andere unterdrücken.

Die Grammatik der Körpersprache ist weitgehend kulturabhängig. Menschen in Westeuropa und den USA erwarten z. B., daß andere während eines Gesprächs einen »persönlichen Abstand« von etwa 60 cm einhalten. Sie können sich bedroht fühlen, wenn sie mit gutmeinenden Südamerikanern sprechen,

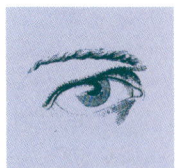 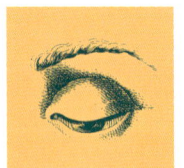 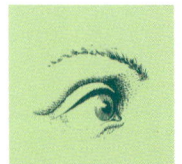  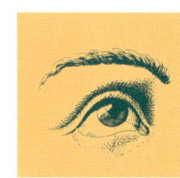 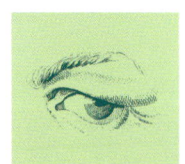

deren Distanzbedürfnis geringer ist. Ähnlich wird die japanische Sitte des *omoiyari* oder Einfühlungsvermögens, das sich bemüht, implizit die Wünsche anderer zu verstehen, im Westen manchmal als Mangel an Selbstvertrauen gedeutet. Andere Arten der nonverbalen Kommunikation hingegen scheinen internationaler zu sein. Verschiedene Formen drohender und wohlwollender Mienen werden kulturübergreifend verstanden.

Die Beschäftigung mit nonverbalem Verhalten ist älter als man glaubt. Charles Darwin studierte die Grimassen und Gesten vieler Arten. In seinem 1872 erschienenen Buch »The Expression of the Emotions in Men and Animals« schrieb er, daß sich menschliche Eigenarten wie das Lachen aus der Mimik unserer affenähnlichen Vorfahren entwickelt haben. 1960 war das Studium der nonverbalen Kommunikation noch auf psychologische Universitätsinstitute beschränkt. Doch heutzutage ist die Bedeutung von Gesten und Körperhaltungen jedem vertraut. Verhalten und Denken werden dadurch beeinflußt, und das zeigt einen interessanten Zug des postmodernen Lebens – daß unser psychologisches Wissen tatsächlich zu Veränderungen des Bewußtseins führen könnte.

Der Geist und das Paranormale

Im normalen Wachzustand können wir nicht die Zukunft vorhersagen, Gegenstände bewegen, ohne sie zu berühren, oder sagen, was in einem versiegelten Umschlag ist, ohne ihn zu öffnen. Es gibt jedoch, wenn auch umstrittene, Hinweise, daß wir in paranormale Bewußtseinszustände treten können, in denen wir so ungewöhnliche Leistungen vollbringen können, indem wir Information oder Energie in einer Weise kanalisieren, die allen bekannten physikalischen Gesetzen widerspricht. Diese vermutlich geistigen Phänomene, zu denen Telepathie, Präkognition, Hellseherei und Psychokinese gehören, erhielten die Sammelbezeichnung »Psi«.

Mystiker sprachen seit langem von den verborgenen Kräften des Geistes, doch erst 1882 – im Jahr der Gründung der Society for Psychical Research in England – wurden Psi-Phänomene überhaupt einer Prüfung unterzogen. Die Gesellschaft, zu deren Mitgliedern der angesehene Physiker Sir Oliver Lodge, der Psychologe William James und Sir Arthur Conan Doyle, der Schöpfer von Sherlock Holmes, gehörten, untersuchte das Paranormale mit wissenschaftlichen Methoden in der Hoffnung, Hinweise auf ein Leben nach dem Tod und auf »Seelen« zu finden, die von »drüben« Signale schickten. Es ist also kaum überraschend, daß viele Wissenschaftler ihre Ergebnisse bezweifelten. Es war auch nicht hilfreich, daß einige der Medien sich als dreiste Schwindler erwiesen. Dennoch gelang es der Gesellschaft seither, ein hohes Forschungsniveau zu halten, und das letzte Jahrhundert des Experimentierens führte zu bemerkenswerten Ergebnissen.

Vom Gebiet der Psi-Forschung läßt sich am »besten« die Telepathie nachweisen, ein Phänomen, bei dem Gedanken direkt von einer Person auf eine andere übertragen werden, und die Psychokinese, die Fähigkeit, Gegenstände durch die Kraft des Geistes oder des Übernatürlichen zu bewegen.

Die ersten und vielleicht wichtigsten Versuche über außersinnliche Wahrnehmungen (ASW) führte der Biologe Joseph Rhine durch, der in den 30er Jahren eine Abteilung zum Studium von ASW an der Duke University in den USA leitete. Rhines Methode war einfach. Er setzte die Testperson – den Empfänger – in einen Raum, während in einem anderen Raum eine andere Person aus einem Stapel von 25 Karten langsam eine Karte nach der anderen zog. Diese Karten, die Zenerschen Karten, waren mit einem von fünf einfachen geometrischen Mustern bedruckt, von jeder Sorte waren fünf Karten im Stapel. Der Empfänger sollte raten oder irgendwie »wissen«, welche Karten gezogen wurden. Rhines frühe Ergebnisse waren erstaunlich, denn sie ergaben ein stark positives Ergebnis, da die Empfänger durchgehend mehr als die fünf Treffer hatten, die bei reinem Raten zu erwarten wären. In einem Test »riet« eine Testperson namens Hubert Pearce jede einzelne der 25 Karten richtig. Rhines Versuch wurde von Skeptikern kritisiert, die glaubten, daß die Empfänger absichtlich oder unbewußt Hinweise über die Karten erhalten hatten. Doch wie auch immer, Rhines positive Ergebnisse ließen sich von anderen Experimentalpsychologen nicht wiederholen. Wissenschaftler betrachten die Wiederholbarkeit als Maßstab für jede experimentelle Entdeckung, und ihr Ausbleiben

erzeugt unweigerlich ernste Zweifel an der Gültigkeit der Ergebnisse. Ein Argument der Verfechter von ASW ist, daß diese Kritik nicht trifft, da Psi-Phänomene nicht willentlich wiederholbar sind und durch emotionale Intensität oder persönliche Krisen ausgelöst werden können. Sie vertreten eine Methode, die als Meta-Analyse bekannt ist. Anstatt auf die Wiederholbarkeit jedes einzelnen Experiments zu bestehen, behandeln sie alle Studien zu einem bestimmten Thema als Einheit. Solange eine statistisch signifikante Anzahl von Studien zu einem bestimmten Thema wiederholbar sind, betrachten die Vertreter der Meta-Analyse das als wissenschaftlichen Nachweis.

Es gibt viele anekdotische Berichte über Fälle von Telepathie, die allerdings nicht als ernsthafte Beweise gelten können, da sie nicht erhärtet werden können. Ein typischer Fall spielte sich 1955 in Cedarburg, Wisconsin, ab. Joicey Hurth wusch ab. Ihr Sohn und ihr Mann gingen ins Kino in den neuesten Disney-Film. Ein paar Minuten später kam ihre Tochter von einer Party nach Hause. Auch sie wollte den Film sehen. Ihre Mutter schickte sie dem Rest der Familie nach, ermahnte sie jedoch, beim Überqueren der Straße vorsichtig zu sein. Kurz nachdem ihre Tochter gegangen war, verspürte Mrs. Hurth ein fürchterliches Frösteln, wie sie berichtete. Irgendwie wußte sie, daß ihre Tochter verletzt war. In Panik rief sie im Kino an und erfuhr, daß gerade ein kleines Mädchen vor der Tür überfahren worden war. Ist es möglich, daß die Angst und Gefühle der Tochter so stark waren, daß sie irgendwie auf die Mutter

übertragen wurden? Oder konstruierte Mrs. Hurth die Geschichte unbewußt, nachdem sie von dem Unfall erfahren hatte?

Das Hellsehen ist der Telepathie insofern verwandt, als Wissen eine Rolle spielt, das nicht auf traditionellem Wege erworben wird. Im Fall des Hellsehens jedoch hat auch kein anderer dieses Wissen. Wenn ich ein Kartenspiel mische, die oberste Karte ansehe, und Sie »lesen meine Gedanken«, um zu erfahren, welche Karte es war, ist das Telepathie. Wenn aber nach dem Mischen niemand die Karten angesehen hat und Sie wissen, welche Karte die oberste ist, dann ist das Hellsehen.

Der experimentelle Nachweis der Psychokinese (die Bewegung von Dingen durch Geisteskraft) ist ebenso zweifelhaft wie der der Telepathie: In vielen Fällen sind die Methoden, die sta-

tistischen Analysen und bisweilen die Ehrlichkeit des Versuchsleiters fragwürdig; allzuoft sind die Ergebnisse nicht zuverlässig wiederholbar. Wiederum gibt es eine Fülle anekdotischer Beweise – Uri Gellers angebliche Fähigkeit, Gabeln zu verbiegen, ohne sie zu berühren, ist international bekannt, und es gibt Hunderte Poltergeist-Phänomene, in denen sich Gegenstände ohne ersichtlichen Grund bewegen und einem Kind oder einer jungen Frau »unbewußte« telekinetische Kräfte nachgesagt werden. Doch die Ergebnisse von Dr. Helmut Schmidt von der Mind Science Foundation in San Antonio, Texas, warten noch auf befriedigende Erklärung. Schmidt verwendete den Zerfall eines Stücks der Radioisotope Strontium 90 als Antrieb für einen Zufallsnummerngenerator. (Physiker haben bewiesen, daß es unmöglich ist, die Zerfallsgeschwindigkeit auf irgendeine chemische oder physikalische Weise zu beeinflussen.) Der Zufallsgenerator war an eine kreisförmige Anordnung von neun Lichtquellen angeschlossen. Wenn der Generator eine positive Zahl erzeugte, leuchteten die Lichter im Uhrzeigersinn auf; negative Zahlen hatten die gegenteilige Wirkung. Wenn niemand vor der Maschine saß, war das Muster des Leuchtens wie erwartet völlig zufällig. Doch das war nicht der Fall, wenn Versuchspersonen sich darauf konzentrieren sollten, die Lichter möglichst entweder im oder gegen den Uhrzeigersinn aufleuchten zu lassen. Viele Testpersonen waren anscheinend fähig, die Lichter zu bewegen, doch in der entgegengesetzten Richtung zu der verlangten. Manche Parapsychologen sehen hierin den Beweis, daß der Geist Elementarteilchen beeinflussen könne.

Präkognition oder Wahrsagerei ist das Wissen, was geschehen wird, ehe es eintritt. Auch hier gibt es viele anekdotische Beispiele – die meisten von uns haben wohl irgendwann das Gefühl eines Vorherwissens erlebt. Oft berichten Leute, daß sie von einem Ereignis geträumt haben, das später eintrat. In der Presse erscheinen alljährlich Vorhersagen, was das neue Jahr bringen werde; die meisten stellen sich als falsch heraus. Präkognition muß noch in befriedigender Weise unter Laborbedingungen getestet werden.

Trotz verbreiteter Skepsis finden es Experten aus vielen Gebieten problema-

TELEPATHIE BEI KANINCHEN

Ein groteskes Experiment wurde Berichten zufolge von den Sowjets während des kalten Kriegs durchgeführt: Junge Kaninchen wurden von ihren Müttern getrennt, die an Land blieben, während ihre Jungen auf ein U-Boot gebracht wurden. Zu einem festgesetzten Zeitpunkt wurden die jungen Kaninchen Hunderte Meter unter Wasser umgebracht. Tausende Meilen entfernt beobachteten Parapsychologen die Gehirnströme der Mütter, und sie beobachteten außergewöhnliche Verzerrungen des Musters zu dem Zeitpunkt, als ihr Nachwuchs starb. Dieses Experiment enthüllt einen der Widersprüche marxistischer Psychologie. Nach marxistischer Lehre sind Menschen soziale Tiere ohne Seele, und daher kann es keine Psi-Phänomene geben, wenn der nicht-materielle Aspekt des Geistes geleugnet wird.

tisch, ASW und andere Psi-Phänomene rundweg auszuschließen. Ein Grund ist, daß sich ein negativer Beweis – daß es keine Psi-Phänomene gibt – schwer führen läßt, auch wenn viele Wissenschaftler der Idee mit so vielen Vorurteilen begegnen, daß die Debatte nicht immer vernünftig ist. Psi-Phänomene erwecken auch weiterhin die Aufmerksamkeit der Öffentlichkeit, und manche Detektivbüros setzen Parapsychologen ein, die behaupten zu wissen, wo gestohlene Waren oder entführte Menschen sind, und folgen treu ihren Anweisungen.

Wissenschaftler bezweifeln Paranormales mit guten und mit schlechten Gründen. Viele Behauptungen sind einfach zu unglaubwürdig, und viele andere beruhen nur auf anekdotischen Beweisen. Zusätzlich haben Magier wie James Randi gezeigt, daß viele Psi-Erfolge mit den bekannten Mitteln der Bühnenmagie erreicht werden können. Doch es ist auch wahr, daß unerschütterliche Beweise für Psi-Phänomene das völlige Umschreiben vieler Geistestheorien zur Folge hätten, weil sie herrschende Lehrmeinungen über die Biologie des Gehirns herausfordern würden. Infolgedessen sind die meisten Wissenschaftler bei paranormalen Studien extrem kritisch und verlangen mehr Beweise von ihnen als von »konventionellen« Experimenten.

Trotz 100 Jahren des Experimentierens und vieler Anzeichen gibt es keinen schlüssigen Beweis, daß Psi-Phänomene existieren – oder nicht. Wir sollten offen, aber durchaus skeptisch sein.

Der Geist unter Beschuß

Menschliche Wesen sind fasziniert von Verrücktheit. Besessenheit, Geisteskrankheiten und Gewalt sind Hollywoods Standardthemen. Doch dieses Interesse an Verrücktheit ist nicht neu. Vor über 2000 Jahren bemerkte Aristoteles, das Genie habe fast immer einen Anflug von Verrücktheit, und im 1. Jahrhundert n. Chr. lieferte der Arzt Aretaios von Kappadokien in seinem Buch »De causis et signis morborum« (Über die Ursachen und Anzeichen der Krankheiten) eine bemerkenswerte Übersicht über Geisteskrankheiten, die von modernen Psychiatern anerkannt würde.

Unsere Faszination von geistigem Zusammenbruch hat zwei Ursachen: Wir lieben Horror, und der Verlust der Kontrolle unseres »wahren« Selbst fasziniert und schreckt uns zugleich. In der Verrücktheit der anderen sehen wir einen Spiegel. Jeder von uns kann »umkippen«. Das ist heute wahrer als je zuvor, denn wir leben länger, und statistisch gesehen leiden 20 Prozent der Menschen über 85 an Geistesschwäche. Die Lage der Geisteskranken berührt uns; und manche Kulturen sehen in Verrücktheit eine Botschaft, da die Götter durch die Betroffenen sprechen.

Viele große Künstler interessierten sich für Geisteskrankheiten und ihre Aussage über die *conditio humana*. Eine überraschend hohe Zahl an Hauptpersonen bei Shakespeare – Hamlet, Ophelia, König Lear, Lady Macbeth und Macbeth – sind nahe der Verrücktheit. Shakespeares offensichtliche Überzeu-

Im 19. Jahrhundert gab es breites Interesse an der Klassifikation von Geisteskrankheiten. Psychologen schlugen Typologien (oben) nach dem Erscheinungsbild der Kranken vor.

gung, Verrücktheit enthalte Wahrheit, wurde von vielen Autoren und Künstlern des Surrealismus geteilt, der in Europa in der Zwischenkriegszeit Furore machte. Unter dem Einfluß von Freud und der psychoanalytischen Bewegung simulierten Künstler wie Salvator Dalì (1904–1989) Verrücktheitszustände, um den bewußten und den unbewußten Geist zu einer »Surrealität« zu vereinen.

Trotz des Interesses an Geisteskrankheiten auf verschiedensten Ebenen hat die Gesellschaft die »Irren« stets gestraft. Dabei war es gleichgültig, ob sie von Dämonen besessen waren – die christliche Lehrmeinung bis 1650 – oder als Opfer von Krankheiten galten.

Die gefühllose Behandlung von Psychiatriepatienten im Laufe der Zeiten spiegelt Ängste der Gesellschaft und Mißverständnisse. Jahrhundertelang galt die Besessenheit durch Dämonen als Ursache von Geisteskrankheiten, und die Behandlungsmethoden waren drastisch: vom Öffnen der Schädeldecke, um einen Ausgang zu schaffen, über Hungern und Auspeitschen, alles damit dem Dämon der Aufenthalt verleidet werde. Eine andere Schule führte Geisteskrankheiten auf organische Ursachen zurück, sah aber keinen Weg zur Behandlung des Ungleichgewichts von Temperamenten oder Körpersäften, das ihre Wurzel war. Geistig Kranke galten als unheilbar und gefährlich, und sie waren oft entsetzlichen Grausamkeiten ausgesetzt. Zusätzlich war der Begriff »Geisteskrankheit« in den meisten Gesellschaften weit gefaßt und umfaßte jedes Individuum, das mit den gesellschaftlichen Normen seiner Zeit nicht konform ging, von unverheirateten Müttern bis zu Kriminellen und politischen Dissidenten.

Die erste spezielle psychiatrische Klinik war das Hospital of St Mary of Bethlehem – besser bekannt als Bedlam – in London, gegründet 1402. Im 18. Jahrhundert wurde die Öffentlichkeit zur Besichtigung der Patienten zugelassen, eine groteske Form der Unterhaltung, die jedes Jahr Tausende Leute anzog. Der Begriff »Bedlam« wurde zum Synonym für Tollhaus und Chaos, was die Atmosphäre in der Anstalt während des 15. und 16. Jahrhunderts spiegeln dürfte. Patienten wurden oft geschlagen und in Ketten gehalten, in einem dunklen, feuchten Loch, das eher ein Gefängnis war als eine Klinik.

In der Geschichte der Psychiatrie gebührt dem Pariser Arzt Philippe Pinel (1745–1826) viel Ehre, der in La Bicêtre und La Salpêtrière wirkte, Irrenanstalten für Männer bzw. Frauen. Er nahm geistig Kranken die Fesseln ab und erklärte, sie seien nicht so gefährlich, daß sie Ketten benötigten, und stellte fest, daß sich bei vielen der Zustand aufgrund dieser humaneren Behandlung verbesserte. Er inspirierte andere Ärzte zu dem, was dann als »moralische Behandlung« bezeichnet wurde, ein relativ liberales Regime, unter dem Irrenanstalten auf dem Land errichtet wurden und Patienten im Freien arbeiten durften: Sie waren noch immer jahrzehntelang eingesperrt, aber zumindest in besserer Umgebung.

Obgleich die Nachfrage nach besonderer Behandlung von Geisteskranken zu einem raschen Anwachsen der Zahl der Irrenanstalten in Europa und den USA führte, verbesserten sich die Behandlungsmethoden nicht; viele Patienten blieben eingesperrt. Zwangsmaßnahmen wurden erfunden, teilweise in dem Glauben, daß Patienten an Übererregung litten, und wenn sie ruhig gestellt würden, könnte sich ihr Geist ausruhen.

In der ersten Hälfte des 20. Jahrhunderts hatten sich die Bedingungen im Vergleich zu Bedlam nur marginal verbessert. Bücher wie Albert Deutschs »The Shame of the States« (1948) zeichneten ein entsetzliches Bild von den Bedingungen, unter denen Tausende amerikanische Patienten litten. Sie wurden in großen Anstalten gehalten, wurden oft geschlagen und sahen nur selten einen Arzt, obgleich sie als krank galten.

In den 30er Jahren wurden zwei neue Therapieformen entwickelt, die viele Menschen als grausam verurteilten. Die eine war der Elektroschock. Die Patienten werden festgebunden, Elektroden werden an ihre Schläfen gesetzt, und der Kopf erhält einen elektrischen Schock. Filme dieser Prozedur sind

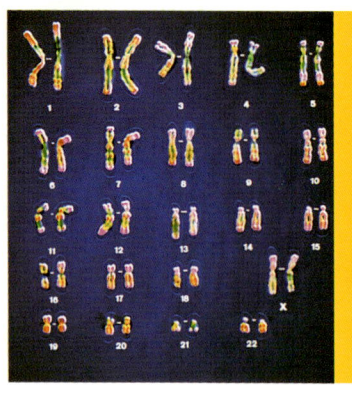

Es gibt eine Debatte über die Rolle von Genen (rechts) und Umwelt (ganz rechts) beim Ausbruch von Geisteskrankheiten. Viele Experten erkennen nun, daß unsere Gene uns dazu prädisponieren können, soziale Faktoren aber eine wesentliche Rolle spielen.

entsetzlich. Die Patienten werden von langen Krämpfen durchgeschüttelt und können das Gedächtnis verlieren. Auch wenn die Behandlung gewisse Erfolge bei extremen Depressionen zeigt, haben Psychiater nie versucht, sie weiter zu verfeinern, als den Patienten vorher Mittel zur Entspannung der Muskulatur zu geben; und obwohl nachgewiesen werden konnte, daß der gleiche Heilerfolg erreicht werden kann, wenn nur eine Gehirnhälfte geschockt wird (geringerer Gedächtnisverlust), wenden viele Psychiater Elektroschocks weiterhin beidseitig an. Die zweite Therapie war die Lobotomie: Durchtrennung einiger Verbindungen von der Großhirnrinde zu den Stirnlappen. Obwohl einige Patienten danach weniger gestört waren, vegetierten die meisten nur noch dahin. Diese Behandlung ist inzwischen in Verruf geraten, auch wenn einige Neurologen diese traurigen Fälle studiert haben, um die Stirnlappen besser zu verstehen.

Viele geistig Kranke sind in der Lage, die komplexe Natur ihrer Krankheit visuell auszudrücken, wie David Chick in diesem Bild »Leute versuchen mich zu erreichen«.

Viele Leute spüren, daß diese wilde Mischung von Grausamkeiten unser mangelndes Verstehen von Geisteskrankheiten spiegelt. Sie bleiben rätselhaft, und trotz aller ausgeklügelten Behandlungsmöglichkeiten mit Arzneien fehlt uns der Einblick, um wirksame, menschliche Heilungen zu entwickeln. Unsere emotionale Reaktion auf geistige Erkrankungen ist noch immer primitiv – wir haben Angst um unseren Verstand und strafen daher die, die scheinbar dieses Schicksal erlitten haben.

Manche Experten meinen, gewisse Formen von Geisteskrankheit seien nichts als bequeme Bezeichnungen für all jene, die die Gesellschaft ablehnt. Die als Antipsychiatrie bekannte Schule, zu der der schottische Psychiater R.D. Laing und der Amerikaner Thomas Szasz gehören, behauptet, die Diagnose von Schizophrenie sei viel zu ungenau, und viele Leute, bei denen Schizophrenie diagnostiziert wurde, litten in Wirklichkeit an »Problemen mit dem Leben« (so Szasz) oder den »Familienbanden« (so Laing). In seinem Buch »Grausames Mitleid« behauptet Szasz 1994, daß den »Patienten« mit der Diagnose »krank« keineswegs geholfen werde, sondern sie schlechter gemacht werden.

Argumente wie diese sind heute nicht mehr so einflußreich wie in den 60er und 70er Jahren, denn inzwischen wurde die Diagnose von Schizophrenie verfeinert und halfen biochemische Fortschritte, den Zustand zu verstehen. Doch seltsam: Je mehr wir die Biochemie des Gehirns verstehen, desto schwieriger ist es, eine rein biologische Position zu halten. Jahrelang gab es erbitterte Debatten über die Frage, ob Geisteskrankheit genetisch bedingt oder die Folge eines sozialen und emotionalen Mangels sei. Vielleicht liegt es am Reifen von Psychologie und Psychiatrie, daß die Fanatiker zugeben, daß selbst eine biologisch massiv vorbelastete Person kaum je eine schizophrene Phase haben wird, sofern sie nicht durch Streß ausgelöst wird.

Schizophrenie

Bis ins 19. Jahrhundert glaubte man, daß Stimmen und Visionen, die manche Leute wahrnahmen, prophetische Bedeutung hätten. Erst mit dem Aufkommen der westlichen empirischen psychologischen Forschung wurden sie in einem anderen Licht gesehen. 1897 beschrieb der bedeutende deutsche Psychiater Emil Kraepelin die geistige Störung Schizophrenie (nach den griechischen Wörtern für »gespaltener Geist«) als Zustand, in dem der Kranke Halluzinationen und das Gefühl erlebt, von »fremden Mächten« gesteuert zu sein, oft verbunden mit Rückzug und Gefühlskälte. Kraepelin hielt Schizophrenie für eine organische Störung, verursacht durch erkennbare Veränderungen der Gehirnstruktur, und deutete Visionen und Stimmen als »Abfallfetzen eines kranken Geistes«.

Heutige Definitionen der Schizophrenie sind weit weniger klar. In den 60er Jahren stellten radikale Psychologen wie der schottische Psychiater R.D. Laing die orthodoxe Sicht der Krankheit in Frage. Laing zeigte, daß fast jede Form von Verhalten als Symptom von Schizophrenie gedeutet werden konnte, was den Psychiatern ermöglichte, Leute als krank zu erklären, die sich weigerten, den Erwartungen ihrer Familie oder der Gesellschaft zu entsprechen. Er schrieb: »… Psychiater diagnostizieren oft Leute als psychotisch, mit denen in meinen Augen überhaupt nichts Ernsthaftes los ist. In dem Fall erfolgt die Diagnose ähnlich wie eine Plazierung auf einem sozialen Schachbrett.« Er analysierte auch die Botschaften, die einige Schizophrene hörten, und fand, daß sie beileibe keine »Abfallfetzen« seien, sondern vielmehr echte Traumata aus

dem Leben der Betroffenen spiegeln. Vor kurzem konzentrierte sich eine Arbeitsgruppe an der Universität Leiden in den Niederlanden darauf, Patienten beizubringen, wie sie auf diese Stimmen hören sollten – eine Entwicklung, die Kraepelin erstaunt hätte.

Schizophrenie ist als Geistesstörung ebenso gefürchtet wie mißverstanden und betrifft weltweit 250 Millionen Menschen. Entgegen populärer Ansicht hat sie nur wenig mit »gespaltener Persönlichkeit« zu tun. Zu den typischen »erstrangigen« Symptomen der Schizophrenie gehört das Gefühl der Betroffenen, ihren Geist nicht mehr im Griff zu haben, Visionen zu sehen und Stimmen zu hören – genau dies stellt sich der Laie unter »Verrücktheit« vor. Schizophrene werden sehr ungeordnet und unlogisch in ihrem Denken, und sie ziehen sich stark zurück und haben Kommunikationsschwierigkeiten. Wenn Patienten diese Symptome nicht haben, haben sie *per definitionem* eine andere geistige Erkrankung. Manche ziehen sich so weit zurück, daß sie katatonisch werden, doch das gilt keineswegs für alle. Viele Irrmeinungen über Schizophrenie beruhen auf einer uneinheitlichen Diagnose; mit diesem Problem befaßt sich die Weltgesundheitsorganisation, die seit 1979 ein Programm laufen hat, das sicherstellen soll, daß Psychiater auf der ganzen Welt nach den gleichen Kriterien diagnostizieren.

Schizophrenie fasziniert Psychiater, Psychologen und Neurologen, da die Gedanken und Gefühle der Betroffenen so ungewöhnlich sind. Die Krankheit geht oft mit Paranoia und

MEDIZIN IM KALTEN KRIEG
Das Sowjetregime setzte die Diagnose Schizophrenie ein, um Dissidenten aus dem Licht der Öffentlichkeit zu ziehen. Sowjetische Ärzte entwickelten eine groteske Argumentation, erklärten, ihre Patienten hätten »schleichende« Schizophrenie – der Kampf gegen die Ungerechtigkeiten eines totalitären Regimes galt als eines der Symptome. Zu dieser Diagnose bedurfte es nicht viel – ein Mann rannte lediglich während eines Konzerts auf die Bühne, griff sich ein Cello und rief: »Lang lebe Reagan!«

Wahnvorstellungen einher: Patienten halten sich für Gott, Robert de Niro oder die Königin von Saba. Manche haben besonders bizarre Halluzinationen – einer z. B. glaubte, die Golf-Punktierungen beim British Open seien verschlüsselte Botschaften Gottes an ihn. Und manchmal drängen die Botschaften, die Patienten »empfangen«, sie zu Gewalttätigkeit oder gar zum Mord. Solche Fälle sind ungewöhnlich, fördern aber die Angst vor der Krankheit in der Öffentlichkeit.

Viele Schizophrene sind nicht ständig »neben sich«, und viele haben ruhige, klare Phasen, in denen sie anderen mitteilen können, wie sie ihren lähmenden Zustand erleben. Eine Amerikanerin beschreibt »die Leute in meinem Kopf, die manchmal herauskommen und mich quälen«. Sie kann diese »Leute« nicht abschütteln, die sie immer umgeben und ihr Leben zu einem angstvollen Alptraum machen.

Untersuchungen der neurologischen und biochemischen Aspekte der Schizophrenie in den USA, Japan, Deutschland und Großbritannien haben mehrere strukturelle Abnormitäten im Gehirn von Schizophrenen aufgezeigt. Manche, doch längst nicht alle, haben stark vergrößerte Ventrikel – Zonen im Stirnlappen. Bei etwa 15 Prozent der Patienten sind diese Gebiete atrophisch (buchstäblich tot), und PET-Scans (siehe S. 183), die Bilder von der Gehirnfunktion erzeugen, zeigen, daß viele Schizophrene im Stirnlappen niedrige Aktivität aufweisen.

Ironischerweise können zwar manche Zonen im schizophrenen Gehirn tot sein, andere sind dafür überaktiv. Die meisten Schizophrenen haben zuviel Dopamin im Gehirn. Dieser Neurotransmitter erleichtert den Weg der Botschaften von einer Zelle zur nächsten, doch wenn die Menge zu hoch ist, werden die Zellen zu stark »geschmiert« und übertragen unpassende Botschaften.

Diese Theorie paßt zur chaotischen Art, in der schizophrene Patienten denken, wirft aber als erstes die Frage nach der Ursache des erhöhten Dopamin-Pegels auf. Ist er ererbt oder Folge einer gestörten häuslichen Umgebung? Obgleich Schizophrenie unzweifelhaft in der Familie liegt (die Wahrscheinlichkeit der Krankheit ist bei Verwandten von Schizophrenen zehnmal höher als bei Durchschnittsbürgern), akzeptieren heute viele Psychiater, daß auch Streß eine Rolle spielt. Dem Patienten kann es gut gehen, bis irgend etwas in seiner familiären Umgebung schiefgeht, was Streß erzeugt, der einen neuen Schub der Schizophrenie auslöst. Natürlich laufen Familien mit einem schizophrenen Mitglied verstärkte Gefahr von Störungen und Streß, wodurch eine Spirale von Ursache und Wirkung entsteht, die es schwierig macht, die Wurzel der Krankheit zu erkennen.

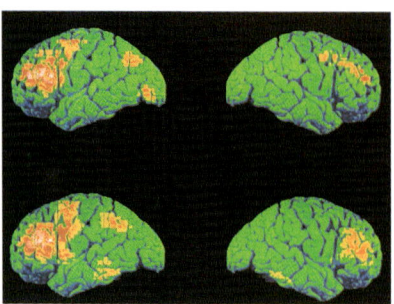

Diese PET-Scans (siehe S. 183) zeigen die Gehirnaktivitäten beim Sprechen, oben bei einer normalen, unten bei einer schizophrenen Person: Das Gehirn des Schizophrenen ist viel aktiver.

Weltweit wurde festgestellt, daß Schizophrenie in der Unterschicht weit häufiger als in der Mittel- und Oberschicht ist; am häufigsten tritt sie bei den ärmeren Stadtbewohnern auf. Dafür gibt es zwei mögliche Erklärungen. Eine besagt, daß die Veranlagung zur Schizophrenie statistisch gleichmäßig verteilt ist, daß aber der größere wirtschaftlich-soziale Streß in dieser Umgebung zu häufigerem Ausbrechen der Krankheit in einer bestimmten sozialen Schicht führt. Die andere argumentiert umgekehrt: Weil Schizophrene Schwierigkeiten in der Schule und am Arbeitsplatz haben, driften sie gesellschaftlich ab. Wahrscheinlich haben beide recht.

Heute kann unser Wissen über die Rolle von Dopamin im Gehirn zur Entwicklung von Medikamenten eingesetzt werden, die Halluzinationen bei Schizophrenen unterdrücken. Stoffe wie Haloperidol und Depixol blockieren die Dopaminrezeptoren, und bei geringerem Dopaminüberschuß werden schizophrene Patienten ruhiger. Ihre Gedanken schießen nicht unsteuerbar von Zelle zu Zelle, und sie hören auf, Stimmen zu hören. Wie alle Medikamente haben auch diese Nebenwirkungen. Sie können unfreiwillige Bewegungen und Zuckungen des Körpers

hervorrufen, und viele Patienten klagen, daß sie sich durch die Medikamente wie Zombies fühlen – eine Folge des Tranquillizer-Effekts. Viele Schizophrene nehmen daher ihre Medikamente nach einer Weile nicht mehr ein, da sie die Nebenwirkungen zu sehr stören. Wenn das passiert, ist das Ergebnis ein Paradox. Wer an Schizophrenie leidet, hat seinen Geist nicht unter Kontrolle, ist nicht normal. Die Medikamente unterdrücken diese Symptome, doch sie erzeugen bei den Patienten das Gefühl, daß sie durch die Ruhigstellung nicht mehr sie selbst sind: Sie haben das Gefühl, man habe ihren Geist geraubt.

Im Laufe der letzten 20 Jahre hat sich die Behandlung der Schizophrenie verändert, da viele westliche Länder ihre psychiatrischen Anstalten geschlossen haben, aus budgetären Gründen und als Reaktion auf Reformer, die Daueraufenthalte in Anstalten für kontraproduktiv hielten, da sie die Patienten hilflos und abhängig machten. Da Schizophrenie wirksam durch Medikamente reguliert werden kann und da bei vielen Patienten die Symptome nicht schwer sind oder nur in psychotischen Phasen auftreten, können manche Schizophrene »draußen« sehr gut zurechtkommen.

Viele Schizophrene wurden also in die Gemeinschaft entlassen, doch es ist unklar, ob das für alle das Richtige war: Über ein Drittel der Bewohner der New Yorker Obdachlosenheime sind geisteskrank, ebenso ein hoher Anteil der Gefängnisinsassen. Für manche bedeutet der Weg nach Hause die Rückkehr in genau jenen Umweltstreß, der Krankheitsphasen auslöst; andere haben kein Zuhause, und wieder andere haben Probleme mit der Einnahme ihrer Medikamente. Es besteht auch die Gefahr, daß Schizophrene Gewalttaten verüben, und das führte zu einem Ruf nach mehr Betreuung nach der Entlassung. Forensische Psychologen jedoch, die auf die Behandlung von Menschen mit kriminellen Neigungen spezialisiert sind, sagen, Schizophrene seien nicht gewalttätiger als irgendeine andere Gruppe Geisteskranker, und es lasse sich extrem schwer vorhersagen, wer eine Gewalttat begehen werde. Leider wurden hinsichtlich der Gemeinschaftsbetreuung die bei der Entscheidung für die Dezentralisierung festgesetzten Ziele nie erreicht.

Depression und Manie

Man schätzt, daß jeder neunte Mann und jede sechste Frau irgendwann im Leben klinisch depressiv werden. Klinische Depression ist etwas anderes als Traurigsein nach Schicksalsschlägen. Sich »down« zu fühlen, ist bei Jobverlust, bei einer Scheidung oder einem Trauerfall ganz normal. Die meisten Menschen erholen sich von solchen Schlägen innerhalb weniger Monate. Wenn die Erholung sehr lange dauert oder die Verzweiflung extrem ist, kann klinische Depression diagnostiziert werden. Zu den klassischen Symptomen gehört ein empfundener Mangel an Akzeptiertwerden, an Selbstbewußtsein, an Interesse an Arbeit, Freizeit und Beziehungen. Die Betroffenen können sich nur schwer motivieren, und das daraus resultierende Ausbleiben von Erfolgen verstärkt ihr Unzulänglichkeitsgefühl; sie geraten in eine Abwärtsspirale. Selbst das Aufstehen kann unmöglich werden. Weitere Symptome sind Appetitlosigkeit, keine Freude an Sex, Schlaflosigkeit und Übermüdung. Und da Depressionen die Gedanken nach innen ausrichten, werden kleinste Probleme übertrieben und verstärken noch die Symptome. Bei manchen Betroffenen ist Depression chronisch, doch die meisten depressiven Phasen dauern nicht länger als sechs Monate, und sie kehren in weniger als 50 Prozent wieder.

Depression schwächt, aber sie lähmt nicht unbedingt. Sir Winston Churchill war depressiv und nannte seine Verzweiflungsstimmung seinen »schwarzen Hund«.

Die Wurzeln der Depression wurden seit den alten Griechen untersucht. In einer umfassenden Arbeit, »Anatomy of Melancholy« (1621), nannte der englische Geistliche Robert Burton eine Reihe von – teils seltsamen – Faktoren, die Melancholie hervorrufen können – etwa Trauerfälle, ungezügelte Leidenschaften, schlechte Luft, Spiel und Völlerei. Er traf einige sehr präzise Feststellungen. Nicht alle Menschen seien z. B. gleich empfänglich für Depressionen. »Was für den einen wie ein Mückenstich ist, verursacht dem anderen unerträgliche Qual.« Und er berichtete, daß jemand mit grundsätzlicher Mäßigung (heute würden wir ihn gut angepaßt nennen) viele Rückschläge übersteht, während ein anderer »keine Spur aushält, sondern bei jedem Anzeichen mißverstandener Gerüchte, Ungerechtigkeiten, Verluste, eines Mißbrauchs, Kummers oder Unrechts sich so sehr den Leidenschaften hingibt, daß sein Aussehen verändert, seine Verdauung behindert, sein Schlaf gestört, sein Geist verdunkelt und sein Herz schwer wird«.

Psychologen wissen heute, daß Menschen in verschiedenem Maße für Depressionen empfänglich sind und daß ihre Empfänglichkeit zum Teil von ihrer »Stabilität« abhängt. Burtons Katalog der Ursachen von Depressionen klingt unwahrscheinlich, doch wir verstehen heute auch nicht viel besser, was Depressionen auslöst oder ob alle Depressionen gleichartig sind. In den 50er Jahren führte der Erfolg von Mitteln wie Imipramin (das direkt auf das Zentralnervensystem wirkt) dazu, daß Theoretiker zwei verschiedene Typen unterschieden – endogene und reaktive. Endogene Depression schien nicht durch äußere Ereignisse ausgelöst zu sein und reagierte gut auf Medikamente; man glaubte daher, sie habe biochemische Ursachen. Dagegen sei reaktive Depression eine Reaktion auf äußere Probleme, wie Armut, Scheidung, Verluste oder anderen Kummer. Viele Psychiater halten diese Unterscheidung heute für zu simplifizierend, da es sehr schwierig ist, seelische und körperliche Ursachen zu entwirren.

Die biologische Seite der Depression wird bis heute kaum verstanden. Anscheinend hängt sie mit einem zu niedrigen Pegel der Neurotransmitter Noradrenalin (Norepinephrin) und Serotonin im Gehirn zusammen, und die meisten Antidepressiva wirken durch Stimulation dieses komplexen Neurotransmittersystems. Jedoch ist schwer zu sagen, ob es die chemischen Veränderungen sind, die das psychologische Leiden Depression auslösen, oder ob es das psychologische Leiden ist, das Veränderungen in der Gehirnchemie auslöst. Daher meinen viele Psychologen, daß man sich bei der Suche nach der wahren Ursache der Depression nicht auf Kosten der Neurosen auf Neuronen konzentrieren sollte.

Ein weiterer Streitpunkt betrifft die Bedeutung genetischer und sozialer Einflüsse. Nehmen Sie einen Fall, in dem die psychologischen Ursachen der Depression klar sind: Er wurde von den Eltern vernachlässigt und leidet unter dem Gefühl der Zurückweisung. Hat er von seinen Eltern ein schlechtes genetisches Erbe bekommen? Und haben sie

PROZAC

Manchmal als Wunderdroge der 1990er Jahre bezeichnet, wurde Prozac (Fluoxetin) vielfach gegen Depressionen verschrieben. Es gilt als »glückliches« Medikament, das die Stimmung mit sehr wenigen Nebenwirkungen hebt – und einer davon ist Gewichtsverlust, den viele Menschen für eine Wohltat halten. Prozac steigert auch die Konzentration auf Serotonin und Noradrenalin (Norepinephrin), doch indirekt. Es wirkt nach etwa drei Wochen, hat also eine kürzere Verzögerungszeit als übliche Antidepressiva. Wenn es auch wenige Nebenwirkungen hat, so klagten doch in ersten Versuchen etwa 10 Prozent der Patienten über Angstgefühle. Prozac erwies sich auch als wirksam bei Leuten, die an Zwangsvorstellungen und Panikanfällen leiden.

selbst Züge geerbt, die sie zu schlechten Eltern machten? Oder war sein Kindheitserlebnis die einzige Ursache?

Die Psychoanalyse sagt, daß eine depressive Person um etwas »Internes« trauere – z. B. die Liebe eines Elternteils oder die Mutterbrust –, das sie in der Kindheit verlor. Ein Trauma im späteren Leben weckt die Erinnerung an die beim ersten Verlust erlebte Angst, und der Betroffene kehrt zurück in einen hilflosen Zustand – in die Depression.

Wahrnehmungstheorien führen Depression eher auf gestörtes Denken als auf ein gestörtes Gehirn zurück. Die Leute halten sich für wertlos und führen Mißgeschicke auf ihre persönliche Unzulänglichkeit zurück, indem sie alle Ereignisse in einem einheitlich negativen Licht interpretieren. Diese verzerrten Wahrnehmungen verstärken ihren eigenen Mangel an Selbstwertgefühl, und sie werden depressiv.

In den 70er Jahren entwickelte der amerikanische Psycho-

loge Martin Seligman auf der Basis von Verhaltensstudien bei Tieren die Theorie der angelernten Hilflosigkeit. Wenn Tiere feststellen, daß keine ihrer Aktionen zu einem Erfolg führt, das heißt, wenn nichts, was sie tun, ihre Situation verbessert, dann finden sie sich passiv mit ihrem Schicksal ab. Wenn Menschen ähnlich mit einer negativen Situation konfrontiert sind, die sie nicht ändern können, wie der Tod des Partners oder der Verlust des Arbeitsplatzes – werden sie depressiv. Diese Theorie diente zur Erklärung, warum manche Menschen zu Depression neigen: Menschen, die in ihrer Kindheit erlebt haben, daß sie ihre Umgebung nicht beeinflussen konnten, haben Hilflosigkeit »gelernt« und Erklärungsmechanismen entwickelt, die zu Depressionen führen. Sie glauben, daß negative Ereignisse ihre eigene Schuld sind und daß sie daran nichts ändern können; dieser Erklärungsmechanismus ist charakteristisch für depressive Menschen.

Die auf Wahrnehmung basierenden Erklärungen der Depression haben einen gemeinsamen Haken – sie laufen auf das Henne-Ei-Problem hinaus. Das heißt, sie drücken sich vor der Frage, ob die negative Denkhaltung der Depression vorausgeht oder die Depression die negative Einstellung erzeugt.

Wie nicht weiter überraschend, spiegeln die Behandlungsformen der Depression die Theorien ihrer Ursachen: Zahlreiche Therapien behandeln ihre psychologischen Ursachen (siehe S. 160), und Antidepressiva können erfolgreich ihre biochemischen Folgen behandeln. Nach der Linderung einiger Symptome auf biochemischem Weg können Therapeuten meist anfangen, die psychologischen Ursa-

MANISCHE DEPRESSION

Eine der dramatischsten geistigen Störungen ist manische Depression, bei der der Betroffene extreme Stimmungsumschwünge erlebt. In der manischen Phase sprudelt er vor Energie und Begeisterung, macht ehrgeizige Pläne und kann Fremde oft davon überzeugen, daß diese realistisch sind. Manische Patienten können sehr gesellig sein, auch wenn sie oft den Kontakt mit der Wirklichkeit verlieren – z. B. mit Kreditkarten Einkaufsorgien veranstalten. Manche behaupten, daß Manien verborgene Kreativität freisetzen – eine Voraussetzung für Genialität. Das Hoch kann mehrere Wochen dauern, wird aber fast immer gefolgt von einem raschen Abschwung in eine Depression, die schwerer als gewöhnliche Depressionen sein kann. In dieser Phase besteht bei einigen Patienten erhöhte Selbstmordgefahr. Diese Störung läßt sich mit Medikamenten behandeln, obgleich Patienten dann den Verlust ihrer schillernden »anderen« Persönlichkeit betrauern. Die Medikamente können langfristig zu Nierenschäden führen.

chen wirksamer zu behandeln. Eine andere, umstrittene, Behandlungsform bei Depression sind Elektroschocks (siehe S. 142), wobei über Elektroden am Schädel ein Stromstoß durch das Gehirn geschickt wird, der den Patienten in eine Art Krampf versetzt. Warum diese Behandlung wirkt, weiß niemand so recht, doch sie kann wirksam sein. Die Erfolgsquote liegt bei 70 Prozent der Patienten, und viele Psychiater halten Elektroschocks bei schwerer Depression für die einzige wirksame Behandlung. Zu ihren schweren Nebenwirkungen gehört jedoch auch der Verlust des Langzeitgedächtnisses.

Phobien und Ängste

Wir alle haben manchmal Angstgefühle. Streß – ein Gefühl der Anspannung und Besorgnis – geht oft mit körperlichen Symptomen wie Schlaflosigkeit, Kopfschmerzen und Herzrasen einher. Es gibt aber einen Unterschied zwischen normaler Angst als Reaktion auf eine tatsächliche oder scheinbare Bedrohung und dem, was Freud neurotisches Angstgefühl nannte, das sich nicht mit einer bestimmten Reizquelle verbinden läßt oder auf den Reiz überproportional stark reagiert. Dieses Angstgefühl kann jeden Moment hervorbrechen. Manchmal wird es zur Panikattacke, verbunden mit schweren körperlichen Belastungen, wie Übelkeit, Herzklopfen und Atemnot, die so weit gehen, daß der Betroffene glaubt, er müsse sterben. Während bei manchen Menschen die irrationale Angst gleichsam »frei schwebend« ist (und irgendwann irgendwo hochkommt), wird sie bei anderen durch bestimmte Situationen hervorgerufen.

Eine besondere Form der Angstgefühle, an bestimmte Reize gebunden, sind Phobien. Sie faszinieren Psychiater und Psychologen teils deshalb, weil es neben verbreiteten Formen wie Klaustrophobie (Angst vor geschlossenen Räumen) und Arachnophobie (Angst vor Spinnen) völlig individuelle Formen gibt. Ein Psychologe berichtete mir von jemandem, der Angst hatte, außerhalb seiner Wohnung eine Toilette zu benutzen.

Phobien können lähmen. Vielleicht die verbreitetste Form ist die Agoraphobie, die Angst vor offenen Plätzen. Sie kann durch verschiedenste Plätze ausgelöst werden, von Supermärkten über Straßen bis zu offenen Feldern. Im Extremfall wird der Betroffene buchstäblich zum Gefangenen in den eigenen vier Wänden. Andere Phobien sind nur lästig: Trotz seiner Arachnophobie kann jemand seiner Arbeit nachgehen und eine gute Ehe führen. Jede Art von Phobie kann jedoch mit dem täglichen Leben in Kon-

flikt geraten – etwa indem sich jemand mit einer Arachnophobie vor Ecken zu fürchten beginnt, weil er weiß, daß Spinnen oft darin lauern.

Es gibt zahlreiche Erklärungsversuche für die Ursachen von Phobien. Die beiden klassischen beruhen auf den psychodynamischen Theorien Sigmund Freuds (siehe S. 40) und der Lerntheorie (siehe S. 20 und S. 30). Freud führte Phobien auf die Verdrängung von Angst im Unbewußten und ihre spätere Symbolisierung zurück. Eine echte Angst, die früh im Leben erworben wird, kann tabu oder zu schrecklich sein, um sich damit auseinanderzusetzen, und wird daher an einen scheinbar harmlosen Reiz gekoppelt. Eine frühe Freudsche Fallstudie – die von Hänschen, einem Fünfjährigen, der nicht aus dem Haus gehen wollte, aus Angst, er werde von einem Pferd gebissen – ist die klassische Illustration dieser Theorie. Nach Freud fürchtete sich Hänschen nicht wirklich vor Pferden: Er

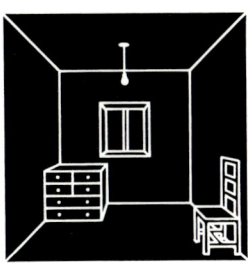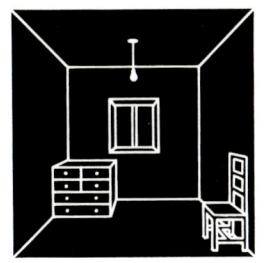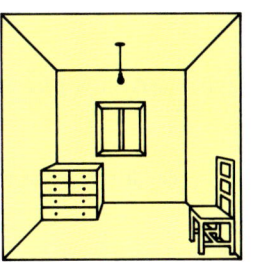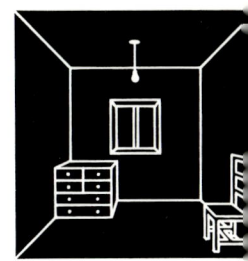

fürchtete sich vor Kastration. Die Angst war im ödipalen Konflikt verankert – Hänschens unbewußtes Begehren seiner Mutter und Eifersucht auf seinen Vater. Hänschen fürchtete (wieder unbewußt), er werde für diese verbotenen Gefühle durch Kastration bestraft; und nachdem er auf der Straße ein Pferd mit besonders langem Phallus gesehen hatte, übertrug er seine Kastrationsangst auf das unschuldige Tier.

Die Lerntheorie dagegen führt Phobien auf Assoziationen zurück, die durch klassische Konditionierung entstehen (siehe S. 30). Das Schlüsselexperiment ist der umstrittene Versuch mit Klein-Albert, den der Begründer des Behaviorismus, John B. Watson, und seine Frau durchführten. Während das Kind eine Ratte ansah, schlug Watson laut gegen ein Stahlrohr. Das Kind zuckte, vom Lärm erschreckt, zusammen. Da das Geräusch gemeinsam mit der Ratte aufgetreten war, verband Albert Angst mit dem neutralen Reiz – der Ratte –, und wurde

zwei Jahre später beim Anblick einer Ratte extrem aufgeregt. Watson schrieb: »… sobald es die Ratte sah, begann das Baby zu weinen. Fast sofort wandte es sich scharf nach links, stürzte, rappelte sich auf alle Viere und krabbelte so schnell davon, daß er mit Mühe eingefangen werden konnte, ehe er das Ende der Matratze erreichte.« (Psychologiehistoriker haben Zweifel über die Details dieses Versuchs angemeldet, doch der Grundtenor bleibt bestehen.)

Weder Freud noch der Behaviorismus können jedoch Phobien vollständig erklären. Wieso gibt es nur selten Ängste vor Blumen und Lehnstühlen, während Spinnen, Höhen und Dunkelheit häufig irrationalen Ängsten zugrunde liegen? Konditionierung hieße ja, daß Phobien gleichmäßig alle neutralen Gegenstände beträfen. Manche Experten meinen, wir seien biologisch dazu prädisponiert, uns vor Gegenständen und Tieren zu fürchten, die eine echte Bedrohung bilden könnten – daher lasse sich leichter Angst vor diesen Dingen konditionieren. Andere verweisen auf Untersuchungen, die besagen, daß wir unsere Phobien und Ängste erlernen, indem wir Phobien und Ängste anderer beobachten, besonders die unserer Eltern.

Während über die Ursachen von Phobien noch gestritten wird, gibt es bereits erprobte Heilmethoden durch Desensibilisierung und Verhaltenstherapie. Entspannung spielt dabei die Hauptrolle. In entspanntem Zustand stellt sich der Patient Schritt für Schritt die angstauslösenden Reize vor. Jemand, der sich vor der Benutzung eines Lifts fürchtet, soll sich erst vorstellen, in einem langen Korridor mit einer Lifttür am Ende zu sein, dann auf die Tür zuzugehen, sie zu öffnen, den Lift zu betreten, die Tür zu schließen und schließlich ein Stockwerk hinauf zu fahren. Das Prinzip ist simpel: Bei den meisten Menschen löscht die physische Entspannung und die schrittweise geistige Bewältigung der gefürchteten Aufgabe die angelernte Verbindung zwischen dem Reiz und der Angst.

Altern und Dementia

Zwischen unserem 20. und 80. Lebensjahr verlieren wir fast acht Prozent unserer Gehirnmasse. Doch dies äußert sich nicht direkt in einem Verlust von Geisteskraft, denn mit zunehmendem Alter nehmen die Verbindungen zwischen unseren Neuronen an Zahl und Komplexität zu (sofern wir geistig aktiv bleiben), und Erfahrung wiegt Geschwindigkeit auf. Denkprozesse werden allerdings mit den Jahren langsamer. Signale von einem Gehirnteil in einen anderen werden schwächer, und »störender Lärm«, ausgelöst durch spontan feuernde Neuronen, nimmt zu, wodurch die Signale länger brauchen, um an ihrem Ziel anzukommen.

Bei vielen Menschen ist das Altern mit Störungen im Kurzzeitgedächtnis verbunden, und die Übertragung seiner Inhalte ins Langzeitgedächtnis ist weniger wirksam. Abgesehen von der Vergeßlichkeit werden dadurch Aufgaben schwieriger, bei denen Dinge »behalten« werden müssen, wie Kopfrechnen.

Dieser normale Alterungsprozeß unterscheidet sich jedoch stark von Altersschwachsinn (Dementia). In der allgemein verbreiteten Bedeutung heißt dement sein verrückt sein, doch in der Psychiatrie hat das Wort Dementia eine genauere Bedeutung. Bis in die 40er Jahre war *dementia praecox* die Bezeichnung für das, was heute Schizophrenie genannt wird. Heutzutage bezeichnet Dementia den organischen Verfall im Gehirn, der ältere Leute betrifft. Die wichtigste, wenn auch nicht die einzige Form von Dementia ist die Alzheimersche Krankheit; ein Viertel der über 85jährigen ist davon betroffen. Verständlicherweise wächst mit zunehmender Lebenserwartung in den westlichen Ländern die Angst davor.

Im Frühstadium bewirkt Alzheimer nur Gedächtnisverlust, doch die Symptome können sich stark verschlechtern und Persönlichkeit wie Verstand betreffen. Patienten verlieren oft die Fähigkeit des Schreibens und Sprechens – die Autopsie zeigt dann schwer geschädigte Sprachzentren des Gehirns – und haben psychologische Probleme. Bereits 1948 beschrieb der Neurologe Kurt Goldstein die »katastrophale Reaktion« stark geschädigter Patienten. Ohne sich der wahren Ursachen des Abbaus ihrer geistigen Fähigkeiten bewußt zu sein, merken sie, daß sie mit den Anforderungen des täglichen Lebens nicht

mehr zurechtkommen, und reagieren darauf mit unkontrollier-barem Gebrüll, Zorn oder Ruhelosigkeit. Manche schaffen es, nach außen hin normal zu bleiben, doch viele werden gewalt-tätig oder sexuell haltlos, da sie die Hemmungen, die diese Bedürfnisse früher zurückgehalten haben, verlieren.

Bereits seit 20 Jahren sind die neurologischen Vorgänge bekannt, die die Basis von Alzheimer bilden. Nervenzellen, die im Gehirn absterben, werden nie mehr ersetzt (siehe S. 29). Bei Alzheimer werden tote Nervenzellen in Strukturen umgewan-delt, sogenannte Plaquen und neurofibrilläre Knäuel, in denen die toten Zellen mit Gewebe verwachsen, das dann die Funkti-onstüchtigkeit der restlichen Gehirnzellen beeinträchtigt. Die-ses Degenerationsmuster ist variabel: Bei manchen Menschen ist es örtlich begrenzt und verursacht nur ein schweres Sym-

ptom, bei anderen ist es weit verteilt und bewirkt eine allge-meinere Störung.

Auch wenn die Ursache der Alzheimerschen Krankheit eher organischer als psychologischer Natur ist und die meisten Fälle unheilbar sind, scheint Streß diese Störung zu verschlimmern. Es gibt jedoch Strategien, die zumindest in den Frühstadien helfen können. Der Psychologe Donald Hebb, der im Alter von 70 Jahren bemerkte, daß sein Gedächtnis infolge von Alz-heimerscher Krankheit nachließ, stellte sich kleine »Fallen«, so daß er nicht aus seiner Tür gehen konnte, ohne eine Botschaft zu finden, die ihn daran erinnerte, etwas Bestimmtes zu tun. Hebb glaubte, daß er mit solchen Tricks die Krankheit über-listen und in Schach halten könne, obwohl sein Gehirn degene-rierte.

Geist und Umwelt

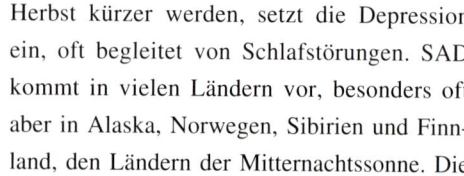

Seit Jahrhunderten ist bekannt, daß der Mond weitreichende Auswirkungen auf menschliches Verhalten hat. Viel wurde theoretisiert über den 28tägigen Zyklus der Frauen und den 29tägigen Zyklus des Mondes. Auch Männer sind vermutlich von Mondphasen betroffen, die zum Ausbruch von Gewalt führen – der Kern der Werwolf-Legende. Auch ein Bezug zwischen Mondphasen und Depressionen wurde behauptet.

Auch andere natürliche Zyklen betreffen uns Menschen. Im 5. Jahrhundert v. Chr. beobachtete Hippokrates, daß Leute im Sommer an Schüttelfrost und Schweißausbrüchen litten – Krankheiten, die auf Angstzustände zurückgeführt wurden. Modernen Statistiken zufolge neigen Menschen im Sommer eher zu Gewalt, im Herbst oder Winter eher zu Depression. Die Depression verschwindet meist mit Frühlingsbeginn – dies wird als jahreszeitlich bedingte Störung oder kurz SAD (*seasonal affective disorder*) bezeichnet.

Manche Psychologen glauben, SAD werde durch Störungen der inneren Uhr unseres Körpers ausgelöst, die genau dem Rhythmus von Tag und Nacht folgt. Sie steuert eine Reihe physiologischer Veränderungen im Körper, auch des Hormonpegels und der Körpertemperatur. Wenn jemand aber aller normalen äußeren Reize beraubt wird, die ihm helfen würden, die Tageszeit zu erkennen – wie Sonnenlicht oder Uhren oder regelmäßige Ereignisse –, und sich seinen eigenen Zeitrhythmus aufbauen darf, wird es meist eher ein 25-Stunden-Rhythmus.

SAD wird durch Lichtmangel ausgelöst: Wenn die Tage im Herbst kürzer werden, setzt die Depression ein, oft begleitet von Schlafstörungen. SAD kommt in vielen Ländern vor, besonders oft aber in Alaska, Norwegen, Sibirien und Finnland, den Ländern der Mitternachtssonne. Die Phasen der Depression sind kurz – selten dauern sie länger als drei Tage. Bei manchen Betroffenen kann sie vom späten Herbst bis in das beginnende Frühjahr dauern. Es scheint auch einen Zusammenhang zwischen SAD und Selbstmord zu geben: Obgleich Selbstmordstatistiken chronisch unzuverlässig sind, behaupten einige Fachleute, daß es im Winter mehr Selbstmorde gibt.

Es gibt eine recht einfache Erklärung für SAD: Unsere Evolution hat uns auf Licht ungeheuer sensibilisiert. Wie unsere Vorfahren werden wir weitgehend vom Tag-und-Nacht-Rhythmus beherrscht. Menschen, die sensorischer Deprivation ausgesetzt sind, versuchen verzweifelt, auf dem Laufenden zu bleiben, ob gerade Tag oder Nacht ist, und wenn das unmöglich ist, werden sie verwirrt und zerstreut. SAD scheint auf dem Mangel an normalem Licht in den Wintermonaten zu beruhen. Daher gibt es eine recht einfache Behandlung. Die Luxusvariante ist eine Reise in warmes, sonniges Klima. Praktikabler ist der Einsatz von sehr hellem Kunstlicht oder ultraviolettem Licht (auch wenn dies nicht ohne Risiken ist): Das vertreibt die Depression meist binnen 72 Stunden. Obgleich der äußere Reiz und eine wirksame Behandlung bekannt sind, bleibt der biochemische Hintergrund der Winterdepression ein Rätsel. Es ist auch unklar, wieso manche Menschen dazu stärker neigen als andere.

Appetit und Bewegung

Moderne Experten reden, als hätten sie die psychischen Vorteile von Bewegung entdeckt, doch die Beziehung zwischen Körper und Geist ist seit Jahrhunderten bekannt. In den 1980er Jahren wurde sportliche Betätigung zum wichtigsten Teil eines modernen Lebensstils, und moderne Gurus predigten ihre vielen therapeutischen Vorteile. Doch auch diese Medaille hat zwei Seiten. Manche Kommentatoren haben die dunkle Seite aufgezeigt – Fixiertheit auf ein Körperideal – und einen Zusammenhang hergestellt zwischen Sport und Eßstörungen wie Magersucht und Bulimie sowie andere Formen unkontrollierten Essens.

Trotz unseres modernen Fixiertseins auf das Gewicht dürften wir weniger Kalorien als unsere Vorfahren im 19. Jahrhundert zu uns nehmen, wiegen aber mehr als sie – eine Ironie des Schicksals, denn im 19. Jahrhundert war Körperfülle ein Statussymbol. Gleichzeitig jedoch bewegte man sich damals wahrscheinlich im Laufe eines ganz normalen Tages wesentlich mehr – damals hatten Autos noch nicht die Beine ersetzt. Sport bewirkt mehr als nur ein Muskeltraining. Eifrige Aktivität führt zur Freisetzung von Hormonen und Neurotransmittern wie Adrenalin und Endorphinen. Nach 30 Minuten intensiven Trainings stufen Sportler ihr Wohlbefinden höher ein als vorher; Langzeituntersuchungen zufolge fühlen sich Leute nach einem dreimonatigen Sportprogramm weniger depressiv und haben gesteigertes Verlangen nach Sex. Einigen Untersuchungen zufolge verbessert Sport auch geistige Leistungen. Doch es gibt Grenzen – manche übertreiben die Fitneß oder schädigen ihren Körper, indem sie

ihn zwingen, zu dünn zu sein, was die gleichen psychologischen Folgen hat wie das Verhungern.

Hunger wird sowohl vom Gehirn als auch vom Verdauungsapparat reguliert. Magen, Dünndarm und Leber melden dem Gehirn, wie viele Nährstoffe noch vorhanden sind, die der Körper verbrauchen kann; gleichzeitig beobachtet das Gehirn die Menge an gespeichertem Körperfett. Diese Information wird vom Hypothalamus verarbeitet, der versucht, die Menge bestimmter Stoffe stabil zu halten, besonders von Glukose (das zur Energieerzeugung gebraucht wird) und Fett (das die Energiereserven darstellt). Sobald einer dieser Pegel fällt, sendet das Gehirn Hungermeldungen aus, und wenn diese Pegel wieder ihren Sollstand erreicht haben, verschwindet der Hunger. Wenn die Fettvorräte unter den Normalpegel sinken, tut der Körper alles, um sie zu erhalten, er senkt die Stoffwechselrate und schraubt unwesentliche Funktionen zurück – aus diesem Grund kommt es bei Athletinnen oft zu einem Aussetzen der Regel.

Der Selbstregulierungsmechanismus des Körpers kann sich irren – wie z. B. bei Eßstörungen. Bei Übergewicht weiß man bis heute nicht, ob es auf inneren oder äußeren Faktoren, oder beiden, beruht. Vertreter einer Fixpunkt-Theorie glauben, es seien innere Faktoren: Der Körper habe eine gegebene Menge an Fettzellen, die bei der Geburt oder kurz danach festgelegt wird, während des Lebens konstant sei oder zunehme. Zwar sei es möglich, durch Reduktion der Größe (nicht der Anzahl) der Fettzellen Gewicht abzubauen, doch das Gehirn wird den Körper immer dazu reizen, deren normale Größe wiederherzustellen, was bedeutet, daß das Gewicht wieder zunimmt. Andere vertreten einen Verhaltensaspekt, demzufolge dicke Menschen nur andere Eßgewohnheiten haben als normalgewichtige: Nach dieser Theorie reagieren Dicke leichter auf externe Appetitanreger wie Anblick, Geschmack oder Geruch von Essen,

während Dünne eher auf innere Reize wie den Glukosespiegel reagieren.

Das gesellschaftliche Diktat der Schlankheit betrifft uns alle und kann zerstörerisch sein. Modediäten, die für rasche Gewichtsabnahme sorgen, gefährden die Gesundheit, da sie das Risiko einer Reihe von Krankheiten einschließlich Krebs und Herzerkrankungen erhöhen. Teenager und junge Frauen sind durch den Diätdruck stärker gefährdet als sonst jemand, und das manchmal mit grauenhaften Folgen, besonders im Falle zweier Störungen: Magersucht, bei der jemand zuwenig ißt und nicht selten verhungert, und Bulimie, bei der Freßan-

fälle und absichtliches Erbrechen miteinander abwechseln. Die Ursachen dieser Störungen sind unbekannt. Susie Orbach meint in ihrem »Anti-Diätbuch« (1979), daß Mädchen und Frauen Magersucht als (fast immer unbewußten) Protest gegen die sexuelle Rolle der Frau einsetzen können. Etwa 80 Prozent der Frauen mit Magersucht werden ins Krankenhaus eingeliefert, und bis zu 30 Prozent sterben letzten Endes an der Störung. Bulimie ist noch tückischer: Da die Betroffenen meist normalgewichtig sind, wird die Krankheit meist erst dann erkannt, wenn die Betroffenen Hilfe suchen.

Psychotherapie

Nicht einmal Freuds stärkste Kritiker würden seinen Einfluß leugnen – seine Ideen haben die Art verändert, wie wir über uns denken. Freud war von den Ideen der Aufklärung stark beeinflußt, einer geistigen Bewegung im 18. Jahrhundert – die Verherrlichung der Vernunft, das Streben nach Wahrheit durch objektive Forschung –, und von der Auffassung über die »Verbesserungsfähigkeit des Menschen«, wie der amerikanische Philosoph John Passmore formulierte.

Freuds großes Erbe ist die Pychoanalyse und im weiteren Sinn die Psychotherapie – die Behandlung geistiger Störungen mit psychologischen statt mit biologischen oder chemischen Mitteln. Therapie zielt nicht allein auf Heilung ab, sondern will Ihnen helfen, Ihr wahres Potential zu erkennen, Ihr wahres Ich zu finden. Mit den Worten des Therapeuten Carl Rogers: »Generell zeigt sich, daß dieser Prozeß [der Therapie] die Leute von Fixiertheit, von abwegigen Gefühlen und Erfahrungen, einem strengen Selbstbild, Menschenscheu und unpersönlichem Funktionieren wegbringt zu mehr Beweglichkeit, Veränderungen, Unmittelbarkeit von Gefühlen und Erleben.« Von D. W. Winnicott, Kinderpsychiater und Psychoanalytiker, stammt eine eher ungewöhnliche Definition: Therapie bestehe aus »zwei Leuten, die miteinander spielen«.

Diese Zitate zeigen die Schwierigkeit bei der Definition von Psychotherapie. 1978 kam eine britische Gemischte Arbeitsgruppe der »Pflegeberufe« zum Schluß, daß es keine annehmbare Definition gebe. 1973 definierte J. D. Frank Psychotherapie als sozialen Einfluß eines geschulten und anerkannten Heilers auf einen Hilfesuchenden. Selbst diese weitgefaßte Definition ist rissig, da viele Psychotherapeuten nur eine minimale Ausbildung haben. Grundsätzlich betont die Psychotherapie die Bedeutung emotionaler und sozialer Faktoren. Darin unterscheidet sie sich vom medizinischen Modell, das seelischen Kummer als Krankheit mit physischen und biologischen Ursachen ansieht – zuviel Dopamin verursacht Schizophrenie; zuwenig Acetylcholin verursacht Dementia. (In der Praxis nehmen heute aber nur wenige Psychiater eine so extreme Haltung ein.) Auch geht es der Medizin eher um Behandlung als um Veränderung. Ihr Ziel ist eher, störende Symptome zu beseitigen, als Patienten dabei zu helfen, mehr sie selbst zu werden oder ihr wahres Ich zu finden.

Heute ist die Therapie ein größerer Wirtschaftszweig. Es gibt keine genauen Angaben über die Anzahl der z. B. in Großbritannien aktiven Therapeuten, da man keine staatliche Prüfung benötigt, um zu praktizieren, doch Schätzungen sprechen von über 50 000. In den USA sind es noch viel mehr. Es gibt auch verschiedene Schulen der Therapie, so daß es unmöglich ist, eine erschöpfende Liste aufzustellen.

Die meisten psychotherapeutischen Schulen verwenden entweder einen historischen Zugang wie Freud, der glaubte, daß ein Begreifen der Probleme der Vergangenheit die Probleme der Gegenwart lösen würde; oder einen Jetzt-und-hier-Zugang, in dem die Betonung auf der Information liegt, die der Klient zum

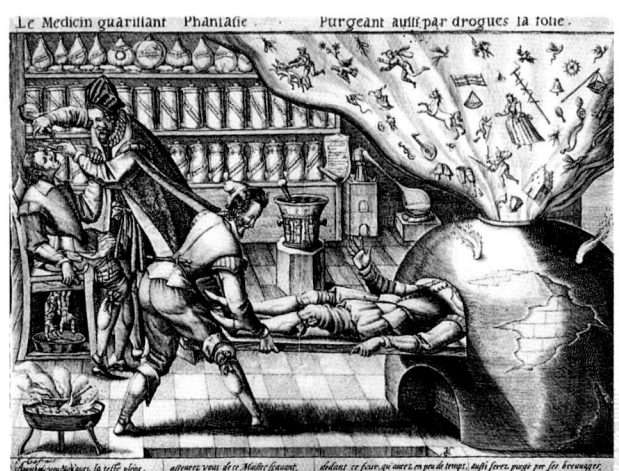

Zeitpunkt der Therapie als Grundlage für Diagnose und Behandlung liefert, anstatt in die Vergangenheit zu sehen. Die Techniken der wichtigsten Schulen werden nachfolgend vorgestellt.

Die psychoanalytische Therapie basiert auf Freuds Überzeugung, daß die meisten Neurosen und emotionalen Probleme von Motiven und Ängsten herrühren, die während der Kindheit in das Unbewußte verdrängt wurden. Der Therapeut will dem Patienten helfen, zu verstehen, was in der Gegenwart getan werden kann, um den Schaden der Vergangenheit auszugleichen. Einsicht und Selbstbeobachtung sind wesentlich.

Die Verhaltenstherapie glaubt nicht an Einsicht, konzentriert sich statt dessen auf die Behandlung von Verhalten durch Konditionierung, eine Technik, die durch Psychologen wie Watson und Skinner (siehe S. 30) verfochten wurde. Sie ist bei der Behandlung von Ängsten und Phobien, wie Agoraphobie und Angst vorm Fliegen, besonders erfolgreich. Praktisch hilft der Therapeut dem Patienten dabei, ein gewünschtes Verhalten zu lernen und ein ungewünschtes zu verlernen.

Die kognitive Verhaltenstherapie wurde von Aaron Beck besonders für depressive Patienten entwickelt. Beck ging davon aus, daß Denk- und Argumentationsprozesse das Verhalten beeinflussen, und

schrieb: »Neigungen und Verhalten eines Individuums werden weitgehend durch die Art geprägt, in der es die Welt strukturiert.« Durch Hinweise auf Verdrehungen und Verzerrungen des Denkens bringt der Therapeut den Patienten bei, sich und ihre Erfahrungen aus einem anderen Blickwinkel zu betrachten.

Die von Albert Ellis begründete rational-emotionale Therapie ähnelt insofern der kognitiven Verhaltenstherapie, als sie davon ausgeht, daß die fehlerhaften Gedanken und Ideen einer

Person zu Fehlverhalten führen. Ellis zufolge gibt es drei besonders destruktive Arten irrationaler Überzeugungen: »Ich muß alles können und von allen anerkannt werden«; »Andere müssen mich angemessen behandeln, und wenn nicht, sind sie wertlos« und »Ich muß alles, was ich brauche, leicht und gleich haben.« Der Therapeut versucht, den Patienten auf vernünftigere und erreichbarere Überzeugungen zu bringen.

Die Gestalttherapie, wie sie Fritz Perls begründete, betont die Notwendigkeit, Patienten zu helfen, für sich selbst verantwortlich zu werden, indem sie sich

ihrer gesamten Persönlichkeit bewußt werden. Perls hielt nichts davon, sich in die Vergangenheit zu vertiefen. Statt dessen betont der Gestalttherapeut das Bewußtsein für das Hier und Jetzt und achtet auf non-verbales Verhalten.

Patienten werden dazu ermutigt, sich auf den »elektrischen Stuhl« zu setzen und die Rollen auszuleben, die andere in ihrem Leben spielen, ebenso wie unterdrückte Aspekte ihrer eigenen Persönlichkeit.

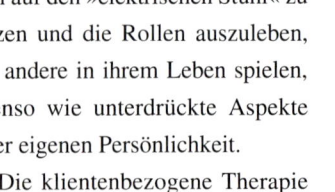

Die klientenbezogene Therapie wurde von Carl Rogers begründet, der jahrelang Problemfamilien in Rochester, New York, behandelte. Er meinte, es gebe keinen Grund dafür, daß der Therapeut die geheimnisvolle Figur bleiben müsse, die er in der Analyse sei. Statt dessen sollte er seinen Klienten »bedingungslose persönliche Aufmerksamkeit« widmen (es war Rogers, der damit begann, Patienten als Klienten zu bezeichnen), was hieß, sie mit allen ihren Fehlern anzunehmen. Diese Akzeptanz würde es dem Klienten ermöglichen, ein Vertrauens- und Selbstwertgefühl zu entwickeln, und ihm helfen, negativen Gefühlen über sich selbst zu begegnen – der Schlüssel für jeden Fortschritt. Rogers besaß eine bemerkenswert positive persönliche Ausstrahlung und erheblichen Einfluß, doch seine Methoden wurden als zu naiv und optimistisch kritisiert. Er regte auch Untersuchungen über die Wirksamkeit von Psychotherapien an. Seine Tochter Nathalie begründete eine ähnliche Schule, die »person expressive«-Therapie.

Die humanistische Therapie Abraham Maslows, dessen Ideen in den 60er Jahren Verbreitung fanden, ging davon aus, daß Menschen nach der Befriedigung ihrer Bedürfnisse an Nahrung, Sicherheit und Sex neue Ziele benötigten – Ziele der Selbstverwirklichung, der Vervollkommnung. Die humanistische Therapie

versucht nicht, das Verhalten eines Klienten zu deuten oder zu verändern, sondern versucht nur, seine Gefühle und Stimmungen zu klären. Ihr Ziel ist das Erreichen von Spitzenerfahrungen – Augenblicke intensiver Freude und Erkenntnis, die als Schritte auf dem Weg zur Selbstverwirklichung angesehen werden. Maslow war ein sehr einflußreicher Kulturbeobachter und beeinflußte viele verschiedene Therapieschulen seiner Zeit.

Die Transaktionsanalyse wurde von Eric Berne begründet. Das Leben ist eine Reihe sozialer Transaktionen, so Berne, und diese laufen aufgrund von Lügen und Ausreden oft schief. Durch eine Analyse unserer Verhaltensweisen hinsichtlich dreier Aspekte unserer Persönlichkeit – Eltern-, Erwachsenen- und Kind-Ich – wird der Hintergrund unserer tyrannischen und destruktiven sozialen Wechselwirkungen bloßgelegt.

Die Konfrontations-Therapie wurde von Frank Farrelly gegründet. Er glaubte, zuviel Therapie bette den Patienten in Watte, er solle aber dazu gebracht werden, sich mit seinem problematischen Wesen auseinanderzusetzen. Wenn also jemand hereinkommt und erklärt, seine Frau liebe ihn nicht, sollte der Therapeut darauf hinweisen, daß das Verhalten des Patienten so selbstsüchtig und anstößig ist, daß dies kein Wunder sei.

Die Technik des Psychodramas geht auf Jacob Moreno zurück, der seine Patienten dazu animierte, Situationen durchzuspielen, die ihnen Sorgen machten. Oft waren das Begegnungen mit den Eltern oder Partnern. Die Patienten gewannen Einsicht in ihre Probleme, indem

sie eine dieser Rollen übernahmen und so ihr eigenes Verhalten aus der Sicht der anderen erlebten.

Eine Untersuchung der verschiedenen Therapieformen zeigt deutlich, daß die Persönlichkeit des Therapeuten und sein Verhältnis zum Klienten mindestens so wichtig sind wie die Behandlungsmethode. Einige ernstzunehmende Kritiker der Psychoanalyse, darunter der britische Psychologe Hans Eysenck, haben den Sinn der Therapie generell in Frage gestellt. Eysenck provozierte 1952 die Psychotherapeuten mit dem Hinweis, daß ihre »Erfolge« auch ohne Therapie eingetreten wären – die meisten Neurosen verschwinden von selbst wieder.

Ein Beweis seiner Behauptung ist jedoch nicht so einfach, da jede Beurteilung des Erfolges einer Therapie Einigkeit in einigen Punkten voraussetzt. Erstens: Was ist das Ziel der Therapie? Sollen die Patienten wieder »funktionstüchtig« sein – lieben und arbeiten können, wie Freud sagte –, oder ist es ihr Ziel, daß sie ihre vollen Möglichkeiten entwickeln und in ihrer Haut glücklicher sein können? Zweitens: Wer entscheidet, ob Fortschritte gemacht wurden – der Patient, dessen Partner bzw. Familie oder der Therapeut? Etlichen ernsthaften Untersuchungen zufolge ist unter Berücksichtigung dieser Faktoren dennoch Psychotherapie bei einer Reihe von Störungen auf jeden Fall wirksamer als keine Behandlung.

Der Aufstieg des Geistes

Auf den ersten Blick scheint die bunte Figur auf dieser Seite nur ein amorpher Tintenfleck zu sein. Doch bei längerer Betrachtung kommen wahrscheinlich Muster, Umrisse und Gesichter darin zum Vorschein – Formen, die wir selbst in die Zeichnung hineinlesen. Solche Flecken sind die Grundlage eines psychologischen Tests, den der Schweizer Psychologe Hermann Rorschach 1922 entwickelte. Rorschach bat Patienten, zehn solcher Flecken anzusehen und ihren Geist dazu frei assoziieren zu lassen. Dabei, so glaubte er, kämen die Bedürfnisse, Probleme und die Persönlichkeit des Patienten zum Vorschein. Die Frage, ob der Rorschach-Test irgend etwas mißt, ist bis heute umstritten, doch signifikant ist, daß jeder normale Mensch das Prinzip des Tests begreifen kann. Es fällt uns leicht, denn wir suchen im täglichen Leben ständig nach Assoziationen oder Bezügen zwischen einer Idee oder Sache und einer anderen.

Menschen scheinen in dieser Hinsicht einzigartig zu sein, denn auch wenn eine Ratte, ein Delphin oder Schimpanse darauf geschult (oder vielmehr konditioniert) werden kann, ein Muster zu erkennen und von einem Dreieck oder Quadrat zu unterscheiden, glauben die meisten von uns, daß solche Formen keine Assoziationskette auslösen. Andere halten diese Denkweise für ein Zeichen menschlicher Arroganz.

Das menschliche Gehirn wird oft mit einem Ausdruck aus der Computersprache als Informationsverarbeitungsgerät bezeichnet. Diese Beschreibung erzeugt das Bild einer zahlenfressenden, streng logisch arbeitenden Maschine. Dieser Eindruck ist irreführend. Ein Computer reduziert jede Aussage auf ihre logischen Bestandteile, unterscheidet also nicht zwischen dem Zählen von Äpfeln und Birnen, solange die logische Operation in beiden Fällen die gleiche ist. Er kennt nur »Ja« und »Nein« oder Schwarz und Weiß: Es gibt kein »Vielleicht« oder Grau. Die menschliche Argumentation dagegen ist weitgehend beeinflußt vom »Inhalt« des Gedachten. Bei der Lösung eines Problems verlassen wir uns auf Folgerungen, bauen geistige Modelle und suchen, wie beim Rorschach-Test, nach Verwandtem mit Dingen oder Situationen, mit denen wir früher zu tun hatten. Wir suchen nach Theorien, um unsere Erfahrungen zusammenzufassen, als Erklärung von Ähnlichkeiten und – etwas philosophischer – um unserem Leben Sinn zu geben. Die Art, wie wir denken, beruht auf dieser Suche nach höheren Bedeutungen, und unsere Kreativität und Intelligenz sind die Mittel, die wir verwenden, um sie zu finden.

Kreativität und Intelligenz sind die größten Errungenschaften unserer Art. Was an einem Produkt menschlicher Mühe genial ist, läßt sich nicht leicht definieren. Dennoch haben Psychologen versucht, die Natur von Kreativität und Genialität zu definieren und zu quantifizieren. So wie geniale Werke das Produkt ihrer Zeit sind, so spiegeln die Erklärungen von Kreativität und Intelligenz im Laufe der Jahre vorherrschende kulturelle und politische Strömungen wider und haben heftige Emotionen geweckt. Bis heute ist das Studium dieser höheren Geistesleistungen ebenso kontrovers wie mysteriös.

Intelligenz

Wahrscheinlich ist es nicht sehr gescheit, eine Definition von Intelligenz zu versuchen. Das Wort hat zu viele Bedeutungen und wird für die Beschreibung von zu vielen Denkweisen verwendet. Die Findigkeit eines Detektivs, die Weisheit eines Richters und die analytischen Stärken eines Naturwissenschaftlers sind alles Formen von Intelligenz. Verschiedene Kulturen definieren völlig unterschiedliche geistige Fähigkeiten als Intelligenz: Die Fähigkeiten des Spurensuchers und die des Philosophen gelten jede in ihrer Gesellschaft als Ausdruck besonderer Intelligenz.

Nichts von alledem hat Psychologen daran gehindert, eine allumfassende Definition zu suchen. Bereits 1921 veröffentlichte eine angesehene psychologische Zeitschrift die Ansichten von 14 herausragenden Wissenschaftlern auf diesem Gebiet. Ihre Definitionen von Intelligenz hatten zwei gemeinsame Themen: die Fähigkeit, aus Erfahrung zu lernen, und die Fähigkeit, sich rasch auf neue Bedingungen und Aufgaben einzustellen. Das läßt vermuten, daß die vielen oben genannten Formen von Intelligenz nur eine oder zwei Grundformen haben, und es impliziert auch, daß diese meßbar und daher zwischen Individuen vergleichbar sind.

Die Analyse der Intelligenz läßt sich nicht von der langen und kontroversen Geschichte ihrer Messung trennen – dem Gebiet der IQ-Tests. Manche halten sie für wenig sinnvoll, für andere liefern sie einen Hinweis auf zu erwartende schulische und berufliche Leistungen. Ein Kommentar von Edwin Boring (1886–1968), Professor für Psychologie in Harvard, faßt dieses Thema elegant zusammen. Auf die Bitte, Intelligenz zu definieren, sagte er, das sei das, »was Intelligenztests messen«.

Kritiker werfen Intelligenztests vor, sie seien sexistisch, rassistisch und bevorzugten, bewußt oder unbewußt, weiße männliche Angehörige der Mittelklasse. Das liegt daran, daß sie konvergentes Denken messen, das die Konzentration auf eine

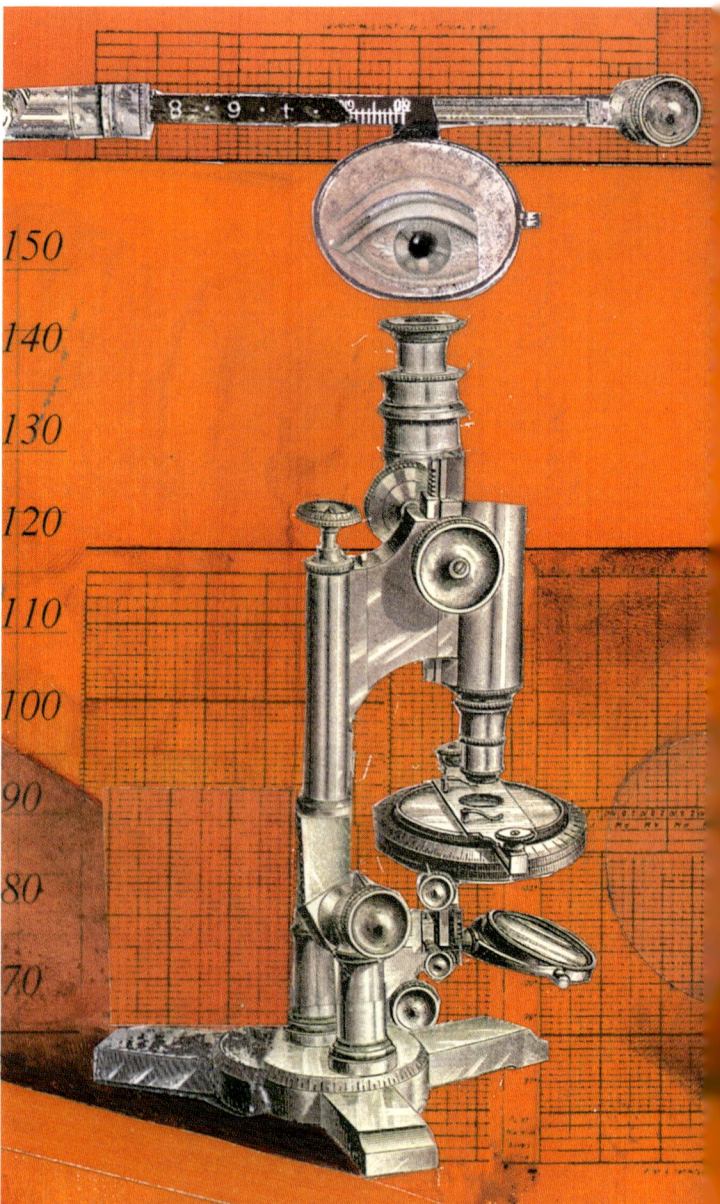

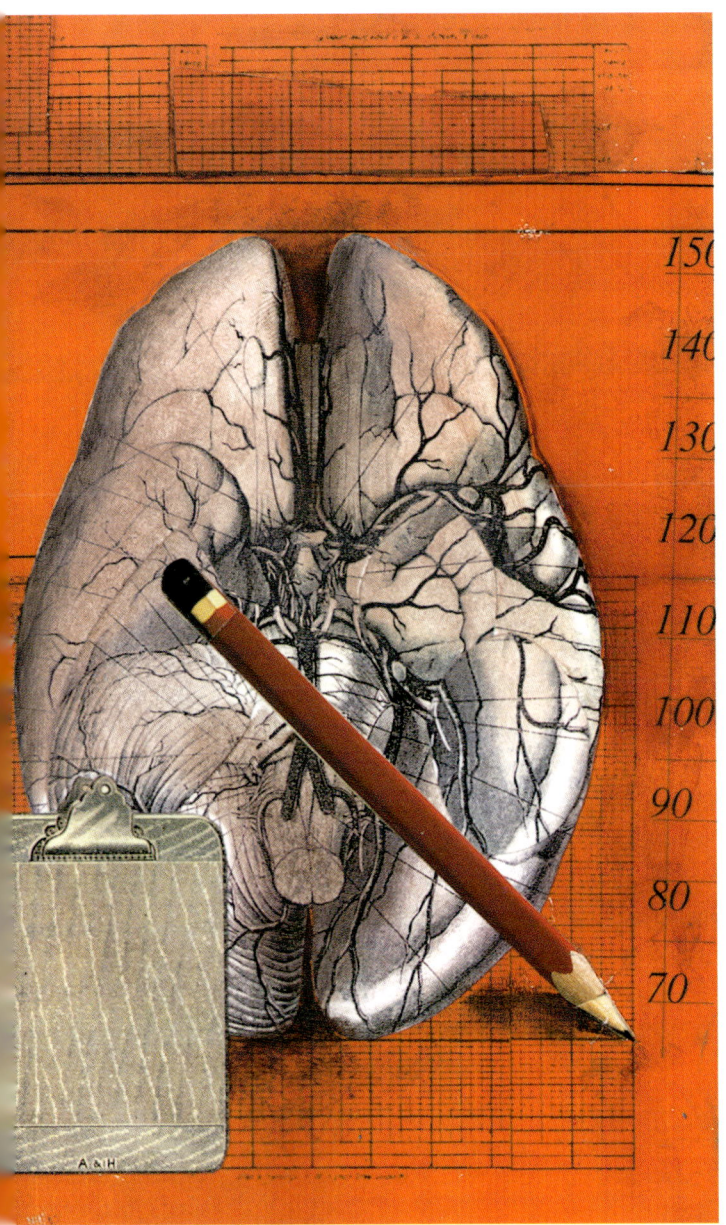

Idee umfaßt, denn sie stellen Fragen, auf die es nur eine korrekte Antwort gibt. Konvergentes Denken, in dem Männer besser sein sollen als Frauen, wie manche behaupten, wird besonders in westlichen Kulturen gepriesen, obwohl sich viele alltäglichen Probleme auf verschiedenen Wegen lösen lassen. Z. B. läßt die Frage: »Welches ist die beste Route für eine zweiwöchige Griechenlandreise?« viele Antworten zu. Manche sind falsch – z. B. »14 Tage in Athen, den Rest ignorieren« –, doch viele sind richtig, und die besten Antworten werden viele hochgradig verschiedene Faktoren berücksichtigen. Kritiker sagen, IQ-Tests berühren diese Art zu denken gar nicht, obgleich sie den Anforderungen des täglichen Lebens sehr entgegenkommt. Und manche folgen noch weiter Borings Linie und erklären, IQ-Tests und andere standardisierte Tests testen nur die Fähigkeit der Testpersonen, mit Tests umzugehen – aus diesem Grund sagen IQ-Tests akademischen, persönlichen oder beruflichen Erfolg nicht genau voraus.

Zusätzlich setzen die Tests oft explizit oder implizit ein gewisses Maß an Allgemeinbildung voraus, das unweigerlich kulturell beladen ist. Ein Beispiel: »Die folgenden Wörter sind Anagramme: LAID, GRITMETA, THERATCH, SITMASE, SAPISCO. Alle außer einem sind berühmte Künstler. Wer ist die Ausnahme?« Die Antwort ist THERATCH, das sich als Thatcher entschlüsseln läßt. Die anderen sind Dali, Magritte, Matisse und Picasso. Um die Frage beantworten zu können, sind Grundkenntnisse der europäischen Kunstgeschichte nötig.

Die ersten Versuche zur Intelligenzmessung unternahm im Viktorianischen England Sir Francis Galton, ein brillanter, auch exzentrischer Naturwissenschaftler. Nach Darwinscher Tradition (Charles Darwin war sein Cousin) glaubte Galton, daß die fortschreitende Evolution unserer Art den Regeln der natürlichen Auslese folge, und begann, menschliche körperliche wie geistige Eigenschaften in einer wissenschaftlichen

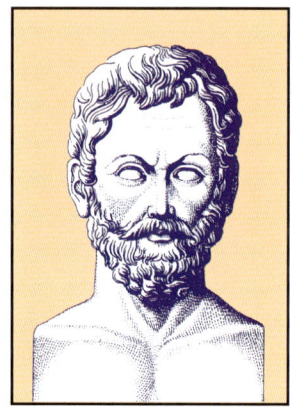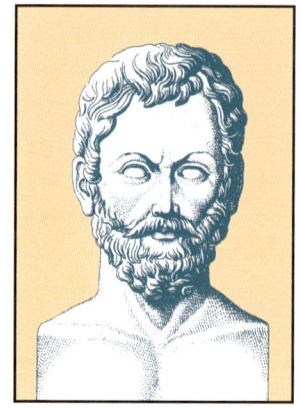

Analyse der menschlichen Mannigfaltigkeit zu quantifizieren. Er war überzeugt, sein Wissen ließe sich eines Tages einsetzen, um den Lauf der menschlichen Evolution zu steuern – eine Theorie, die er Eugenik nannte. Heute eher schockierend, lag Galtons Idee damals durchaus im Trend der Zeit – dem neuen Status der Wissenschaft als wichtigster Motor menschlichen Fortschritts und dem Bedürfnis, an die angeborene Überlegenheit der Indoeuropäer zu glauben.

Zur Intelligenzmessung verwendete Galton einfache psychologische Tests – so testete er auch Reaktionsgeschwindigkeit und Reizempfindlichkeit der Haut. Heute gelten diese Tests als Maß für Sinnesschärfe, nicht für Intelligenz, doch einige Fachleute halten, auf Galtons Ideen aufbauend, Intelligenz im wesentlichen für Schnelligkeit des Geistes. Intelligente Menschen können einfach Information schneller verarbeiten.

Nach Galton gab es sehr systematische Arbeiten über das Wesen der Intelligenz, die eher durch praktische Belange als durch das Bedürfnis motiviert waren, eine biologische Basis der Intelligenz freizulegen. 1904 wurden die französischen Psychologen Alfred Binet und Theodore Simon von der Pariser Schulbehörde beauftragt, einen Test zu entwickeln, der zwischen »normalen« Kindern, die gewöhnliche Schulen besuchen konnten, und solchen unterschied, die Hilfe benötigten. Die Grundlage war einfach. Binet und Simon ermittelten, was Kin-

der eines bestimmten Alters auf verschiedenen Gebieten konnten. Sie fanden z. B. heraus, daß ein typischer Vierjähriger bis fünf zählen und Buchstaben des Alphabets und einfache Formen erkennen konnte, und schlossen daraus, daß ein Zehnjähriger, der diese Aufgaben nicht bewältigen konnte, vielleicht nicht besonders intelligent war, während ein Dreijähriger, der dazu in der Lage war, vielleicht hochintelligent war.

Binet und Simon wiesen die Vorstellung, Intelligenz sei fix, angeboren und von Umwelteinflüssen unabhängig, heftig zurück: Ihr Test, der einen Vergleich zwischen dem »geistigen« und dem chronologischen Alter eines Kindes ermöglichte, war ein nützliches Diagnosemittel, das Lehrern helfen konnte, Schwächen bei ihren Schülern zu beseitigen. Doch die Testmethode wurde bald von der deterministischen Galtonschen Schule übernommen. Der Intelligenzquotient (IQ) wurde eingeführt (die Zahl wird errechnet als geistiges Alter geteilt durch chronologisches Alter mal 100) und dient seither zum Messen der Intelligenz von Kindern und in abgewandelter Form von Erwachsenen, auch wenn viele Psychologen heute zu Testverfahren übergehen, die das Maß erfassen, in dem die Punkte eines Individuums vom Mittelwert abweichen.

Viele halten den IQ für genetisch festgelegt – ein Etikett, das während des ganzen Lebens gleich bleibt –, und diese Einstellung wurde in den Gesetzen einiger Länder verankert. Die

1 2 3 4 6 7 5 8 9

»Herkunftslandquoten« des Einwanderungsgesetzes der USA von 1924 z. B. begrenzten den Anteil der »genetisch minderwertigen« Süd- und Osteuropäer unter den Einwanderern und förderten die Zulassung von »überlegenen« nordischen Völkern (später zeigte sich, daß die Kinder mancher »minderwertiger« Einwanderer leicht überdurchschnittliche Werte in IQ-Tests aufwiesen).

Heute halten nur noch wenige Psychologen Intelligenz für rein genetisch bestimmt, Umwelt und Konditionierung spielen eine wesentliche Rolle. Selbst biologische Deterministen betonen, daß IQ-Tests schlechte Erfolgspropheten sind.

Die Natur-versus-Erziehung-Frage hat eine bewegte Geschichte und ist noch nicht zufriedenstellend beantwortet. Für die Theorie, Intelligenz sei eine Sache der Vererbung, lieferte das Werk von Cyril Burt, ab 1911 der führende Bildungspsychologe Londons, starke Argumente. Er maß die Intelligenz von 53 eineiigen Zwillingspaaren, die früh getrennt worden waren und einzeln aufwuchsen. Ihr IQ war fast vollständig identisch – ein scheinbar überzeugender Beweis, daß die Umgebung keine Rolle für die Festlegung der Intelligenz spielte und daß es nur auf die Gene ankam. Natur, nicht Kultur, war wichtig. Doch Überprüfungen von Burts Werk, wie in »The Burt Controversy« (1995) von Norman Macintosh, kommen zum Schluß, daß Burt wahrscheinlich Daten gefälscht hat. Wenn das stimmt, zeigen seine Arbeiten nur, wie stark belastet die Intelligenzdebatte geführt wird.

Seit Burt haben andere Untersuchungen, darunter weitere Zwillingsstudien, gezeigt, daß der Anteil der Vererbung an der Intelligenz groß ist, doch viele andere erkannten auch einen großen Umwelteinfluß an. Z. B. fanden Untersuchungen, die im Zuge von Robert Plomins großangelegtem Zwillings-Projekt in den 1980er Jahren in Colorado durchgeführt wurden, heraus, daß Kinder verschiedener biologischer Eltern, die

Sir Francis Galton (1822–1911) war ein Pionier der Messung menschlicher Intelligenz. Finanziell unabhängig und geistig wach, widmete er sein Leben wissenschaftlichen Studien, der Meteorologie wie der Psychologie, doch sein Hauptinteresse galt der Frage, welche Rolle Vererbung und Umweltfaktoren bei der menschlichen Entwicklung spielten. Er betrieb stets quantitative Studien und strebte nach meßbaren Eigenschaften und statistisch nachvollziehbaren Trends. Viele seiner Studien blieben ohne Nachwirkung; andere begründeten Forschungsmethoden, die bis heute verwendet werden, wie die Technik der freien Assoziation.

gemeinsam großgezogen wurden, zwischen sieben und 14 Jahren ähnlichere IQ-Werte haben als später im Leben. Es ist, als wären Umwelteinflüsse während der Kindheit und frühen Jugend am stärksten, während sich Kinder später meist der Punktzahl ihrer biologischen Eltern annähern. Auf der Ebene der Gehirnstruktur hieße das, daß bestimmte neurologische Entwicklungen, die etwa mit sieben Jahren einsetzen, mit etwa 14 Jahren gestoppt oder gar rückgängig gemacht werden. Dies ist nur ein Bild von der komplexen Beziehung zwischen Natur und Erziehung in Sachen Intelligenz.

Wir wissen, daß unsere »Geisteskraft« teils von der Kompliziertheit der Verbindungen zwischen Neuronen abhängt und daß einige dieser Verbindungen das Produkt von Erfahrungen sind – unserer Begegnung mit der Umwelt. Theoretisch sollte es möglich sein, diese Verbindungen durch geeignete Lernprozesse zu vermehren. John B. Watson (1878–1958), der Begründer des Behaviorismus, behauptete, er könne ein siebenjähriges Kind in jeder beliebigen Richtung formen und daraus ein Genie oder einen Volltrottel machen. Zum Glück bekam Watson nie Gelegenheit, dies zu beweisen, und später schwächte er die Behauptung ab. Das Ausmaß, in dem unsere Intelligenz durch Lernen geformt werden kann, ist noch strittig.

Kreativität und Genie

Eine Arbeit über Genies von Hans Eysenck, dem Emeritus am Institut für Psychiatrie in London, untersuchte die Natur der Kreativität in der Musik. Eines seiner Ergebnisse war die Tatsache, daß etwa 250 klassische Komponisten heute noch gespielt werden und daß die Hälfte aller Aufführungen dem Werk von nur 16 Komponisten gewidmet ist. Diese Zahl bestätigt die allgemeine Feststellung, daß Leute, die großartige und dauerhafte Kunstwerke oder wesentliche wissenschaftliche oder philosophische Durchbrüche schaffen, selten sind. Was ist es aber, das die Neuerer von den Handwerkern trennt? Diese Frage wird oft von Psychologen gestellt, die die Wurzeln der Kreativität bloßlegen wollen. Doch wie die Suche nach Intelligenz läßt sich auch ihr Ansatz kritisieren, weil es möglicherweise mehr als eine oder mehr als ein paar Grundtypen der Kreativität gibt, die sehr verschiedene Arten der Analyse erfordern.

Der Viktorianische Gelehrte Sir Francis Galton (siehe S. 169) meinte, Genie sei eine Frage des Erbgutes, und glaubte, daß die besten Familien, die ihre Kinder in die besten Schulen schickten, auch die besten, kreativsten Köpfe hervorbringen müßten. Galtons Elitedenken (er verwendete zum Beleg seinen eigenen Stammbaum) erwies sich als haltlos. Genie liegt nicht in der Familie, sondern zeigt sich an den erstaunlichsten Stellen, oder wie Shakespeare sagte (dessen Familie unbekannt war): Genie wird nicht von Genie geboren. Diesen Punkt betonte E. T. Bell in seinem Buch »Men of Mathematics«. Bell untersuchte die Familien von 28 der größten Mathematiker der Welt und fand kaum Hinweise auf ererbte Fähigkeiten. Fermats Vater war Lederhändler; Pascals war ein kleiner Beamter, der seinem Sohn verbot, Mathematikbücher anzusehen; Gauß Vater war Landwirt; Monges war Hausierer; und Srinivasa Ramanujan, der weithin als einer der begabtesten Mathematiker aller Zeiten gilt, hatte bäuerliche Vorfahren. Man kann Rennpferde züchten, aber offenbar keine Komponisten, Schriftsteller, Maler, Wissenschaftler oder mathematischen Genies.

Sind Kreativität und Genie einfach Aspekte von Intelligenz? Die Antwort lautet wieder Nein. Psychologen zufolge, die sich mit Kreativität befassen, muß man zwar ziemlich schlau sein, um ein Genie zu sein, doch nur schlau sein reicht nicht. Es gibt weltweit Tausende mit einem IQ über 150, die nur wenige Anzeichen kreativen Denkens erkennen lassen; es ist sogar so, daß ab einem (relativ niedrigen) Mindestniveau zwischen IQ und Leistung nur eine geringe Korrelation besteht. Und viele, die heute als Genie gelten, waren nur mittelmäßige Schüler. Kreativität, so scheint es, beruht auf einem anderen kognitiven Faktor als Intelligenz. 1930 nannte der Psychologe Charles Spearman diesen Faktor »fluency« (Gewandtheit); andere nannten ihn divergentes Denken (das viele verschiedene Ideen produziert), um ihn von konvergentem Denken zu unterscheiden (siehe S. 167), jener Denkweise, die in Intelligenztests gemessen wird.

Ein besonderes Phänomen, das Brüten, liefert Hinweise auf die Charakteristika kreativer Prozesse. Kreative Menschen, die

mit einem neuen Problem befaßt sind, gehen es meist von mehreren Seiten an, doch wenn es sich so nicht lösen läßt, legen sie es vorübergehend auf Eis. Bei einer überraschend hohen Anzahl begabter Menschen kommt genau jetzt die Lösung, als würde es in ihrem Unbewußten ausgebrütet, während sie tagträumen, Karten spielen oder Freunde besuchen. Man vermutet, daß andere, scheinbar triviale Tätigkeiten den kreativen Geist mit einem frischen Set von »Wiederbelebungstips« versorgen, die einen völlig neuen Zugang zum Problem auslösen – einen Zugang, der zur Lösung führt. Wahre Genies erkennt man auch an ihrer hohen Motivation: Anders als die meisten

Leute reagieren sie nicht auf normale Anreize wie Geld oder Anerkennung, sondern finden die Aufgabe selbst lohnend. Das ist auch gut so, denn ihr Werk stellt oft orthodoxe Lehrmeinungen und etablierte Paradigmen in Frage; daher wird es vom intellektuellen Establishment ignoriert oder lächerlich gemacht und sein Wert oft erst im Nachhinein erkannt und anerkannt.

Es gibt eine Reihe von Tests, die vorgeben, den besonderen Denkstil von hochgradig kreativen Menschen zu erkennen. Einer der bekanntesten und amüsantesten ist der »Uses of Objects«-Test. Die Grundfrage lautet: »Wie viele Verwendungsmöglichkeiten für einen Ziegelstein fallen Ihnen ein?«

Kreative Menschen denken nicht nur an Mauer- oder Hausbau – der Ziegel kann das ideale Wurfgeschoß sein, um damit das Fenster des Forschungsfonds einzuschlagen, der gerade ihren Förderungsantrag abgelehnt hat.

In einem anderen Test geht es um Standard-Assoziationen; Testpersonen müssen Rätsel wie das folgende lösen: »Was verbindet die Wörter Maus, Wein und blau?« Theoretisch läßt sich die Antwort (Käse) nur bei divergentem Denken finden.

Doch »fluency« allein macht noch kein Genie. Die Fähigkeit zu neuen und unerwarteten Assoziationen ist von begrenztem Wert, wenn man ihnen ausgeliefert ist. Die Fähigkeit zu beurteilen, zu erkennen, welchen Assoziationen man nachgehen und welche man ablehnen sollte, ist ebenso wichtig, und sie ist es, die das Genie vom Wahnsinn trennt.

Vor mehr als 2000 Jahren stellte Aristoteles fest, daß Genie fast immer mit Wahnsinn gefärbt ist. Heute scheint es, daß er Recht haben könnte. Es weist einiges darauf hin, daß viele große Künstler und Schriftsteller – Van Gogh, Nietzsche, der amerikanische Dichter Robert Lowell und möglicherweise Wittgenstein – schwer gestört waren, und viele Studien untersuchen den Zusammenhang zwischen Genie und Wahnsinn. 1994 diagno-stizierte Felix Post anhand des Materials der American Psychiatric Association 291 weltberühmte Wissenschaftler, Komponisten, Künstler und Politiker. Eine überraschend hohe Zahl litt an psychiatrischen Problemen: 31 Prozent der Komponisten, 38 Prozent der bildenden Künstler, 46 Prozent der Schriftsteller und 18 Prozent der Naturwissenschaftler zeigten Anzeichen von Psychopathologie und hatten Phasen, in denen sie arbeitsunfähig waren und Ruhe brauchten; manche hatten sich in Behandlung begeben.

Hans Eysenck glaubt an eine grundlegende biologische Verbindung zwischen Genie und Wahnsinn. Wie kreative Menschen haben auch Schizophrene bizarre Assoziationen. Wir haben gesehen, daß eine der Ursachen für Schizophrenie ein Überschuß des Neurotransmitters Dopamin im Gehirn sein kann (siehe S. 146): Dadurch können Gedanken ohne die normale Hemmung zu leicht von einer Zelle zur nächsten rutschen, chaotisches Denken ist die Folge. Eysenck betrachtet einen hohen Dopaminpegel als Voraussetzung für Genie. Doch während Schizophrene ihre chaotischen Assoziationen nicht umsetzen können und von Wahrnehmungen, Empfindungen und Stimmen überwältigt werden, behalten kreative Leute eine gewisse Kontrolle.

Einem Reiz wie diesem großen X werden die meisten Leute keine besondere Aufmerksamkeit schenken. Das gleiche gilt, wenn er ihnen wieder begegnet. Kreative Leute und Schizophrene aber sind weniger »rational«. Wenn das X wiederholt auftaucht, achten sie manchmal darauf, manchmal nicht. Dieser bekannte Faktor, die Flexibilität der kognitiven Hemmung, ist ein weiterer Beweis für eine Verbindung zwischen Genie und Wahnsinn.

Die komplexe Biochemie des Genies hat nach Eysenck einen ebenso komplexen genetischen Ursprung. Genie ist kein ererbter Zug und kann auch nicht erzeugt werden. Es ist eine genetische Laune, die immer wieder auftaucht, manchmal unter den erstaunlichsten Umständen, und das bereits seit der Antike.

Bewußtseinsentwicklungen

In diesem gesamten Buch habe ich betont, daß der Diskurs über die Natur des menschlichen Geistes in zwei verschiedenen Sprachen geführt wird – der subjektiven Sprache von Gedanke, Gefühl und Erfahrung und der objektiven von Anatomie, Physiologie und Experiment. Jeder Ansatz hat seine eigenen Tücken. Die subjektive Sprache des Therapeuten kann dazu führen, daß wir besessen von dem Streben nach perfektem Selbst-Bewußtsein werden. Der britische Therapeut John Rowan z. B. fordert seine Klienten auf, ihre eigenen »Sub-Persönlichkeiten« zu entdecken, um zu erfahren, wer sie wirklich sind, und um mehr wie jene Person (oder Personen?) zu werden. Führt dieser Weg zu Einsicht oder zu Zügellosigkeit? Andererseits kann die objektive Sprache des Wissenschaftlers dazu führen, daß wir weite Teile der Arbeitsweise des Geistes vergessen. Die Behavioristen z. B. lehnten um die Mitte des 20. Jahrhunderts den Gedanken an Bewußtsein strikt ab (siehe S. 77); und heute schieben viele Biologen die Ideen von Jung und Freud zur Seite, da sie wissenschaftlich nicht verifizierbar sind.

Die klare politische und intellektuelle Spaltung der Geistesforschung trat dramatisch bei der Spaltung in der American Psychological Association (APA) zutage. Die Experimental-

psychologen, die die APA 1893 gegründet hatten, verließen sie in den 1980er Jahren, da sie von den »Therapeuten« übernommen worden sei. Die APA sprach nicht mehr ihre Sprache, und die Themen, die klinische Psychologen und Therapeuten interessierten, kamen ihnen unwissenschaftlich vor. Angesichts eines solchen Zwists fragten einige Kommentatoren, ob es überhaupt sinnvoll sei, so zu tun, als sei Psychologie ein Fach, und ob sich ihre verschiedenen Sprachen und Unterdisziplinen sinnvoll unter einen Hut bringen ließen. Ich möchte hinzufügen, daß es fatal wäre, diese Herausforderung fallen zu lassen, denn wir werden uns, unsere Möglichkeiten und Grenzen nie begreifen, wenn wir manche Arten von Wissen als peripher vernachlässigen und es uns nicht gelingt, Informationen aus jeder verfügbaren Quelle zu integrieren.

Die Unterschiede der beiden Sprachen der Psychologie zu vertuschen hilft nichts; einen Weg zur Überbrückung der Kluft zu finden bleibt die große Herausforderung. Bei den riesigen Fortschritten der Gehirnforschung in den letzten hundert Jahren halte ich es für übertriebenen Pessimismus zu glauben, der menschliche Geist sei unfähig, diese Aufgabe zu lösen.

Vor hundert Jahren waren Techniken wie das EEG (siehe

S. 72) und PET-Scans (siehe S. 183), die es heute gestatten, Denken mit Physiologie in Beziehung zu setzen (wenngleich in bescheidenem Ausmaß), unvorstellbar, und es ist sehr wahrscheinlich, daß die Technik weiterhin ähnliche Fortschritte machen wird. Beim Blick in die Kristallkugel ist abzusehen, daß die Bild-Technologie eines Tages zeigen kann, wie verschiedene Gehirnteile bei einer bestimmten Aufgabe zusammenspielen und so in Echtzeit die verschiedenen Neuronennetzwerke zeigt, die ins Spiel gebracht werden, und die Synapsen, die aktiv werden. Wohin kann uns diese Technik bringen? Machen wir ein Gedankenexperiment. In einem Raum ist eine Gruppe von Wissenschaftlern mit Gehirnscannern der neuesten Art. Im anderen (schallisoliert) ist die Versuchsperson, der Schauspieler Harald. Harald rezitiert einen Text von Shakespeare, dann wiederholt er ihn schweigend in seinem Innern, und dann spricht er ihn so, wie er glaubt, daß dies ein Schizophrener tun würde. Mit der heutigen Technologie der Gehirndarstellung können die Wissenschaftler nur erkennen, daß die Sprachzentren in Haralds Gehirn aktiv sind; in 25 Jahren könnten sie zwischen den drei Vortragsarten unterscheiden; und in 50 oder 100 Jahren können sie vielleicht schon »sehen«, was Harold denkt –

welche Stelle er gerade spricht, ob er dabei an seine Pläne für den Abend denkt, ob es ihn am Arm juckt oder nicht.

Dieses letzte Szenario wirft eine spannende Frage auf. Angenommen die Wissenschaftler des 22. Jahrhunderts mit ihren tollen Scannern finden heraus, daß Harald an seinen Urlaub auf den Bahamas denkt. Harald schwört, er denke an ein Abendessen. Wem würden wir als objektive Betrachter glauben? Unter gewissen Umständen könnten wir den Wissenschaftlern glauben. Wenn Harald z.B. geistig krank ist, würden wir der wissenschaftlichen Analyse der Gehirnaktivitäten, den Mustern feuernder Synapsen und biochemischen Ungleichgewichten größeres Gewicht beimessen als dem Bericht der Testperson. Ist Harald aber gesund und frei von Anzeichen von Psychosen, müssen wir ihm glauben. Die Information der Wissenschaftler scheint – nach heutiger Vorstellung – den letzten Sprung in das Bewußtsein eines anderen nicht zuzulassen. Harald hat privilegierten Zutritt zu seinem Gehirn: Sein Bewußtsein liegt außerhalb des Zugriffs anderer, und seine Berichte sind maßgeblich.

Ich vermute, das wird immer so sein. Je mehr die Wissenschaftler über Biochemie und Physiologie des Gehirns lernen, desto mehr sträuben wir uns gegen ihre Analyse unseres

Bewußtseins. Um rein menschlich zu bleiben, werden wir auf dem Primat unserer Einsicht beharren und sie verbessern, immer besser verstehen, warum wir bestimmte Gedanken und Ideen haben. Zugleich werden wir unsere Menschlichkeit – unseren Geist – vor dem Zugriff der Apparate schützen und ihn in Kokons von Bewußtsein und Selbstbewußtsein einwickeln und damit unser subjektives Leben so subtil und kompliziert machen, daß das die feinsten Scanner täuscht.

Die Vorstellung, daß wir bewußt unseren Geist manipulieren könnten, um ihn vor wissenschaftlichem Zugriff zu schützen, hat etwas von unrealistischer Science-fiction. Doch wir haben bereits gesehen, daß das menschliche Bewußtsein nicht unveränderlich ist: Es entwickelt sich, und es kann durch kulturelle Veränderungen, wissenschaftliche Fortschritte und das Ausmaß, bis zu dem wir uns selbst verstehen, geformt werden.

Wenn Wissenschaftler die Funktion des Gehirns und vielleicht des Geistes besser verstehen, wenn unsere Selbst-Kenntnis wächst, wenn wir alle die objektive und die subjektive Sprache des Geistes fließend sprechen, wird sich dann die Natur des Bewußtseins verändern? Wird Science-fiction zur neuen Wirklichkeit?

Begriffserklärungen

Kursiv gedruckte Wörter haben hier einen eigenen Eintrag.

Adrenalin Ein *Neurotransmitter*, der im Nebennierenmark gebildet wird, Herztätigkeit und Muskelaktivität erhöht und so den Körper auf Kampf, Schrecken oder Flucht vorbereitet.

Alzheimersche Krankheit Altersschwachsinn; eine degenerative Gehirnstörung, zu deren Symptomen zunehmender Gedächtnisverlust, gefolgt von steigender Desorientierung, gehört. Ist möglicherweise tödlich.

anterograde Amnesie Ein Zustand, in dem sich eine Person nicht an Ereignisse nach einer traumatischen Erfahrung erinnern kann.

Archetyp Eine allen Menschen gemeinsame Tendenz, auf bestimmte Art wahrzunehmen und zu handeln. C. G. Jung definierte nach dem Studium von Mythen, Legenden und religiösen Bräuchen vieler Kulturen Archetypen wie Anima (die weibliche Seite der Persönlichkeit eines Mannes) und Animus (die männliche Seite der Persönlichkeit einer Frau).

Aufputschmittel Stoffe wie Koffein, Nikotin und Kokain, die das Erregungsniveau des *Zentralnervensystems* erhöhen, entweder durch Steigerung des Herzschlags oder durch Hemmung von natürlichen Depressiva. Bei Langzeitanwendung können Verträglichkeit und Abhängigkeit zum Problem werden.

Autismus Eine psychiatrische Störung, die zuerst in der Kindheit auftritt. Symptome sind ein Mangel an Reaktionen, Sprechschwierigkeiten, stereotype Verhaltensmuster und die Unfähigkeit zu normalen Sozialkontakten.

automatisches Verhalten Verhalten, das nicht ununterbrochen vom Willen gesteuert werden muß, z. B. Atmen oder Gehen.

Axon Das lange Rohr an einem *Neuron*, das Informationen weitergibt, die von *Dendriten* anderer Neuronen empfangen werden.

Behaviorismus Eine psychologische Theorie, die auf der Untersuchung von beobachteten Reizen und beobachteten Reaktionen aufbaut.

bipolare Störung Eine andere Bezeichnung für manische Depression, bei der Patienten zwischen den Extremen von Depression und Euphorie schwanken.

Broca-Zentrum Ein Teil der *linken Gehirnhälfte,* der mit der Verarbeitung von Sprache zu tun hat.

Corpus callosum Ein Nervenfaserbündel, das die *rechte* und die *linke Gehirnhälfte* verbindet.

Dendriten Die Verzweigungen des *Neurons*, die Botschaften von anderen Nervenzellen empfangen und an sie weiterleiten.

Empfindung Eine bewußte Erfahrung, die durch irgendeinen *Reiz* ausgelöst wird.

endogene Depression Eine Depression ohne erkennbare äußere Ursache.

Endorphine Eine Art *Neurotransmitter*, die im Gehirn erzeugt werden. Endorphine wurden oft als natürliche Schmerzmittel des Gehirns bezeichnet und ähneln chemisch den *Opiaten*.

Es Nach Freud die am tiefsten liegende Ebene der Persönlichkeit. Es umfaßt instinktive Bedürfnisse wie Sexual- und Aggressionstrieb und arbeitet nach dem Lustprinzip ohne Rücksicht auf Außenwelt oder Vernunft (siehe auch *Über-Ich* und *Ich*).

Fetischismus Eine Form sexuellen Verhaltens mit ungewöhnlichen Sexualobjekten oder Praktiken.

Formatio reticularis Ein Netz von *Neuronen* in *Mittelhirn* und *Rautenhirn,* das regelt, ob wir wach sind oder schlafen, ob wir rege oder aufgeweckt sind, und das auch den Herzschlag und die Atmung regelt.

Fovea Die Sehgrube oder der Gelbe Fleck im Auge; ein kleines Gebiet der *Netzhaut* mit hoher *Zapfen*dichte.

Frequenz Die Anzahl der Schall- oder Lichtwellen während eines bestimmten Zeitraums.

Grammatik Sprachwissenschaftler unterscheiden zwischen «Tiefen-» und «Oberflächen-»Grammatik. Tiefengrammatik ist die Grundstruktur der Bedeutung; Oberflächen- oder präskriptive Grammatik bezieht sich auf Verbformen, Interpunktion usw.

Großhirnrinde Die äußere Schicht des Gehirns, sie wird mit sensorischer Wahrnehmung und den höheren geistigen Leistungen assoziiert.

Hemisphäre Eine Hälfte des Großhirns. Siehe *linke* und *rechte Gehirnhälfte*.

Hinterhauptslappen Einer der vier Lappen der *Großhirnrinde*, hat vor allem mit der Verarbeitung visueller Reize zu tun.

Hormone Stoffe, die von einer oder mehreren Drüsen produziert werden und viele Stoffwechselprozesse regulieren.

Hypnose Eine Technik, die einen Zustand tiefer Entspannung in einer Person erzeugt, in welchem sie aber fähig ist, auf Suggestionen und Befehle auf einer unbewußten Ebene zu reagieren.

Hypothalamus Ein kleiner, aber sehr wichtiger Teil des *Vorderhirns*, der vielerlei *automatisches Verhalten* reguliert (auch Gleichgewicht und Appetit), der mit anderen Gehirnzonen in Kontakt steht und z. B. das Bewußtsein, Überlebensstrategien, Emotionen und Schmerzreaktionen steuert.

Ich Nach Freud ein wesentlicher Teil der Persönlichkeit, der für das bewußte Selbst steht (siehe auch *Über-Ich* und *Es*).

Kleinhirn Ein Teil des *Rautenhirns;* es reguliert *automatisches Verhalten* wie Atmung, Koordination und den Gleichgewichtssinn.

künstliche Intelligenz (AI) Ein Zweig der Erforschung von »denkenden« Computerprogrammen. Durch die Verbindung von Computertechnologie und Wahrnehmungspsychologie versuchen Forscher, das menschliche Gehirn so genau wie möglich nachzubauen, um besser zu verstehen, wie es arbeitet.

Kurzzeitgedächtnis Gedächtnis, das Inhalte nur ein paar Minuten behält – es ist unabhängig vom *Langzeitgedächtnis* organisiert.

Langzeitgedächtnis Gedächtnis, das Inhalte länger als nur ein paar Tage behält – im Gegensatz zum *Kurzzeitgedächtnis*, das sie nur ein paar Minuten behält.

limbisches System Dieser Teil des *Vorderhirns* hat mit Gefühlsleben, Lernen und Anpassungsvermögen zu tun. Er besteht aus dem Hippocampus, der Amygdala und dem Septum.

linke Gehirnhälfte Eine der beiden Seiten der *Großhirnrinde*. Sie steuert die rechte Körperhälfte und ist maßgeblich für Sprachverarbeitung und das Sprechen.

Mittelhirn Ein kleiner Teil des Gehirns, eine Fortsetzung der *Formatio reticularis* im *Rautenhirn*. Bei Menschen ist es weniger wichtig als bei anderen Säugetieren.

Netzhaut Die Struktur an der Rückwand des Auges, die die *Photorezeptoren* enthält.

Neuronen Die Nervenzellen, welche die strukturellen Grundeinheiten des Nervensystems sind.

Neuronenpfad Eine Strecke, entlang der Nervenimpulse reisen.

Neurotransmitter Ein chemischer Botschafter, der von einem *Neuron* ausgeschickt wird und eine Botschaft über die *Synapse* auf das empfangende *Neuron* überträgt.

Opiate Substanzen, die aus dem Schlafmohn hergestellt werden, wie Heroin, Morphium oder Codein, die, wenn geraucht, eingenommen, injiziert oder inhaliert, Schmerzen betäuben und Wohlgefühl erzeugen. Solche Stoffe machen meist süchtig.

paradoxer Schlaf Das Stadium des *REM-Schlafs*, in dem der Geist wach zu sein scheint, der Körper aber buchstäblich gelähmt ist.

Parapraxe Eine Bezeichnung, die Freud für bedeutsame Fehler verwendete, etwa Versprecher.

periphäres Nervensystem Der Teil des Nervensystems, der aus allen Nervenzellen des Körpers außer jenen des *Zentralnervensystems* besteht. Es vermittelt Informationen zwischen Gehirn und Körper.

Phobie Übertriebene Angst, hervorgerufen durch bestimmte Dinge, Ereignisse oder Situationen, wie Spinnen oder offene Plätze, ohne daß eine tatsächliche Gefahr vorliegt.

Photorezeptoren *Zapfen* und *Stäbchen*: Die Strukturen in der *Netzhaut*, die Lichtenergie in Information umsetzen, welche das *Zentralnervensystem* analysieren und verarbeiten kann.

Physiologie Das wissenschaftliche Studium der Prozesse und Funktionen lebender Organismen.

Pons Ein Teil des *Rautenhirns,* dessen Nervenzellen Botschaften zwischen den einzelnen Gehirnzonen übertragen. Enthält auch Nerven, die Teile von Kopf und Gesicht verbinden.

Psi-Phänomene Außersinnliche Wahrnehmungen, die mit normalen wissenschaftlichen Kriterien nicht erklärt werden können.

Psychiatrie Der Zweig der Medizin, der sich mit geistiger Gesundheit und Krankheit befaßt.

Psychoanalyse Eine Untersuchungs- und Psychotherapie-Methode, die von Freud entwickelt wurde. Sie sieht die Wurzeln von Geisteskrankheiten und nervösen Störungen in unbewußten Vorstellungen im Geiste des Patienten, die sich in der Kindheit bildeten, und versucht, diese Störungen zu behandeln, indem sie diese Vorstellungen und möglichen Traumen ans Licht holt.

psychodynamische Theorie Eine Theorie, derzufolge menschliche Verhaltensweisen und Motivationen auf widerstreitenden unbewußten Prozessen basieren und Kindheitserlebnisse das Verhalten als Erwachsener bestimmen.

Psychologie Das wissenschaftliche Studium von Geist und Verhalten.

Rautenhirn Der Teil des Gehirns an der Schädelbasis, bestehend aus *verlängertem Mark*, der *Pons*, dem *Kleinhirn* und der *Formatio reticularis.*

reaktive Depression Depression mit plausibler Ursache wie etwa einer Scheidung (siehe auch *endogene Depression*).

rechte Gehirnhälfte Eine der beiden Seiten der *Großhirnrinde*. Sie steuert die linke Körperhälfte und reguliert räumliche Aktivitäten.

Reiz Eine bestimmte Energie, die eine Reaktion in einem bestimmten *Rezeptor* hervorruft, oder alles, was in einem Organismus eine Reaktion hervorruft.

REM-Schlaf Eine Schlafphase, in der es zu raschen Augenbewegungen (rapid eye movements = REM) kommt, die meist, aber nicht nur, mit Träumen verbunden ist (siehe auch *paradoxer Schlaf*).

retrograde Amnesie Ein Zustand, in dem eine Person unfähig ist, sich an Ereignisse zu erinnern, die einem traumatischen Ereignis vorausgingen.

Rezeptoren Physiologische Bestandteile des Nervensystems, die sensorische Informationen von außen empfangen (z. B. die *Netzhaut*). Auch allgemeiner gebrauchte Bezeichnung für die Sinnesorgane, die diese Komponenten enthalten, wie das Ohr oder das Auge.

Rückenmark Das Nervenbündel innerhalb der Wirbelsäule; es reicht vom Gehirn bis zu den Teilen des periphären Nervensystems in den Beinen.

Scheitellappen Einer der vier Lappen der *Großhirnrinde*, hat vor allem mit der Verarbeitung von Reizen zu tun, die von Haut und Muskeln kommen.

Schema Ein Begriff, den einige Psychologen verwenden, um einen geistigen Rahmen zu beschreiben, in den auf der Basis früherer Erfahrungen ähnliche Phänomene eingeordnet werden. Piaget verwendet den Begriff in seiner Theorie der Kindesentwicklung.

Schizophrenie Eine Art Geistesgestörtheit, die mit Störungen von Wahrnehmung, von Denken, Fühlen, Sozialverhalten und Bewegungsabläufen verbunden ist.

Schläfenlappen Einer der vier Lappen der *Großhirnrinde*, hat vor allem mit der Verarbeitung akustischer Reize zu tun.

Stäbchen *Photorezeptoren* für Nachtsicht und Sehen in der Dunkelheit, können keine Farben wahrnehmen. Sie liegen rund um das Zentrum der *Netzhaut* und sind länger und zahlreicher als die *Zapfen*.

Stirnlappen Einer der vier Lappen der *Großhirnrinde*, der mit Bewegung und höheren Denkprozessen wie abstrakter Argumentation in Verbindung gebracht wird.

Suggestibilität So offen für Beeinflussungen sein, daß man seine eigenen Erinnerungen oder Wahrnehmungen leugnet. Ein wichtiges Ergebnis der *Hypnose*.

Synapse Der Spalt zwischen *Neuronen*, in den *Neurotransmitter* freigesetzt werden.

Synästhesie Vermischung von *Wahrnehmungen* und *Empfindungen*, so daß z. B. Farben mit bestimmten Klängen mitempfunden werden.

Thalamus Die zweilappige Struktur im Zentrum des Gehirns, die als Schaltstelle für sensorische Informationen dient und den Schlafrhythmus steuert.

Über-Ich Der Teil von Freuds Modell des Geistes, der alle internalisierten Normen und Werte der Gesellschaft umfaßt, die während der Frühentwicklung durch Interaktionen mit Autoritätspersonen wie den Eltern erworben werden (siehe auch *Es* und *Ich*).

verlängertes Mark Der unterste Abschnitt des Hirnstammes am oberen Ende des *Rückenmarks*. Es wirkt mit an der Steuerung des Herzschlags, der Atmung, der Verdauung und des Schluckens; auch der Ort, an dem die Nerven von der rechten Körperhälfte in die linke Gehirnhälfte übertreten und umgekehrt.

Vesikel Kleine flüssigkeitsgefüllte Bläschen in den *Synapsen*, die *Neurotransmitter* enthalten und freisetzen.

Vorderhirn Der obere Abschnitt des Gehirns, der die *Großhirnrinde*, den *Thalamus*, den *Hypothalamus* und das *limbische System* umfaßt.

Wahrnehmung Der Prozeß, durch den das, was wir mit unseren *Rezeptoren* (Augen, Ohren usw.) aufnehmen, im Gehirn organisiert wird, um unseren Erfahrungsschatz zu bilden.

Zapfen *Rezeptoren* in der *Netzhaut*, die auf Farbsehen spezialisiert sind. Sie sind in der *Fovea* konzentriert und kürzer und weniger zahlreich als die *Stäbchen*.

Zentralnervensystem Gehirn und *Rückenmark*.

Verfahren zur Darstellung des Gehirns

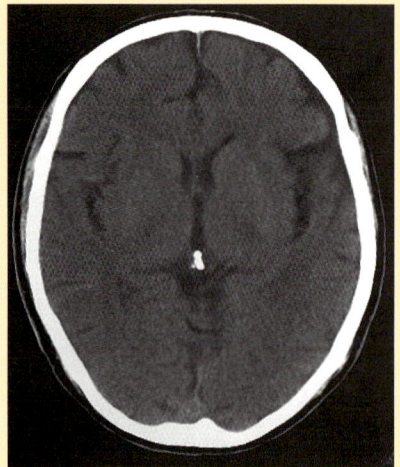

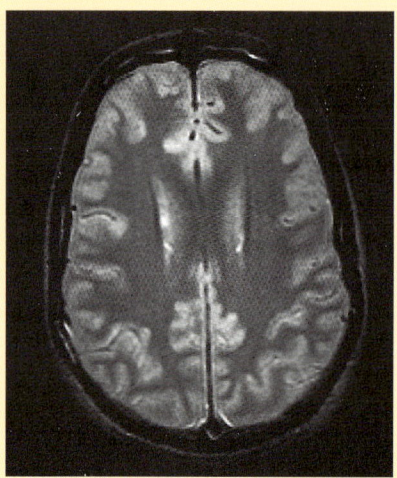

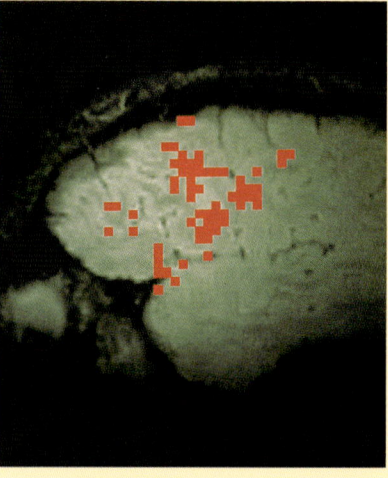

Im CT-Bild erscheinen Knochen weiß und weiches Gewebe je nach Dichte in verschiedenen Grautönen.

Ein MRI-Bild unterscheidet recht genau zwischen der grauen und der weißen Masse des Gehirns.

Dieses Funktionelle MRI-Bild zeigt Ebenen der Gehirnaktivität (rot gefärbt), während der Patient Worte aus dem Gedächtnis abruft.

Computertomographie (CT)

CT-Scans erzeugen Bilder von »Schnitten« durch das Gehirn, die Struktur und Dichte des Gewebes zeigen. Der Scanner besteht aus einer Röhre, die ein fächerartiges Bündel von Röntgenstrahlen erzeugt, gegenüber eine Röntgenplatte. Wenn das Strahlenbündel durch den menschlichen Kopf auf die Platte fällt, hält dichtes Gewebe mehr Strahlung auf als weiches. Der Strahl wird gedreht, um das Bild aus allen Richtungen einzufangen, und ein Computer verbindet diese zum »Schnitt«, der die Lage und Dichte der Gewebe zeigt, wobei dichtere Gewebe blasser erscheinen als die weicheren. Der Patient wird dann ein wenig bewegt, um einen weiteren »Schnitt« zu scannen, und der Computer verbindet schließlich die Daten aller Schnitte zu einer dreidimensionalen Darstellung des Gehirns. Moderne CT-Scanner produzieren in wenigen Sekunden Bilder, die Dichteschwankungen von etwa 1 Prozent erkennen lassen.

Magnet-Resonanz-Darstellung (MRI)
und Funktionelle MRI

MRI-Scans ergeben ein etwas detaillierteres Bild des Gehirns als CT-Scans, ohne eine möglicherweise schädigende Strahlung zu verwenden. Die Bilder geben sehr detailgenau die Dichte des Gewebes wieder, unterscheiden deutlich zwischen grauer und weißer Masse und zeigen selbst kleinste Tumore. Der größte Teil eines MRI-Scanners ist der Magnet: Er muß groß genug sein, um den Patienten zu umschließen, und er muß ein sehr gleichmäßiges Magnetfeld erzeugen. Grundsätzlich zeigt ein MRI-Scan die Verteilung von Wasserstoffatomen, da sie stärker auf ein Magnetfeld reagieren als andere Atome im Gehirn. Da Wassermoleküle zwei Wasserstoffatome enthalten, ist die MRI eine hervorragende Methode zur Abbildung von Gewebe mit hohem Wassergehalt wie Gehirn und Rückenmark. Funktionelle MRIs stellen die Funktion des Gehirns dar

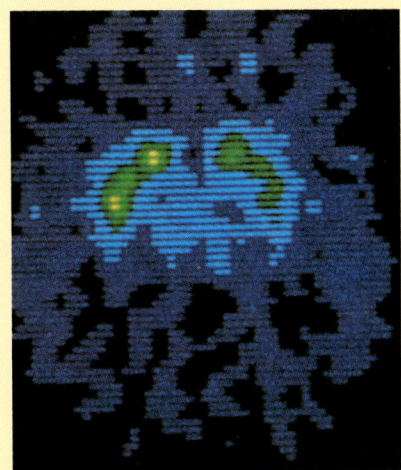 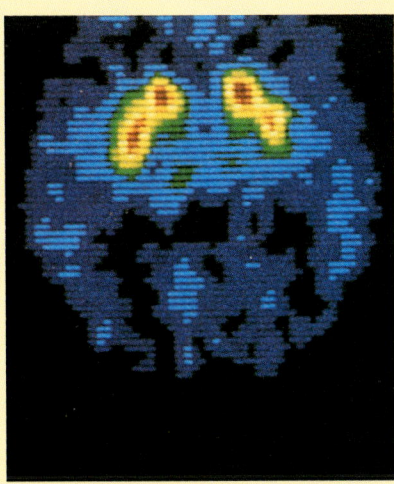

Dieser PET-Scan unter normalen Bedingungen zeigt Zonen mit niedriger Aktivität in blau und Zonen höherer Aktivität in grün und gelb.

Dieser PET-Scan zeigt ungewöhnlich hohe Gehirnaktivität, rot und gelb gefärbt, nach der Einnahme von Kokain, einem Aufputschmittel.

und nicht bloß seine Struktur. Wenn Teile des Gehirns bei verschiedenen Denkprozessen oder Körperfunktionen aktiv werden, steigt in ihnen der Verbrauch von Sauerstoff aus dem Blut. Die Funktionelle MRI mißt die Veränderung der Sauerstoffmenge in diesem Teil des Gehirns. Das ist möglich, da sauerstoffarmes Blut stärker auf Magnetismus reagiert als Blut mit hohem Sauerstoffgehalt.

Positronen-Emissions-Tomographie (PET)
Wie CT-Scans und MRIs sehen auch PET-Scans wie ein »Schnitt« durch das Gehirn aus, können aber die Gehirnfunktion noch genauer messen als Funktionelle MRIs. Das ist durch die Kombination eines Radionuklids, also eines radioaktiven Elements, mit einer anderen Chemikalie möglich, die rasch vom Körper aufgenommen wird, also Gas, das eingeatmet, oder eine Art Zucker, der in den Blutkreislauf injiziert werden

kann. Die Kombination beider Stoffe wird als Radiopharmazeutikum bezeichnet. Dieses reist mit dem Blutkreislauf ins Gehirn und lagert sich verstärkt in den aktivsten Zonen ab, da vermehrte geistige Tätigkeit einen vermehrten Blutfluß in das betroffene Gebiet verlangt. Beim Zerfall des radioaktiven Elements im Radiopharmazeutikum werden Positronen frei, die wie Elektronen, aber positiv geladen sind. Wenn sie Elektronen begegnen, was nicht ausbleiben kann, heben sie sich gegenseitig auf und erzeugen dabei zwei Gamma-Strahlen, die in genau entgegengesetzte Richtungen aus dem Körper austreten. Sie werden von Gamma-Strahlen-Detektoren im PET-Scanner gemessen, der Daten über Strahlen zusammenträgt, die gleichzeitig aus entgegengesetzten Richtungen auftreffen. Das ermöglicht es, die Verteilung des Radiopharmazeutikums im Gehirn zu messen, wobei die Zonen der größten Konzentration einen hohen Grad geistiger Aktivität anzeigen.

Literatur

Einführung

Kline, P.: *Psychology Exposed*, 1990

Geist und Materie

Chomsky, Noam: *Strukturen der Syntax*, Berlin, New York 1973 (Mouton de Gruyter)

Churchland, Patricia S./**Sejnowski,** Terrence J.: *Das rechnende Gehirn*, Wiesbaden 1995 (Vieweg)

Darwin, Charles: *Die Entstehung der Arten durch natürliche Zuchtwahl oder die Erhaltung der begünstigten Rassen im Kampfe ums Dasein*, Hrsg. Gerhard H. Müller, Darmstadt 1992 (Wissenschaftliche Buchgesellschaft)

Descartes, René: *Von der Methode des richtigen Vernunftgebrauchs und der wissenschaftlichen Forschung*, Hamburg 1978 (Meiner)

Freud, Sigmund: *Das Ich und das Es. Metapsychologische Schriften*, Frankfurt a. M. 1992 (Fischer TB)

Freud, Sigmund: *Die Traumdeutung*, Frankfurt a. M. 1991 (Fischer TB)

Freud, Sigmund: *Entwurf einer wissenschaftlichen Psychologie*, 1895

La Mettrie, Julien Offray de: *Die Maschine Mensch*, Hrsg. Claudia Becker, Hamburg 1994 (Meiner)

Locke, John: *Versuch über den menschlichen Verstand*, 2 Bde., Hamburg 1981/1988 (Meiner)

Skinner, B. F.: *Beyond Freedom and Dignity*, 1972

Skinner, B. F.: *Walden Two*, 1948

Wittgenstein, Ludwig: *Philosophische Untersuchungen*, in Werkausgabe 8 Bde., 1. Bd.: Frankfurt a. M. 1989 (Suhrkamp)

Sinneseindruck und Wahrnehmung

Grandin, Temple: *Ich bin die Anthropologin auf dem Mars. Mein Leben als Autistin*, München 1997 (Droemer Knaur)

Gregory, R.: *Eye and Brain*, 1966

Melzack, R./**Wall,** P. D.: *The Challenge of Pain*, 1982

Bewußtsein

Baddeley, A.: *Working Memory*, 1986

Bem, S.: *The Lenses of Gender*, 1993

Crick, Francis: *Was die Seele wirklich ist. Die naturwissenschaftliche Erforschung des Bewußtseins*, Düsseldorf 1994 (Artemis)

Damasio, Antonio: *Descartes' Irrtum. Fühlen, Denken und das menschliche Gehirn*, München 1997 (dtv)

Dennett, Daniel C.: *Philosophie des menschlichen Bewußtseins*, Hamburg 1994 (Hoffmann und Campe)

Eccles, J.: *The Evolution of Human Nature*, 1985

Firth, U.: *Autism*, 1993

Gardner, Howard: *Abschied vom IQ. Die Rahmentheorie der vielfachen Intelligenz*, Stuttgart 1994 (Klett-Cotta)

James, W.: *The Principles of Psychology*, 1890

Ornstein, R.: *The Psychology of Consciousness*, 1976

Ornstein, Robert: *Multiminds. Wie die neue Hirnforschung unser Verhalten erklärt*, Paderborn 1988 (Junfermann)

Piaget, Jean: *Nachahmung, Spiel und Traum. Die Entwicklung der Symbolfunktion beim Kinde* (= Gesammelte Werke, Bd. 5), Stuttgart 1993 (Klett-Cotta)

Rogers, Carl R.: *Die nicht-direktive Beratung. Counselling and Psychotherapy* (Geist und Psyche 42176), Frankfurt a. M. 1994 (Fischer TB)

Sacks, Oliver: *Der Mann, der seine Frau mit einem Hut verwechselte* (rororo Sachbuch 8780), Reinbek 1990 (Rowohlt TB)

Sacks, Oliver: *Eine Anthropologin auf dem Mars. Sieben paradoxe Geschichten*, Reinbek 1997 (Rowohlt TB)

Sperry, R.: »Lateral specialization in the surgically separated hemisphere«, in: F. Schmitt/F. G. Warden (Hrsg.): *The Neurosciences*, 1974

Täuschungen und Illusionen

Freud, Sigmund: *Der Witz und seine Beziehung zum Unbewußten/Der Humor,* Frankfurt a. M. 1992 (Fischer TB)

Freud, Sigmund: *Zur Psychopathologie des Alltagslebens,* Frankfurt a. M. 1994 (Fischer TB)

Gombrich, Ernst: *Kunst und Illusion,* Essen 1967 (Phaidon)

Gregory, R.: *Odd Perceptions,* 1990

Krafft-Ebing, Richard von: *Psychopathia sexualis,* München 1993 (Matthes & Seitz)

Veränderte Bewußtseinszustände

Darwin, Charles: *The Expression of the Emotions in Men and Animals,* 1872

Ellenberger, Henry F.: *Die Entdeckung des Unbewußten. Geschichte und Entwicklung der dynamischen Psychiatrie von den Anfängen bis zu Janet, Freud, Adler und Jung,* Zürich 1996 (Diogenes)

Gauld, A.: *A History of Hypnosis,* 1988

Gudjuddson, G.: *The Psychology of Interrogations, Confessions and Testimony,* 1992

Gurdjieff, Georg I.: *Begegnungen mit bemerkenswerten Menschen,* Teil 2 der Serie »All und Alles«, Basel 1992 (Sphinx)

Hacking, Ian: *Multiple Persönlichkeit. Zur Geschichte der Seele in der Moderne,* München 1996 (Hanser)

Huxley, Aldous: *Die Pforten der Wahrnehmung – Himmel und Hölle,* München 1995 (Piper)

James, William: *Die Vielfalt der religiösen Erfahrung,* Frankfurt a. M. 1996 (Insel)

Jaynes, Julian: *Der Ursprung des Bewußtseins* (rororo Sachbuch 9529), Reinbek 1993 (Rowohlt)

Quincey, T. de: *Bekenntnisse eines englischen Opiumessers,* 1902

Der Geist unter Beschuß

Clare, A.: *Psychiatry in Dissent,* 1976

Cohen, D.: *Forgotten Millions,* 1988

Cohen, D./**MacKeith,** S.: *The Development of the Imagination,* 1991

Deutsch, A.: *The Shame of the States,* 1948

Eysenck, H.: *The Decline and Fall of the Freudian Empire,* 1986

Jung, Carl Gustav: *Die Archetypen und das kollektive Unbewußte* (= Gesammelte Werke, Bd. 9/I), Düsseldorf 1992 (Walter-Vlg)

Klein, Melanie: *Gesammelte Schriften (1. Bd. 1921–1945),* Stuttgart 1995 (Frommann-Holzboog)

Laing, Roland D.: *Das geteilte Selbst. Eine existenzielle Studie über geistige Gesundheit und Wahnsinn,* Köln 1994 (Kiepenheuer & Witsch)

Maslow, A.: *Further Reaches of Human Nature,* 1973

Masson, Jeffrey M.: *Was hat man dir, du armes Kind, getan? oder Was Freud nicht wahrhaben wollte,* Freiburg i. Br. 1994 (Kore)

Orbach, Susie: *Anti-Diätbuch. Über die Psychologie der Dickleibigkeit, die Ursachen von Eßsucht,* München 1979 (Frauenoffensive)

Rogers, C.: *The Clinical Treatment of the Problem Child,* 1939

Rowan, J.: *Subpersonalities,* 1988

Rowan, J.: *Discover your Subpersonalities,* 1990

Sizemore, C.C./**Pitillo,** E.: *I'm Eve,* 1977

Sizemore, C.C.: *A Mind of My Own,* 1989

Szasz, Thomas S.: *Grausames Mitleid. Über die Aussonderung unerwünschter Menschen,* Frankfurt a. M. 1997 (Fischer TB)

Thigpen, C.H./**Cleckley,** H.: »A case of multiple personality«, in: *Journal of Abnormal and Social Psychology 49,* 1954

Thigpen, C.H./**Cleckley,** H.: *The Three Faces of Eve,* 1957

Der Aufstieg des Geistes

Eysenck, H.: *Genius,* 1995

Hudson, L.: *Contrary Imaginations,* 1966

Joynson, R.: *The Burt Affair,* 1989

Bildnachweis

S. 5 (links): Science Photo Library;
S. 5 (rechts): Mary Evans Picture Library

S. 6 (links): Werner Froman Archive;
S. 6 (rechts): Topham Picture Source

S. 10: The Wellcome Institute

S. 12 (Hintergrund): Images Colour Library;
S. 12 (Vordergrund): Mary Evans Picture Library

S. 15: Science Photo Library

S. 16: C.M. Dixon

S. 17: Science Photo Library

S. 20: Novosti/Science Photo Library

S. 21: Novosti/Science Photo Library

S. 22: Science Photo Library

S. 23 (oben und unten): Science Photo Library

S. 25 (oben): Anna Ronan/Image Select;
S. 25 (unten): Dept. of Cognitive Neurology/Wellcome Institute/Science Photo Library

S. 27 (Hintergrund und Vordergrund): CNRI/Science Photo Library

S. 28: Science Photo Library

S. 30: Mary Evans Picture Library

S. 32: Dept. of Cognitive Neurology/Wellcome Institute

S. 33 (rechts oben): Images Colour Library

S. 34: Stephen Wiltshire/Margaret Hewson

S. 35: William Kurelek/Bethlem Hospital Archive

S. 36: Kobal Collection

S. 41 (oben): Mansell Collection;
S. 41 (unten): Mary Evans Picture Library

S. 42–43: Images Colour Library

S. 45: The Royal Collection/Her Majesty Queen Elizabeth II.

S. 47: Images Colour Library

S. 48: Science Photo Library

S. 49: Michael Holford

S. 55: Science Photo Library

S. 61: Mary Evans Picture Library

S. 62: BSP VEM/Science Photo Library

S. 67: Images Colour Library

S. 68 (oben): Mary Evans Picture Library

S. 70: Dept. of Cognitive Neurology/Wellcome Institute/Science Photo Library

S. 72: Science Photo Library

S. 73 (oben): Jean-Loup Charmet;
S. 73 (unten): Science Photo Library

S. 75: Illustration von Stewart Clough

S. 82: Werner Forman Archive

S. 83: Ann Ronan/Image Select

S. 87: Zefa

S. 94: Mary Evans Picture Library

S. 97: Escher-Nachlaß/Visual Arts Library

S. 98: British Film Institute

S. 100: Topham Picture Source

S. 101: Zefa

S. 103: Palazzo Ducale, Urbino/Scala

S. 104: Tate Gallery/Visual Arts Library

S. 108: Mary Evans Picture Library

S. 111: Duncan Baird Publishers

S. 112 (oben): Bridgeman Art Library;
S. 112 (unten): Bridgeman Art Library/Staatliche Museen Preußischer Kulturbesitz, Berlin

S. 113: e.t. archive/Kew Gardens Botanical Library

S. 114: Bridgeman Art Library

S. 117 (oben): Bridgeman Art Library/Giraudon: S. 117 (unten): e.t. archive

S. 119: Images Colour Library

S. 120: Bridgeman Art Library/Victoria & Albert Museum

S. 122: National Library of Medicine at the Wellcome Institute/Science Photo Library

S. 124: e.t. archive

S. 125: Ancient Art and Architecture;
S. 124–125: Eadweard Muybridge/Royal Photographic Society

S. 126: e.t. archive

S. 130: Mary Evans Picture Library

S. 131: Adam Hart-Davies/Science Photo Library

S. 134: NHPA

S. 141: Wellcome Institute

S. 142 (oben): Science Photo Library;
S. 142 (rechts): Bruce Davidson/Magnum Photographers

S. 143: David Chick/Bethlem Hospital Archive

S. 146: Science Photo Library

S. 147: Adam Hart-Davies/Science Photo Library

S. 148: Topham Picture Source

S. 151: Images Colour Library

S. 154: Marek Walisiewicz

S. 157: Images Colour Library

S. 160: National Library of Medicine/Wellcome Institute

S. 161: National Library of Medicine/Wellcome Institute

S. 169: Topham Picture Service

S. 182 (alle): Michael Mooney im Department of Medical Physics, University College, London

S. 183 (links und rechts): Michael Mooney im Department of Medical Physics, University College, London

Register

Kursiv gesetzte Seitenzahlen beziehen sich auf Bildunterschriften. Seitenzahlen in **Fettdruck** beziehen sich auf Haupteinträge.

A

Acetylcholin *29, 160*
Agoraphobie **152–153,** 161
Akupunktur 61
akustische Täuschungen 103
Alchemie 42, *93*
Alkohol (Betäubungsmittel) 130
Altersfolgen 154–155
Altersschwachsinn 154
Alzheimersche Krankheit 29, 154–155
  Verlust der Sprache 155
Amnesie 97, **106–107**
  nach Hypnose 122–123
Anatomie des Gehirns **22–25**
Angst vor Geisteskrankheiten *12,* 143
Angstneurosen 152–153
anterograde Amnesie 106–107, *106*
Antidepressiva 29, 149–150
Arachnophobie 152
Aretaios von Kappadokien (Arzt) 141
Archetypen *42, 43,* 115
Aristoteles 67, 104, 141, 172
Asch, Solomon (Psychologe) 132
Assoziationen 165
ASW (außersinnliche Wahrnehmung) 136–139
Auge, Aufbau *45,* **48–53**

blinder Fleck 49
Nachtsicht 49
Netzhaut 48, *48,* 49, 50
Sehnerv 20, *48,* 49, 54
Zapfen und Stäbchen 48, *48,* 49, 50, *51*
Autismus *34,* 35, 83
  Sperren gegen Berührungen 58, 83
automatische Funktionen 22
automatisches Verhalten 73
Axon *26,* 26–28, *28,* 49

B

Bastiaans, Jan (Psychiater) 131
Bedlam *12,* 142
Behandlung von Geisteskrankheiten *12,* 29, 142–143
Behaviorismus **30–31,** 71, 77, 153, 169, 174
Bell, E.T. 170
Bem, Sandra (Psychologin) 93
Berkeley, George (Philosoph) 46
Berührung **58–62**
  psychologische Wirkung 58
  Reizempfindlichkeit *59*
Berührungsrezeptoren 58, *58*
Besessenheit 141
bewußtes Verhalten 72
Bewußtsein 11, *15,* **67–69,** 174–176
  Bezug zur Großhirnrinde 24
  Definition 67
  Entwicklung bei Babys 78–81
  Entwicklung des *16,* 174–176
  Gehirnvolumen und -komplexität 18

immaterielle Bewußtseinstheorie 113
Kontinuum 72
Lage in Stirnlappen *69*
Paläolithikum *16*
Persönlichkeitsspaltung 75, *75*
Selbstbewußtsein nur bei Menschen 16, 38
typisch menschliche Eigenschaft 68–69
vermittelt durch Konvergenzzonen 68
wesentliche Eigenschaften (William James) 74
Wissenszustände **72–73**
  siehe auch veränderte Bewußtseinszustände
Bildung der Geschlechtsorgane beim Embryo 92
Bindehirn 38
Binet, Alfred (Psychologe) 168
Blake, William (Künstler) *114*
Blickkontakt 134
Bourne, Ansel (gespaltene Persönlichkeit) 75
Broadbent, Donald (Psychologe) *47*
Broca, Pierre (Chirurg) 32
  Broca-Zentrum 32, *70*
Brunelleschi, Filippo (Architekt) 102
Bulimie 158–159
Burt, Cyril (Psychologe) 169
Burton, Robert (Geistlicher) 148

C

Cannon, Walter (Physiologe) 94–95
Chomsky, Noam (Linguist) 15, 71
Churchland, Patricia (Philosophin) 15, 37
Computer und Gehirn **36–37,** 69, 165
Crick, Francis (Biologe) 11, 68
CT (Computertomographie) 182

D

Damasio, Antonio (Neurologe) 68
Darwin, Charles (Naturforscher) 16, *134,* 135
Darwins Evolutionstheorie 16
  Selbstbewußtsein 38
Dementia **154,** 160
Dendriten 26, *26,* 27
Depression 29, **148–150**
  Winterdepression 156
Depression, psychoanalytische Theorien 149
Descartes, René (Philosoph) 30, 67, *68*
Desensibilisierung 153
Deutsch, Albert 142
Diät 158–159
Distanzbedürfnis 135
divergentes Denken 170
Dopamin 29, 146, 160, 172
Drogen **128–131**
  Antidepressiva 149
  Aufputschmittel 129, 131
  Bewußtseinsveränderung 111, *113,* 128–131

Depressiva 129–130
Entzugserscheinungen 129
Halluzinogene 128–129, 131
Opiate 128, 129–130
Schizophrenie 146
therapeutischer Wert 131
Dualismus (Descartes) 67–68

E

Eccles, Sir John (Physiologe)
  38–39
  Langzeitgedächtnis 87
EEG (Elektroencephalogramm)
  72
Egozentriertheit bei Kleinkindern
  78, 81
Elektroschock **142–143**, 150
Empfänglichkeit
  für Depression 148–149
  für Hypnose 122–123
endogene Depression 149
Endorphine 123, 158
  Wirkung von Opiaten
  129–130
Epilepsie 9, 32–33, 89
Erinnerungen an Gefühle 62
Erregung (sexuell) 120–121
Es 41
Escher, M. C. (Künstler) *96*,
  102
Eßstörungen 158–159
Estabrooks, George (Psychologe)
  122
Eugenik 168
Evolution des Geistes **16–21**
Exorzismus *12*
  Besessenheit durch Dämonen
  141
Extroversion 60, 90, *90*, 91

Eysenck, Hans (Psychologe)
  41–42, 163, 170, 172,
  173
  Persönlichkeitstheorie *90*, 91

F

Fachidioten 35
Fadenwürmer 45
Fetischismus 12, 120
Flexibilität der kognitiven
  Hemmung *172*
freie Assoziation 114, *169*
freier Wille 30–31, 39, 67
Freud, Sigmund (Psycho-
  analytiker) 9, 11, **40–43**, 73,
  77, 108, *108*
  Persönlichkeitstheorie 91
  psychodynamische Theorie
  40, 152
  psychosexuelle Entwicklung
  78
  sexuelle Phantasien 120–121
  Traumdeutung *112*, **114–116**
  Traumsymbole 114–115
Freudsche Fehlleistungen
  108–109, *108*
Freudsche Therapie 12,
  160–163

G

Gage, Phineas *25*, 68
Galton, Sir Francis
  (Wissenschaftler) 76,
  167–168, *169*, 170
Gardner, Howard (Psychologe)
  34–35
Gedächtnis 25, *29*, **84–89**,
  106–107

Gedächtnisverlust 106, 143,
  150, 154
  Rückkehr durch Hypnose 123
Gefühle **94–95**
  Berührungen 58
  geschlechtsspezifisch 93
  physiologische Theorie der
  (James) 94
Gehirnentwicklung
  embryonal 20–21, 92
  evolutionär 17–18, *17*, 38, 62
  Großhirnrinde 24
  männliche
  Geschlechtsentwicklung beim
  Embryo 92
Gehirnhälften 18, 25, **32–33**
  Dominanz einer Gehirnhälfte
  32
  funktionale Trennung 32, *32*
  geschlechtsspezifisches Ver-
  halten 92–93
  Leistungen der linken Gehirn-
  hälfte 18, 32, *32–33*, 92
  Leistungen der rechten
  Gehirnhälfte 33, 92
Gehirnströme 15, *72*, 122, 124
Gehirnwäsche 64
Gehirnzonen **22–25**
  Amygdala *29*, 95
  Asymmetrie 32
  Corpus callosum 25, 32–33
  elektrische Aktivität *72*
  Formatio reticularis 23, 117
  Geschlechtsunterschiede 92
  Großhirnrinde *siehe dort*
  Hemisphären *23*, 32
  Hippocampus 25, *29*, 87, *106*
  Hypothalamus 20, 24, 158
  Kleinhirn 23
  Längsschnitt *23*

Lappen 25
limbisches System 24, 59, 91,
  95
Magnet-Resonanz-Darstellung
  (MRI) *22*, 182
Mittelhirn 23–24
optisches Chiasma *48*
Pons 23, 117
Rautenhirn 22–23, 24
Septum 95
Thalamus 24, *48*, 49, 50, 59,
  62–63
verlängertes Rückenmark 23
Vorderhirn 22, 24
Geist und Materie **15–21**
Geist
  Modelle des Geistes 30, 39
  Selbstbeobachtung 39, 77
Geisteskrankheiten *12*, *29*,
  141–143
Gene *19*, 20
Genie **170–173**
  Manie 150
  Motivation 171
Geruch **62–63**
Geruchsrezeptoren 62, *62*
Geschlechtsunterschiede **92–93**
Geschmack **62–63**
Gesichtsausdruck *134*
gespaltene Persönlichkeiten 75,
  75
Gesprächsrhythmus 70, 80–81
Gestalttherapie 162
Gewebezellen 27
Giotto (Maler) *126*
Grammatik der Musik 57
Grandin, Temple (Autistin,
  Autorin) 58
Gregory, Richard (Psychologe)
  99–102, *100*

Großhirnrinde 24, 25, 49, 50,
61, 62, 87
Geruchsverarbeitung 62
Hörzentrum 54
olfaktorisches System 62
Sehzentrum 20, 49, 50–52
somatosensorisch 59
Gudjuddson, Gisli (Psychologe)
133

H

Haarzellen im Innenohr 54
Halluzinationen
halluzinogene Stoffe 126, 128,
131
Hypoxie als Ursache 127
Kokainabhängigkeit 131
sensorische Deprivation **64**
Symptom von Schizophrenie
144, 145
Halluzinogene 126, 128, 129,
131
Hardy, Sir Alistair (Biologe) 38
Hebb, Donald (Psychologe) 89,
155
Hellsehen 136, 138
Hemisphären *siehe* Gehirnhälften
Hilflosigkeit, angelernte
149–150
Hippocampus und Langzeit-
gedächtnis 25, *29*, 87, *106*
Hirnstamm 24
Homunkulus 59, *59*
Hören **54–57**
Feinheiten von Gesprächs-
nuancen 57
selektives Zuhören 56–57, 103
Taubheit 57
Hörnerv 54, *55*

Hubel, David (Neurologe)
50–53
humanistische Therapie
162–163
Hungergefühl 158
Huysmans, Joris Karl (Schriftsteller) 105
hypnagogische Halluzinationen
119, *119*
Hypnose **122–123**
Schmerzerleichterung 123
hypnotische Beeinflußbarkeit
122–123

I

Ich 41
innere Uhr 156
Intelligenz 165, **166–169**
Kreativität und Genie
170–173
Natur-versus-Erziehung-Frage
169
Interneuronen 17, *18, 28*
introvertiert 60, 90, *90*, 91
IQ (Intelligenzquotient) 168
Berechnung 170
Tests 166–167, 169

J

James, William (Psychologe)
67, 74, 94, 126
Jaynes, Julian (Psychologe) 111
Jouvet, Michel (Psychologe)
113, *116*, 117
Jung, C. G. (Psychotherapeut)
40, *41*, 42–43, 90, 93
Archetypen *42, 43*, 115, *117*
Traumdeutung 115

K

Kandinsky, Wassily (Künstler)
104
Kinder
Entwicklung des Sprechens 70
schrittweise
Bewußteinsentwicklung
78–81
Kindheitstrauma 12
Persönlichkeitsspaltung als
Schutz 75
Kinsey, Alfred (Sexualforscher)
120
Klang 54–57, 103
Frequenz 56
Vibrationen der Luft 54, *55*
Klaustrophobie 152
klinische Depression 148
kognitive Verhaltenstherapie
161–162
Kokain 131
kollektives Unbewußtes *41*,
42–43, *42, 43*, 115
konditionierter Reflex *20*
konvergentes Denken 170
Koordinationsentwicklung bei
Babys 78
Körperlosigkeit 126–127
Körpersprache 82, **134–135**
Kraepelin, Emil (Psychiater)
144
Krafft-Ebing, Richard von
(Sexologe) 61
Kreativität 165, **170–173**
und Wahnsinn *150*, 172
kulturspezifische Körpersprache
134–135
künstliche Intelligenz 15, 36, 69
Turing-Test *36*
Kurzzeitgedächtnis 84–87

Abbau im Alter 154
akustische Form 85
Übertragung ins Langzeit-
gedächtnis 87, 106, *106*, 107,
154
Verstärkung durch Wieder-
holung 85, 87

L

Laing, R. D. (Psychiater) 143,
144
La Mettrie, Julien Offray de
(Arzt) 30
Langzeitgedächtnis 86–89
anterograde Amnesie
106–107
Hippocampus, Rolle 87, 89,
106
Ortsbestimmung 87–89
retrograde Amnesie 106
situationsabhängig *85*
Langzeiterregung 29, 89
Leben (Definition) 16
Leib-Seele-Problem (Descartes)
67–68
Leonardo da Vinci 45, 104
Lerntheorien *20*, 152, 153
liaison brain (Eccles) 38
limbisches System 24–25
Gefühlsleben 59, 91, 95
Linton, Marigold 84, *85*
Lobotomie 143
Locke, John (Philosoph) *20*, 45,
104
LSD 29, 128, 131
Lügen **82**, 134
Lustprinzip 41

M

Magersucht 158–159
Magnetresonanzbilder 22, 77, **182–183**
Mandalas *125*
Manien
    Genie und Wahnsinn 150
    Winterdepression 156
manische Depression (bipolare Störung) **150**
Mantras 125
Masochismus 61
Medikamente *siehe* Drogen
Meditation 111, **124–125**, *124*, 126
Meissner-Tastkörperchen *58*
Mesmer, Franz Anton (Arzt) 122, *122*
Meta-Analyse 137
Mittelhirn 22
Mittelohrknochen 54, *55*
mnemonische Techniken 86–87
Module *siehe* vielfache Intelligenzen
motorische Neuronen 17, *18, 28*, 59
multiple Sklerose *28*
Musik
    angeborene Grundstruktur 57
    und Farben 104
Myelin (Schutzschicht der Neuronen) 25, *28*

N

Neandertaler *17*, 38
Neo-Neo-Cortex 38
Nervenimpulse
    Geschwindigkeit 28
    Übertragung 38, 49

Nervensysteme 16–18
    evolutionäre Entwicklung 16–18
    peripherale 22
    vegetative 94
Nervenzellen *15*
Neuronen (Nervenzellen) 16–18, 25, **26–29**, *27, 28*
    akustische 54
    Alzheimersche Krankheit 155
    Anzahl 26
    Grundstruktur 26–27, *26*
    Feuern 27–28, *27, 50*
Neuronenbahnen
    Entstehung 20
    genetisch bestimmt *19*, 20
    von der Netzhaut zum Sehzentrum 50
    vorgeburtlicher Einfluß 21
Neuronennetze
    amputierte Gliedmaßen *61*
    einfache Beispiele *18*
    Langzeitgedächtnis 87
    Redundanz 106
    Speichern von früheren Wahrnehmungen *47*
Neurotransmitter *26*, 27–28, 29, 60, 89, 172
    Auswirkung auf Verhalten 29
    Freisetzung bei Sport 158
    Rolle bei Depression 149
    Rolle bei Schizophrenie 146
    Ungleichgewicht *29*
    Wirkung von Antidepressiva 149
    Wirkung von Aufputschmitteln 131
Newton, Sir Isaac (Physiker) *47*, 104
.nonverbale Kommunikation 134–135

O

Ohr, Aufbau 54–55, *55*
olfaktorisches Epithel 62, *62*
optische Täuschungen 53, 96, **98–103**
    Ames-Raum *100*
    Doppeldeutigkeiten 99, *100*
    Fiktionen 99, 102
    Müller-Lyersche Täuschung 100–102, *100*
    Paradoxe 99, 102
    Schienen-Effekt 98, *98*
    Verzerrungen 99–100, *100*
    Zentralperspektive 102–103, *103*
optische Wahrnehmung 45–47, 49, **52–53**
    Babys lernen aus Erfahrung 98
    Doppelsicht 50
    Größenkonstanz 99
    Licht *47*
    subliminal 47
    Umrißkonstanz 99
    und Sinneseindrücke **45–47**
    visuelle Agnosie 53
Orbach, Susie (Psychologin) 159
Organismen
    Grenzschicht 20
    Reaktion auf Reize 16–17
Ornstein, Robert (Psychologe) 34, 35

P

Panikattacke 152
Paranormales 113, **136–139**
Parapraxen 108–109, *108*
Parkinsonsche Krankheit *29*
Patientenmißhandlung (Psychiatrie) 141, 142, 143
patientenzentrierte Therapie 76–77, 162
Pawlow, Iwan (Physiologe) 20, *20*
persönliches Unbewußtes *41*, 42–43, *43*
Persönlichkeit **90–91**
    biologisch festgelegt 91
    durch die Körperform festgelegt *91*
    Freuds Theorie dazu *108*
    Rorschach-Test 165
Persönlichkeitstests 90, 91
Perspektive 102–103
PET-Scans *25, 32, 70*, 77, 145, 175, 183, *183*
Phantasien 118
Phantasien *siehe* sexuelle Phantasien
Phantomglieder 61
Phobien 12, **152–153**, 161
Phrenologie 10, *30*
Physiologie des Denkens 175
physiologische Wirkung
    Blickkontakt 134
    Emotionen 93, **94–95**
    innere Uhr 156
    Meditation **124–125**
Piaget, Jean (Psychologe) 20, 42, 78–80, 98
Poltergeister 138
post-hypnotische Wirkung 123
Präkognition 136, 139

Prozac 149

Psi-Phänomene 136–139

psychiatrische Kliniken *12*, 142–143

Psychoanalyse **41–43**, *41, 108*, 160

psychoanalytische Therapie 161

Psychodrama-Techniken 163

psychodynamische Theorien **40–43**, 152

Psychokinese 136, 138

Psychologie
des Geschlechts **92–93**
subjektive und objektive Sprache der 12, 174–176

psychologische Emotionstheorie (William James) 94

psychosexuelle Entwicklung 91, *108*

Psychotherapie 77, **160–163**

Purkinje, Johannes (Biologe) *51*

Purkinje-Zellen 27

Putnam, Frank (Theorie der Persönlichkeitsspaltung) 75

Q

Quantenphysik 39

Quincey, Thomas de 130

R

rational-emotionale Therapie 162

Rautenhirn 22

reaktive Depression 149

Reduktionismus 11

Reflexe 22, 45, 59

Reizschwelle bei der Schmerzempfindung 60

religiöse Trancen und Visionen 126–127

REM-Schlaf
siehe Traumschlaf

retrograde Amnesie 106

Rezeptoren
Berührung 58
Geruch 62, *62*
Geschmack 63
in der Haut 58–59, *58, 59*
Schmerz 58, *59*
Temperatur 58, 59

Rhine, Joseph (Biologe) 136

Rogers, Carl (Psychotherapeut) 77, 160, 162

Rollenspiele **82–83**

Rorschach, Hermann (Psychiater) 165

Rorschach-Test 165

Rowan, John (Psychotherapeut) 174

Rückenmark 20, 59, 61

S

Sacks, Oliver (Neurologe) 53

Sadismus 61

Schädel
fossile Entwicklungsreihe 18
Kapazität *17*

Schamanen *111*, 126

Schizophrenie 29, *29*, **144–147**, 154, 160
Diagnose 143, 145
Symptome 145
Symptome unter sensorischer Deprivation **64**
Verbindungen zu Kreativität und Genie 172–173
Vererbung 146

Schlaf 72, **114–117**; *siehe auch* Traumschlaf, Träume

Schlafentzug 115

Schlafphasen 116

Schmerzen **58–61**
Steuerung durch Hypnose 123

Schmerzrezeptoren 58, 123

Schmerzwahrnehmung und Kontrolle 60–61

Schnecke 54, 55, *55*, 56

Seele 38, 39, 67, 68
im Land der Träume 113
Neo-Neo-Cortex 38

Sehen 24, **48–53**
Gestaltdetektoren 50
Mustererkennung 52
neurale Netze 50
siehe auch Wahrnehmung

Sejinowski, Terry (Neurologe) 15, 37

Selbstbeobachtung **76–77**

Selbstbewußtsein
entwickelt in Spielen 81
menschliche Eigenschaft 38

Selbstkenntnis 9

Selbstmordgefahr bei manischer Depression 150

selektives Aufmerksamkeit 56, 103

sensorimotorische Phase 78

sensorische Deprivation **64–65**, 156

sensorische Neuronen 17, 20, 59

Sexualtherapie 120–121

sexuelle Phantasien 120–121

Sheldon, William (Arzt) *91*

Simon, Theodore (Psychologe) 168

Singer, Jerome (Psychologe) 118

Sinneseindruck und Wahrnehmung **45–47**

Sinnesorgane
bei Mikroorganismen *17*
Evolution 17

Skinner, B. F. (Psychologe) 30–31, 71, 161

Somatotypen *91*

sozialer Druck 132

Sozialkontakte in der Frühentwicklung 78–81

Sperry, Roger (Psychobiologe) 33–34, *33*

Split-brain-Experimente 33

Sport 158

Sprache **70–71**
akustische Wahrnehmung 57
angeborene Grammatik *70*, 71
linke Hemisphäre 32, *32–33*
menschliche Leistung 70
Schläfenlappen 25

sprachliche Fähigkeiten
angeboren (Chomsky) 71
Nachahmung und Lernen 70–71

Sprachzentren im Gehirn 70
Alzheimersche Krankheit 154

St. Mary of Bethlehem, Hospital (Bedlam) *12*, 142

Standard-Assoziations-Test 172

Streßabbau unter sensorischer Deprivation 64

Suggestibilität 132

Surrealismus *112*, 141

Symbole im Traum **114–117**

Symbolisten 105

Synapsen *15*, 27
konditionierte Reflexe *20*
Langzeiterregung 29

synaptische Vesikel 27–28

Zunahme als Folge von
  Lernprozessen 89
synaptischer Spalt *26*
Synästhesie 104–105, *104*
Szasz, Thomas (Psychiater) 143

T

Tagträume 111, **118–119**
tantrische Meditation 125
Taubheit 57
Telepathie 113, **136–139**
Temperatur-Rezeptoren 58–59
Therapie 12, 77, 142–143, 150,
  160–163
Trance 126
Transaktionsanalyse 163
transzendentale Meditation 124
Träume
  Analyse *108*, 114–116
  Das Unbewußte *108, 112,*
  114–115, 117
  Experimente 116–117
  Gründe der 113
  Symbole **114–117**
  veränderter Bewußtseins-
  zustand **111,** *112,* **113**

traumloser Schlaf *72*
Traumschlaf (REM-Schlaf) *72,*
  112, 116–117
  Muskellähmung durch die
  Pons 116, 117
Trommelfell 54, *55*
Turing, Alan 36

U

Übergewicht 158
Über-Ich 41
Übersprungshandlungen 134
Unbewußte (Freuds Konzept)
  40–43, *43*
  Zugang durch Träume *108,*
  112, **114–116**
unbewußtes Verhalten 73
Unschärferelation
  (Quantenphysik) 39
Ursachen von Geisteskrankheiten
  12, 142, 143

V

veränderte Bewußtseinszustände
  111–113, *112*
  durch Drogen 111, *113*
  Träume *siehe dort*
  Hypnose **122–123**
  den Körper verlassen 126–127
  paranormal 111, 113,
  136–139
  Selbst-Hypnose *112*
  sich in Trance versetzen *111*
  Schamanen *111,* 126
Verhalten, menschliches
  genetisch bestimmt *19*
  geschlechtsspezifisch 92
Verhaltenstherapie 153, 161
Verhörmethoden 132–133
Verrücktheit *siehe*
  Geisteskrankheiten
vielfache Intelligenzen 33,
  34–35
Visionen 126
visuelle Täuschungen *siehe*
  optische Täuschungen
Vorderhirn 22

W

Wahrnehmung *siehe* optische,
  akustische Wahrnehmung
Watson, John B. (Psychologe)
  153, 161, 169
Wernicke-Zentrum *70*
Wiesel, Torsten 50–53
Wiltshire, Stephen (autistischer
  Künstler) 34
Winnicott, D. W. (Psycho-
  analytiker) 40, 81, 160
Winterdepression 156
Wittgenstein, Ludwig
  (Philosoph) 67
Witze als Schutzmechanismus
  109

Y

Yoga *124*

Z

Zen-Buddhismus 125
Zentralnervensystem (Gehirn
  und Rückenmark) 22
Zunge *62,* 63
Zwölf-Stufen-Programm 131